Eisenbahn Reiseführer

Thomas Estler

Baden-Württemberg

Band 2

Nordschwarzwald · Hohenlohe
Schwäbischer Wald · Kraichgau

trans press

Einbandgestaltung: Nicole Lechner
Titelbild: Hier wächst der Schwaben liebstes Getränk – durch die malerischen Weinberge verlaufen die Gleise der Nordbahn (KBS 780) bei Besigheim, auf denen an einem goldenen Oktobertag ein Regional-Expreß in Richtung Stuttgart unterwegs ist.

Foto: Thomas Estler

ISBN 3-613-71106-0

1. Auflage 1999

Lektorat: Claus-Jürgen Jacobson
Innengestaltung: Viktor Stern
Druck: Maisch & Queck, 70839 Gerlingen
Bindung: J. Spinner, 77833 Ottersweier
Printed in Germany

Geleitwort

Mobil sein, bequem reisen und Interessantes erleben – dies ist das Motto für viele, die in der heutigen Zeit unterwegs sind. Wer dabei ab und zu das eigene Auto stehen läßt und umweltfreundlich mit der Bahn fährt, kann sich entspannt zurücklehnen und Erholung pur genießen. Die Voraussetzungen in Baden-Württemberg sind hierfür geradezu ideal. Nicht nur Berufspendler, sondern vor allem auch die, die in der Freizeit mit der Bahn unterwegs sind, kommen im »Ländle« voll auf ihre Kosten. Ein dicht ausgebautes Schienennetz zieht sich durch seine schöne und vielfältige Landschaft. Mit großem Engagement und Erfolg hat Baden-Württemberg dem Schienennahverkehr in den vergangenen Jahren durch neue Bahngesellschaften, moderne Fahrzeuge, wiederbelebte Nebenstrecken und vor allem attraktive Taktfahrpläne ein neues Gesicht gegeben.

Wer all dies nicht nur auf dem Weg zur Arbeit, sondern auch in der Freizeit genießen will, findet im vorliegenden Eisenbahn-Reiseführer Baden-Württemberg den idealen Begleiter. Sowohl Eisenbahngenießer als auch Kulturliebhaber kommen voll auf ihre Kosten. Streckenhinweise und historische Daten werden auf originelle Weise verbunden mit Sehenswürdigkeiten der anliegenden Städte und Gemeinden. Interessante Reisetips und Informationen über Land und Leute führen durch Natur und Kultur eines der bedeutendsten Erholungsländer der Bundesrepublik.

Nutzen Sie die Anregungen und machen Sie sich auf die Reise. – Es lohnt sich!

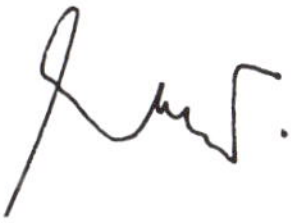

Ulrich Müller MdL
Minister für Umwelt und Verkehr
des Landes Baden-Württemberg

Vorwort

Die Fülle des Materials machte leider oder Gott sei Dank kurzfristig die Erweiterung des Eisenbahn-Reiseführers Baden-Württemberg in zwei Bände notwendig. Beschäftigte sich der erste Band des Reiseführers mit den eher bekannten Regionen und Strecken im Südosten von Baden-Württemberg, wird im zweiten Band der Nordwesten des Landes mit zum Teil weniger bekannten aber nichts desto trotz genauso reizvollen Bahnlinien und Gegenden vorgestellt. Zu Unrecht oft vernachlässigt seien insbesondere der Schwäbische Wald, »Badisch Sibirien« mit dem lieblichen Madonnenländchen, das burgenträchtige Neckartal und das schöne Taubertal erwähnt. Im eisenbahnfreundlichen Baden-Württemberg wurden natürlich auch in den letzten Jahrzehnten aufgrund veränderter Verkehrsgewohnheiten einzelne Strecken stillgelegt. Aber der große »Kahlschlag« blieb bis heute aus, so daß der Südweststaat eisenbahnmäßig sehr gut erschlossen ist. Das Land der Dichter, Denker, Tüftler und Erfinder wartet mit einer ganzen Reihe von »Eisenbahn-Superlativen« auf, von denen für diesen Bahn zwei stellvertretend genannt werden sollen: Das zweifellos innovativste und kreativste Eisenbahnunternehmen Deutschlands ist hier zu Haus, nämlich die Albtal-Verkehrsgesellschaft in Karlsruhe. Ferner ist mit der Neubaustrecke Stuttgart–Mannheim die längste »U-Bahn« des Landes zu finden.

Preiswertes Eisenbahnfahren ermöglichen u.a. Schönes Wochende-Ticket, Ferien-Ticket und StadtTicket. Weitere saisonale Tarifangebote sollten bei den Bahnhöfen und DB-Verkaufsagenturen erfragt werden. Attraktive Angebote bieten auch die regionalen Verkehrsverbünde. Im Nordwesten des Landes sind dies:

- Der Verkehrsverbund Rhein-Neckar (VRN) bietet in seinem baden-württembergischen Einzugsgebiet freie Fahrt mit allen öffentlichen Verkehrsmitteln der Städte Mannheim und Heidelberg sowie im Rhein-Neckar-Kreis und im Neckar-Odenwald-Kreis.
- Der Karlsruher Verkehrsverbund (KVV) bedient mit seinen Bussen und Bahnen die badische Metropole und deren Umland im Bereich des Stadtkreises Baden-Baden sowie der Landkreise Karlsruhe und Rastatt. Darüber hinaus reicht er bis Eppingen und Pforzheim.
- Der Verkehrsverbund Pforzheim-Enzkreis (VPE) erschließt den malerischen Nordschwarzwald und reicht bis nach Vaihingen/Enz und Bretten.
- Der Heilbronner Verkehrsverbund (HNV) umfaßt den Landkreis und die Stadt Heilbronn. 16 Verkehrsunternehmen sind beteiligt.
- Der Tarifverbund Ortenau (TGO) ermöglicht Fahrten mit allen Verkehrsmitteln im Ortenaukreis und kooperiert mit dem Tarifverbund Straßburg.
- Die Verkehrsgesellschaft Bäderkreis Calw (VGC) bedient den Lkr. Calw.

Der Verkehrs- und Tarifverbund Stuttgart (VVS), der Regio-Verkehrsverbund Freiburg (RVF) und der Regio Verkehrsverbund Lörrach (RVL) wurden schon im ersten Band vorgestellt.

Zu guter Letzt: Verbesserungsvorschläge, Ergänzungswünsche und Anregungen auch zu diesem Band werden gerne über den Verlag aufgenommen. Und nun wünsche ich Ihnen viel Spaß bei der Entdeckung der wunderschönen Regionen im Nordwesten Baden-Württembergs mit der Eisenbahn.

Fellbach, im März 1999 Thomas Estler

Als die Murrbahn noch nicht elektrifiziert war, war die Baureihe 218 hier Stammgast. Bei Oppenweiler legt sich eine 218-Doppeltraktion auf dem Weg nach Stuttgart in die Kurve.

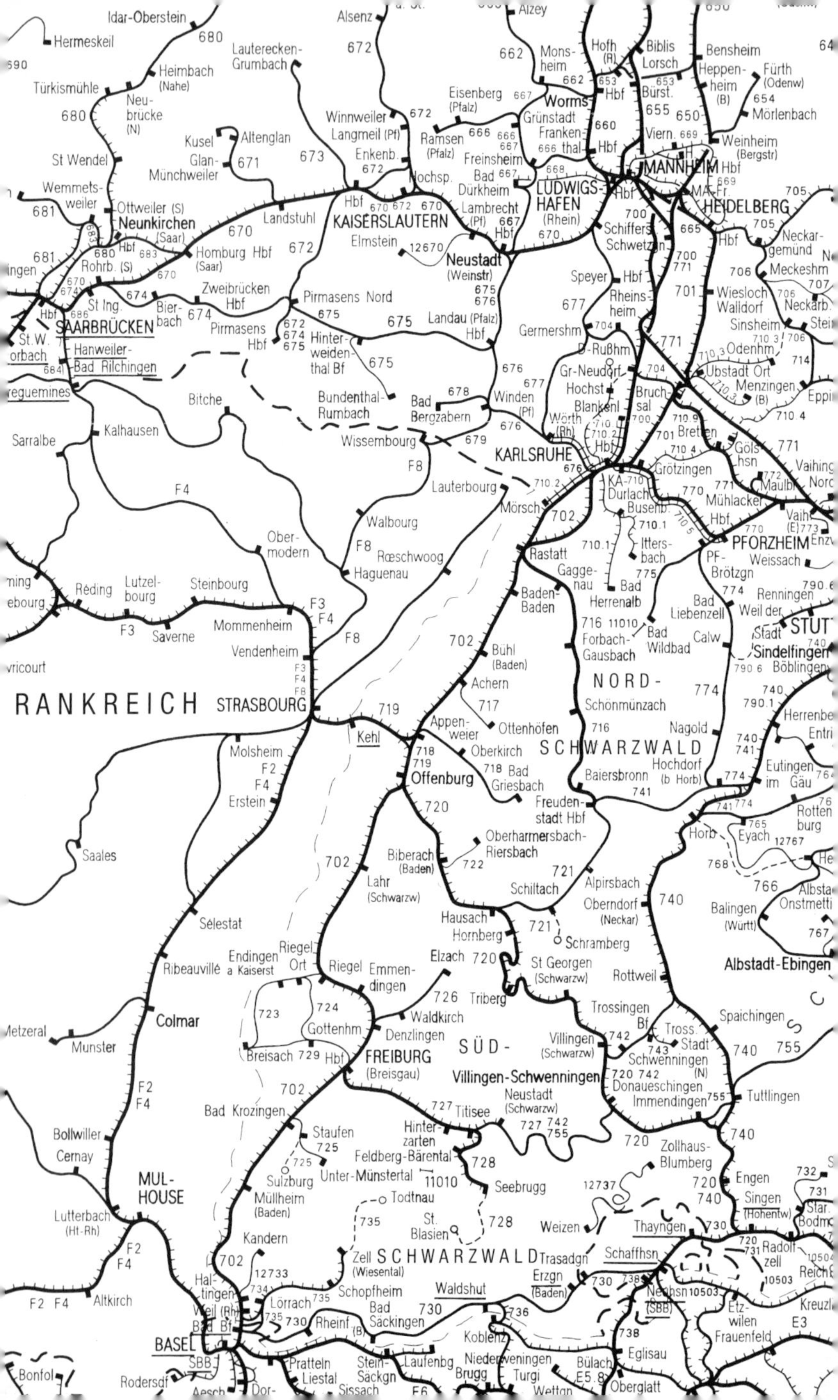

Idar-Oberstein
680
Hermeskeil
Alsenz
672
Alzey
Lauterecken-Grumbach
662
Monsheim
Hofh (R)
Biblis
Lorsch
Bensheim
Heppenheim (B)
Fürth (Odenw)
654
Mörlenbach
Heimbach (Nahe)
Türkismühle
Neubrücke (N)
Eisenberg (Pfalz)
667
Worms Hbf
653
Bürst.
655
650
Winnweiler
Langmeil (Pf)
666
Ramsen (Pfalz)
Grünstadt
Frankenthal
660
Viern.
669
Weinheim (Bergstr)
Kusel
Altenglan
Glan-Münchweiler
671
673
Enkenb.
Freinsheim
Bad Dürkheim
Hbf
668
MANNHEIM
Hbf
St Wendel
Wemmetsweiler
Ottweiler (S)
Neunkirchen (Saar)
Hochsp.
LUDWIGSHAFEN (Rhein)
MA-Fr.
HEIDELBERG
705
681
683
Landstuhl
KAISERSLAUTERN
670
Lambrecht (Pf)
700
Schifferst.
Schwetzgn
665
Neckargemünd
Mecheshm
Elmstein
12670
Neustadt (Weinstr)
Homburg Hbf (Saar)
Rohrb. (S)
Zweibrücken Hbf
674
St Ing.
Bierbach
686
Speyer
Hbf
Rheinsheim
701
771
706
Wiesloch Walldorf
Neckarb.
707
Sinsheim
Pirmasens Nord
675
676
677
SAARBRÜCKEN
St.W.
Forbach
Hanweiler-Bad Rilchingen
684
Pirmasens Hbf
Hinterweidenthal Bf
Landau (Pfalz) Hbf
Germershm
704
D-Rußhm
710.3
Odenhm
714
Ubstadt Ort
Menzingen (B)
Sarreguemines
Bitche
Bundenthal-Rumbach
678
Bad Bergzabern
Winden (Pf)
Gr-Neudorf
Hochst
Blankenl
Bruchsal
710.4
Kalhausen
Sarralbe
Wissembourg
679
Wörth (Rh)
710.2
Bretten
710.9
Gölshsn
Vaihingen
F8
F4
KARLSRUHE Hbf
Grötzingen
KA-Durlach
Lauterbourg
Mörsch
702
Busenb.
770
Mühlacker
Maulbr.
772
Walbourg
710.1
710.5
PFORZHEIM
Vaih (E)
773
Obermodern
Roeschwoog
Rastatt
Ittersbach
Weissach
F8
Haguenau
Gaggenau
Bad Herrenalb
775
PF-Brötzgn
Réding
Lutzelbourg
Steinbourg
Baden-Baden
Bad Liebenzell
774
Renningen
Weil der Stadt
790.6
F3
Saverne
Mommenheim
Vendenheim
716
11010
Forbach-Gausbach
Bad Wildbad
Calw
Sindelfingen
Böblingen
STUTT
FRANKREICH
STRASBOURG
Bühl (Baden)
Achern
717
NORD-
Schönmünzach
740
790.1
Herrenberg
719
Kehl
Appenweier
Ottenhöfen
Oberkirch
SCHWARZWALD
Nagold
741
718
Offenburg
Bad Griesbach
Baiersbronn
Hochdorf (b Horb)
Eutingen im Gäu
Molsheim
F2
Erstein
720
Freudenstadt Hbf
Horb
765
Eyach
12767
Rottenburg
Oberharmersbach-Riersbach
Biberach (Baden)
722
721
Saales
Lahr (Schwarzw)
Schiltach
Alpirsbach
Oberndorf (Neckar)
768
766
Balingen (Württ)
Albstadt-Ebingen
767
Sélestat
Hausach
Hornberg
Schramberg
Ribeauvillé
Endingen a Kaiserst
Riegel Ort
Riegel
Emmendingen
Elzach
St Georgen (Schwarzw)
Rottweil
726
Triberg
Trossingen Bf
Spaichingen
Colmar
723
724
Gottenhm
Waldkirch
Denzlingen
Metzeral
Munster
Breisach
729
Hbf
FREIBURG (Breisgau)
SÜD-
Villingen (Schwarzw)
742
743
Tross. Stadt
Schwenningen (N)
755
Villingen-Schwenningen
Donaueschingen
Immendingen
Tuttlingen
Bad Krozingen
727
Titisee
Neustadt (Schwarzw)
Bollwiller
Staufen
725
Hinterzarten
Feldberg-Bärental
728
Zollhaus-Blumberg
Cernay
Sulzburg
Unter-Münstertal
Seebrugg
12737
Engen
732
MULHOUSE
Müllheim (Baden)
Todtnau
Singen (Hohentw)
731
Lutterbach (Ht-Rh)
735
St. Blasien
Weizen
Thayngen
730
Kandern
Zell (Wiesental)
Trasadgn
Schaffhsn
Radolfzell
10504
10503
Altkirch
12733
734
Haltingen
Schopfheim
Erzgn (Baden)
738
Neuhsn (SBB)
Weil (Rh)
Lörrach
Waldshut
736
Etzwilen
E3
Bad Bf
Rheinf (B)
Bad Säckingen
Koblenz
Frauenfeld
BASEL SBB
Pratteln
Liestal
Stein-Säckgn
Laufenbg
Niederweningen
Bülach
E5.8
Eglisau
Bonfol
Rodersdf
Aesch
Dornach
Sissach
F6
Brugg
Turgi
Wettgn
Oberglatt

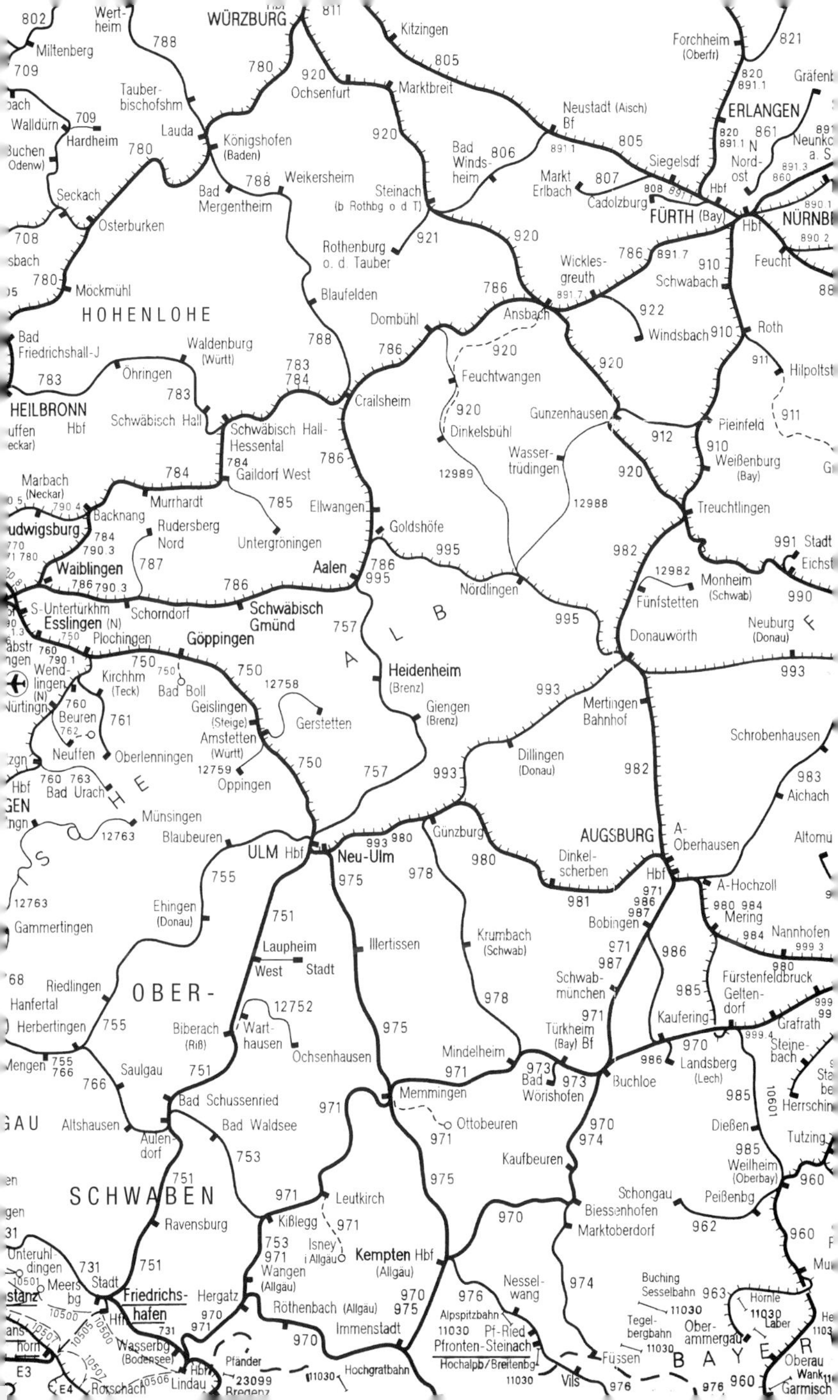
Wertheim
WÜRZBURG
Miltenberg
Tauberbischofshm
Walldürn
Hardheim
Buchen (Odenw)
Lauda
Königshofen (Baden)
Seckach
Bad Mergentheim
Weikersheim
Osterburken
Möckmühl
HOHENLOHE
Bad Friedrichshall-J
Waldenburg (Württ)
Öhringen
HEILBRONN Hbf
Schwäbisch Hall
Schwäbisch Hall-Hessental
Gaildorf West
Marbach (Neckar)
Murrhardt
Backnang
Rudersberg Nord
Untergröningen
Waiblingen
Schorndorf
Schwäbisch Gmünd
Aalen
S-Untertürkhm
Esslingen (N)
Plochingen
Göppingen
Kirchhm (Teck)
Bad Boll
Wendlingen (N)
Nürtingen
Beuren
Neuffen
Oberlenningen
Geislingen (Steige)
Amstetten (Württ)
Gerstetten
Oppingen
Bad Urach
Münsingen
Blaubeuren
ULM Hbf
Neu-Ulm
Ehingen (Donau)
Gammertingen
Laupheim West
Laupheim Stadt
Riedlingen
Hanfertal
Herbertingen
Biberach (Riß)
Warthausen
Ochsenhausen
Mengen
Saulgau
Bad Schussenried
Altshausen
Aulendorf
Bad Waldsee
OBER-
SCHWABEN
Ravensburg
Unteruhldingen
Meersbg
Friedrichshafen Stadt
Friedrichshafen Hfn
Wasserbg (Bodensee)
Lindau Hbf
Rorschach
Bregenz
Pfänder
Hergatz
Wangen (Allgäu)
Kißlegg
Leutkirch
Isny i Allgäu
Röthenbach (Allgäu)
Immenstadt
Hochgratbahn
Kempten Hbf (Allgäu)
Illertissen
Memmingen
Ottobeuren
Mindelheim
Krumbach (Schwab)
Günzburg
Kitzingen
Marktbreit
Ochsenfurt
Steinach (b Rothbg o d T)
Rothenburg o. d. Tauber
Bad Windsheim
Neustadt (Aisch) Bf
Markt Erlbach
Cadolzburg
Siegelsdf
FÜRTH (Bay) Hbf
NÜRNBERG
ERLANGEN
Forchheim (Oberfr)
Gräfenberg
Neunkirchen a. S.
Nordost
Feucht
Schwabach
Roth
Hilpoltstein
Wicklesgreuth
Windsbach
Ansbach
Dombühl
Blaufelden
Crailsheim
Feuchtwangen
Dinkelsbühl
Gunzenhausen
Pleinfeld
Weißenburg (Bay)
Wassertrüdingen
Treuchtlingen
Ellwangen
Goldshöfe
Nördlingen
Heidenheim (Brenz)
Giengen (Brenz)
ALB
Monheim (Schwab)
Fünfstetten
Stadt
Eichstätt
Donauwörth
Neuburg (Donau)
Mertingen Bahnhof
Dillingen (Donau)
Schrobenhausen
Aichach
AUGSBURG
A-Oberhausen
Dinkelscherben
Hbf
A-Hochzoll
Mering
Bobingen
Nannhofen
Schwabmünchen
Fürstenfeldbruck
Geltendorf
Kaufering
Grafrath
Türkheim (Bay) Bf
Bad Wörishofen
Buchloe
Landsberg (Lech)
Steinebach
Herrsching
Dießen
Tutzing
Kaufbeuren
Weilheim (Oberbay)
Schongau
Peißenbg
Biessenhofen
Marktoberdorf
Nesselwang
Pf-Ried
Pfronten-Steinach
Alpspitzbahn
Hochalpb/Breitenbg
Vils
Füssen
Buching Sesselbahn
Tegelbergbahn
Oberammergau
Hörnle
Laber
Oberau
Garmisch
Wank
BAYER
SCHWÄBISCHE
Konstanz
E3
E4
Hornli
805
780
788
920
709
708
783
784
786
787
790.3
790.4
785
750
757
760
761
762
763
751
755
766
753
731
970
971
975
976
978
980
981
982
983
984
985
986
987
990
991
993
995
806
807
808
820
821
861
890.1
890.2
891.1
891.3
891.7
910
911
912
921
922
960
962
963
974
999.3
999.4
10500
10501
10505
10506
10507
10601
11030
12752
12758
12759
12763
12982
12988
12989
23099

Inhalt

Anhang

1. Durchs Rheintal

Streckengeschichte

Mannheim (–Heidelberg)–Basel (KBS 665, 700, 701 und 702)/ Appenweiher/Offenburg–Kehl (KBS 719)

Das junge Großherzogtum Baden galt Anfang des 19. Jahrhunderts als liberal und aufgeschlossen. Entsprechend früh setzte sich das Großherzogtum mit dem zukunftsweisenden Verkehrsmittel Eisenbahn auseinander. Von vorneherein legte Baden dem Eisenbahnbau den Staatsbahngedanken zugrunde und begann mit ersten Planungen, den wichtigsten Verkehrsweg Badens, das Rheintal hinunter in Richtung Schweiz, mit einer Schienenstrecke zu erschließen. Schon am 29. März 1838 wurde das Gesetz über den Bau einer Strecke von Mannheim über Heidelberg, Karlsruhe und Basel nach Waldshut entlang Ober- und Hochrhein verabschiedet. Ungewöhnlich war die Spurweite, die Baden für seine Bahnlinien wählte. Auf Empfehlung englischer Eisenbahnbauer kam nämlich eine Spurweite von 1.600 mm (Breitspur) zur Anwendung, die einmalig in Deutschland bleiben sollte. Das erste Teilstück der badischen Staatsbahn zwischen Mannheim und Heidelberg konnte bereits am 12. September 1840 eröffnet werden. Gut zweieinhalb Jahre später war Karlsruhe erreicht, 1844 ging es schon bis Offenburg und mit einer Stichstrecke bis Kehl. Dort wurde 1861 über eine feste Rheinbrücke die französische Ostbahn mit der Badischen Staatsbahn verbunden. Im November 1848 war die Oberrheinlinie nach der sukzessiven Inbetriebnahme weiterer Teilabschnitte schließlich bis Efringen-Kirchen befahrbar. Die Revolutionswirren in den Jahren 1848/49 sowie ein fehlender Staatsvertrag mit der Schweiz über den Bahnbau durch schweizer Gebiet bei Basel verhinderten zunächst den knapp 12 km langen Lückenschluß zum vorläufigen Endpunkt Basel. Mit Abschlu8 des Staatsvertrages mit der Schweiz vom 27. Juli 1952 konnte auch diese Hürde bewältigt werden, doch neue Probleme zeichneten sich schon am Horizont ab. Trotz vieler Überzeugungsversuche seitens der Badischen Staatsbahn, auch andere (deutsche) Nachbarländer zur Einführung der Breitspur zu bewegen, entschieden sich alle anderen für die sogenannte Normalspur von 1.435 mm. Da auch die schweizer Anschlußstrecke Basel–Liestal normalspurig projektiert wurde, sah sich die badische Staatsbahn schließlich 1854 zur Abkehr von der Breitspur gezwungen. Das zu diesem Zeitpunkt immerhin rund 282 km lange Breitspurnetz wurde unter laufendem Zugbetrieb zwischen dem 9. November 1854 und dem 15. April 1855 auf Normalspur umgenagelt. Die letze Lücke der Oberrheinstrecke zwischen Haltingen und Basel war schon am 20. Februar 1855 normalspurig geschlossen worden.

Die Linienführung der badischen Hauptbahn zwischen Mannheim und Karlsruhe mit dem Umweg über Heidelberg war insbesondere der Stadt Mannheim ein Dorn im Auge, da sie sich zurückgesetzt fühlte und von ihrem natürlichen Einzugsgebiet in der Rheinebene abgeschnitten war. So bildeten schon 1865 die Gemeinden der Rheinebene unter der Führung von Mannheim ein »Central-Comitee« zur Förderung einer direkten Verbindung Mannheim-Karlsruhe. Am 30. April 1868 erhielt die

Stadt Mannheim die Genehmigung, die sogenannte »Rheinbahn« zu bauen, nachdem der Staat zunächst kein Interesse zeigte, auf Staatskosten eine Parallelstrecke zu finanzieren. Kurze Zeit später war alles anders. Mit dem Vertrag vom 12. Mai 1868 übernahm der Staat Baden die Konzession und baute doch auf eigene Kosten. Die durchweg günstig trassierte Strecke über Schwetzingen, Graben-Neudorf, Leopolshafen, Eggenstein und Neureut konnte am 4. August 1870 eröffnet werden. Sie war zunächst nicht als Durchgangsstrecke Richtung Süden geplant, durchgehende Züge hätten in Karlsruhe Kopf machen müssen. In den neunziger Jahren des vorigen Jahrhunderts wurde u.a. aus strategischen Gründen eine weitere leistungsfähige Verbindung Mannheim–Karlsruhe–Rastatt benötigt. Mit einer bei Graben-Neudorf von der Rheinbahn abzweigenden, auf direktem Weg in den Karlsruher Hauptbahnhof führenden Neubaustrecke sowie einer weiteren Neubaustrecke zwischen Karlsruhe und Rastatt über Durmersheim waren am 1. Mai 1895 diese Forderungen erfüllt. Der alte Rheinbahnabschnitt Graben-Neudorf–Karlsruhe über Eggenstein wurde anschließend zur Nebenbahn degradiert und als Hardtbahn bezeichnet (siehe auch Spurensuche und Albtalbahn).

Nach Anschlüssen im Norden 1846 an die Main-Neckar-Bahn Frankfurt–Darmstadt–Mannheim und im Süden (ab 1859 bei Waldshut in die Schweiz) entwickelte sich die Oberrheinstrecke sehr schnell zu einer der Hauptachsen des Durchgangsverkehrs in Richtung Schweiz und später auch Italien. Daran hat sich bis heute nichts geändert. Entsprechend ihrer nach dem 2. Weltkrieg noch zugenommenen Bedeutung durch die Verlagerung des Ost-West-Verkehrs in Nord-Süd-Richtung, war sie bis Mitte 1958 durchgehend elektrisch befahrbar. Derzeit wird die KBS 702 (Karlsruhe–Basel) für den Hochgeschwindigkeitsverkehr ausgebaut. Das computergestützte Signalsystem CIR-ELKE erfährt seit neuestem seinen ersten Einsatz in der Praxis auf der Oberrheintalstrecke.

Die Oberrheinische Eisenbahngesellschaft (OEG, KBS 669)

Durch die ungünstige Lage der Hauptbahnen im Dreieck Weinheim–Heidelberg–Mannheim waren sowohl die Ortschaften zwischen Weinheim und Mannheim (insbesondere Viernheim) als auch die Bergstraßenorte zwischen Weinheim und Heidelberg ohne Bahnanschluß geblieben. Erste Bestrebungen dieses Dreieck durch Bahnlinien zu erschließen, datieren aus den siebziger Jahren des 19. Jahrhunderts. Mit der Gründung des Badischen Eisenbahn-Konsortiums unter Führung des Berliner Generalunternehmers Hermann Bachstein wurden diese Bestrebungen forciert, so daß am 15. September 1886 die badische Landesregierung diesem Konsortium die Genehmigung zum Bau einer meterspurigen Bahnlinie Mannheim–Viernheim–Weinheim erteilte. Da mit Viernheim hessisches Gebiet berührt wurde, mußte zuvor ein Staatsvertrag zwischen Baden und Hessen abgeschlossen werden (13. November 1885). Die Konzessionserteilung durch Hessen folgte am 12. Oktober 1886. Schon ein knappes Jahr später, am 12. September 1887 war die Strecke fertiggestellt. Nach dieser Eröffnung bemühte sich das Eisenbahnkonsortium um den Weiterbau Richtung Heidelberg. Nun ging es Schlag auf Schlag: Am 4. Oktober 1890 ging die Linie Weinheim–Heidelberg in Betrieb, am 6. Juni 1891 die Teilstrecke Heidelberg–Edingen, die Reststrecke Edingen–Mannheim folgte am 13. Juli 1891. Ab dem 19. September 1891 waren die beiden Mannheimer Endbahnhöfe, Weinheimer Bf und Friedrichsbrücke verbunden, der meterspurige Eisenbahnring vollendet. Bestrebungen der Stadt Mannheim, eigene Straßenbahnaktivitäten mit der schmalspurigen Nebenbahn zu koordinieren, führten 1911 zur Gründung der Oberrheinischen Eisenbahngesellschaft AG (OEG), bei der die Stadt Mannheim Mehrheitsaktionär wurde. Modernisierung und Elektrifizierung waren nun angesagt. Am 2. September 1915 waren Elektrifizierung und zweigleisiger Ausbau des Abschnitts Mannheim–Viernheim–Weinheim abgeschlossen. Der Erste Weltkrieg unterbrach zunächst weitere Modernisierungen und die schwierigen Nachkriegsjahre brachten weitere eigentumsrechtliche Änderungen, so daß 1927 die Stadt Mannheim 90 % des Aktienkapitals besaß. Die restlichen 10 % verteilten sich zu gleichen Teilen auf die Städte Heidelberg und Weinheim. Am 15. Mai 1928 konnte der elektrische Betrieb zwischen Mannheim und Edingen (über Neckarhausen) aufgenommen werden, der Abschnitt Mannheim–Seckenheim war gleichzeitig zweigleisig ausgebaut worden. Die Inbetriebnahme der direkten zweigleisigen Verbindung Seckenheim–Edingen mit Elektrifizierung und zweigleisigem Ausbau bis Heidelberg-Handschuhsheim folgten am 6. Oktober 1929. Zwischen Handschuhsheim und Weinheim konnte erst nach dem Zweiten Weltkrieg elektrisch gefahren werden, die letzte Lücke zwischen Schriesheim und Weinheim wurde am 1. September 1956 auf elektrischen Betrieb umgestellt. Bis auf die Stillegung der Lokalbahnstrecke Seckenheim–Neckarhausen–Edingen am 31. Mai 1969 (siehe auch Spurensuche) und diverser Trassenanpassungen ist das Netz der OEG weitgehend in seiner ursprünglichen Form erhalten. Die OEG präsentiert sich heute als moderner Stadtbahnbetrieb im Verkehrsverbund Rhein-Neckar, erfüllt eine wichtige Verkehrsfunktion im Städtedreieck Mannheim/Weinheim/Heidelberg und wird auch weiter an die Erfordernisse eines modernen ÖPNV angepaßt. Bis Mai 1999 wird z.B. der Abschnitt Heidelberg-Handschuhsheim–Schriesheim komplett zweigleisig ausgebaut sein, um dann einen 10-Minuten-Takt anbieten zu können. Lediglich ein kurzes Stück der Ortsdurchfahrt Dossenheim wird aus städtebaulichen Gründen eingleisig bleiben.

Die Katzbach- und Kraichtalbahn Bruchsal–Odenheim/Menzingen (KBS 710.3)

Bis Mitte der siebziger Jahre des 19. Jahrhunderts entwickelte sich Bruchsal selbst zu einem bedeutenden Bahnknoten: Die Badische Hauptbahn führte schon ab 1843 durch Bruchsal, die zunächst württembergische Strecke nach Bretten und Mühlacker war ab 1853 in Betrieb und der Anschluß an die Pfalzbahn war am 23. November 1874 mit der Eröffnung der Verbindung Bruchsal–Graben-Neudorf–Germersheim (KBS 704) hergestellt. Dadurch gerieten die Ortschaften im Kraichbach- und im Katzbachtal immer mehr ins verkehrliche Abseits, war doch Bruchsal der wirtschaftliche Mittelpunkt beider Täler. Unter Federführung von Bruchsal begannen in den achtziger Jahren erste Planungen, beide Täler durch Eisenbahnlinien anzuschließen. Bald konnte man sich auf eine Linienführung Bruchsal–Ubstadt–Menzingen mit einem Abzweig Ubstadt–Odenheim einigen. 1888 bildeten die Stadt Bruchsal und mehrere Anliegergemeinden ein Bahnkomitee, welches mit den vorgenannten Planungen an die Landesregierung herantrat. Die wohlwollende Förderung dieses Projekts durch die Landesregierung führte am 4. Juni 1894 zur der Bewilligung eines Staatsbeitrages in Höhe von 16.900 Mark pro Streckenkilometer. Die Genehmigung zum Bahnbau wurde am 5. Oktober 1894 der Stettiner Firma Lenz & Cie. erteilt. Die Bauarbeiten begannen im Juli 1895 und da keine geographischen Schwierigkeiten vorhanden waren, bereits nach knapp acht Monaten beendet werden. Streckeneröffnung war am 5. März 1896. Schon bei den ersten Planungen war die Verlängerung des Odenheimer Astes bis Elsenz vorgesehen, die bald nach der Betriebsaufnahme sogar bis Hilsbach projektiert wurde. Diese heute schon wieder komplett stillgelegte Verlängerung von Odenheim nach Hilsbach ging am 3. September 1900 in Betrieb.

Bis 1994 erfüllten beide Strecken ihre Beförderungsaufgaben unter SWEG-Betriebsführung zur Zufriedenheit. Ab 1994 wurde zwischen Karlsruhe Hbf und Bruchsal der Stadtbahnbetrieb durch die AVG aufgenommen. Gleichzeitig übernahm die AVG die Kraichtal- und Katzbachtalbahn von der SWEG und elektrifizierte diese bis zum 27. September 1998. Als S 3 (Karlsruhe–Menzingen) und S 31 (Karlsruhe–Odenheim) sind beide Strecken heute ins Karlsruher S-Bahnnetz eingebunden (KBS 710.3).

Die Albtalbahn (KBS 710.1)

Die Albtal-Verkehrs-Gesellschaft (AVG) ist heute weit über die Grenzen Deutschlands als innovatives Nahverkehrsunternehmen bekannt und ihr Karlsruher Modell wird zwischenzeitlich an vielen Orten kopiert. Keimzelle der AVG ist die ehemals schmalspurige Albtalbahn von Karlsruhe über Ettlingen nach Herrenalb mit der Zweigstrecke von Busenbach über Ittersbach nach Pforzheim. Erste Pläne zum Bau einer Bahn ins Albtal gab es schon um 1870. Diese scheiterten zunächst am Widerstand der Stadt Ettlingen, die durch eine direkte Schienenanbindung an Karlsruhe erhebliche Nachteile für sich befürchtete. Zu Beginn der neunziger Jahre wurden neue Versuche unternommen, das Albtal mit Schienen zu erschließen. 1896 lag endlich die langersehnte Genehmigung zum Bau einer nun meterspurigen Lokalbahn Karlsruhe–Ettlingen–Herrenalb mit einem Streckenast von Busenbach über Ittersbach nach Pforzheim auf dem Tisch. Eröffnet wurde der erste Bauabschnitt Karlsruhe–Ettlingen am 1. Dezember 1897, die eigentliche Albtalbahn Ettlingen–Bad Herrenalb folgte am 2. Juli 1998. Genau drei Jahre später war die abzweigende Linie von Busenbach bis Pforzheim Leopoldsplatz fertiggestellt. Eigentümer der Albtalbahn war die Erbauerfirma Lenz & Cie., welche die Betriebsführung bald nach der Eröffnung auf die von ihr 1898 gegründete Badischen Lokal-Eisenbahnen AG (BLEAG) übertrug.

Schon am 1. Dezember 1898 wurde der elektrische Betrieb zwischen Karlsruhe und Ettlingen eingeführt. Als Stromsystem wählte man 550 V Gleichspannung. Aufgrund der guten Erfahrung mit dieser Betriebsweise wurde 1910 beschlossen, das gesamte, knapp 60 km lange Netz zu elektrifizieren. Da man bei Gleichstrombetrieb aber zu hohe Spannungsabfälle befürchtete, wählte man nun Wechselspannung von 8.000 Volt bei 25 Hertz und stellte auch den Abschnitt Karlsruhe–Ettlingen entsprechend um. Die damals hochmoderne Betriebsabwicklung währte nicht lange, da schon während des Ersten Weltkriegs der elektrische Betrieb stark reduziert werden mußte und die Fahrleitung zwischen Busenbach und Brötzingen in den Jahren 1918/19 aus wirtschaftlichen Gründen abgebaut und verkauft wurde. Durch die Kriegsjahre heruntergewirtschaftet und durch die Wirtschaftskrise der zwanziger Jahre weiter gebeutelt, wollte sich die BLEAG von der extrem unwirtschaftlichen Strecke Busenbach–Brötzingen trennen.

Die Stillegung dieses Abschnitts wurde schließlich zum 2. Januar 1931 genehmigt, der Abschnitt Ittersbach–Brötzingen jedoch an die Stadt Pforzheim verkauft. Diese elektrifizierte diesen Abschnitt erneut, diesmal mit 1.200 Volt Gleichstrom und nahm ihn als Kleinbahn der Stadt Pforzheim zum 24. Mai 1931 wieder in Betrieb (siehe auch Spurensuche Kapitel 9.1).

Trotz versuchter Gesundschrumpfung mußte die BLEAG schließlich zum 26. September 1931 Konkurs anmelden. Weder die Stadt Karlsruhe noch die Reichsbahn wollten daraufhin die Albtalbahn übernehmen. Mit der Deutschen Eisenbahn Betriebsgesellschaft (DEBG) fand sich schließlich ein neuer Betriebsführer, welcher in der Folgezeit versuchte, die Albtalbahn wieder auf Vordermann zu bringen. Neben dem zweigleisigen Ausbau zwischen Karlsruhe und Rüppurr wurde auch die Strecke Busenbach–Ittersbach wieder elektrifiziert. Nach dem Zweiten Weltkrieg wiederholte sich die Geschichte. Mißwirtschaft, fehlende Reinvestitionen und ein ausgesprochenes Desinteresse seitens der DBEG führten 1956 zum Verkauf der Albtalbahn an das Land Baden-Württemberg. Das Land übergab wiederum zum 1. April 1957 die Albtalbahn an die von Stadt und Landkreis Karlsruhe gegründete Albtal Verkehrs-Gesellschaft (AVG). Damit begann ein nicht endend wollender Aufstieg zum kreativsten Nahverkehrsunternehmen Deutschlands.

Erstes Ziel der AVG war die Umspurung der Albtalbahn auf Normalspur, um mit ihren Zügen auch das Netz der normalspurigen Karlsruher Straßenbahn mitzubenützen und somit die Karlsruher Innenstadt umsteigefrei anzubinden. Schon 1957 begannen die ersten Umspurungsarbeiten und in mehreren Etappen erreichte zum 1. September 1961 die Normalspur Bad Herrenalb. Die Ittersbacher Strecke blieb bis 1964 schmalspurig. Am 14. November 1964 wurde dort der Gesamtverkehr eingestellt. Langensteinbach war ab 30. Juni auf Normalspur wieder erreichbar, während die Wiedereröffnung des Abschnitts Langensteinbach–Ittersbach erst am 16. Oktober 1975 erfolgte. Zur besseren Anbindung von Spielberg wurde hier teilweise von der alten Trassierung abgewichen. Nachdem die Modernisierung des Kernnetzes abgeschlossen war, begann die Erschließung des Karlsruher Umlandes durch die AVG vor dem Hintergrund einer besseren und umsteigefreien Anbindung der Karlsruher Innenstadt auf der Schiene:

- Ab 5. Oktober 1979 wurde der Karlsruher Stadtteil Neureut unter Einbeziehung (Elektrifizierung) der nur noch im Güterverkehr betriebenen Bundesbahnstrecke Karlsruhe–Leopoldshafen durch die AVG angebunden. Sukzessive wurde der AVG-Betrieb bis Hochstetten unter teilweiser Benutzung der DB-Strecke ausgedehnt. Als S 1 (von Bad Herrenalb) bzw. S 11 (von Ittersbach) verkehren heute die Stadtbahntriebwagen der AVG.
- Ein weiterer Quantensprung gelang ab 1992, als die erste Zweisystem-Stadtbahnstrecke zwischen Karlsruhe und Bretten-Gölshausen in Betrieb ging. Hierfür wurde die Bundesbahnstrecke Bretten-Gölshausen–Karlsruhe-Grötzingen mit 15 kv/16,7 Hertz elektrifiziert. Parallel zur DB-Strecke wurde zwischen Grötzingen und Durlach eine neue zweigleisige Stadtbahnstrecke gebaut, die am Bf Durlach mit Hilfe einer Rampe ins Karlsruher Straßenbahnnetz einfädelt. Da sowohl AVG als auch die Karlsruher Straßenbahn mit 750 Volt Gleichstrom fahren, mußten Zweisystem-Stadtbahntriebwagen beschafft werden. Fahrgastzuwächse von bis zu 400 %

führten schnell zur Ausweitung der als S 4 bezeichneten Relation Karlsruhe–Gölshausen. 1997 wurde die S 4 bis Eppingen verlängert, nachdem die Strecke Gölshausen–Eppingen elektrifiziert worden war. Die Weiterführung Eppingen–Heilbronn Hbf geht zum Fahrplanwechsel 1999/2000 in Betrieb (KBS 710.4). Die Bauarbeiten zur Führung der S 4 durch die Heilbronner Innenstadt sind in vollem Gange. Zu einem späteren Zeitpunkt soll der Stadtbahnbetrieb über Heilbronn hinaus bis nach Öhringen (KBS 783) verlängert werden. Südlich von Karlsruhe führt zwischenzeitlich die S 4 unter Benutzung der DB-Strecke über Durmersheim und Rastatt bis zum Bf Baden-Baden.

- Weitere Erweiterungen sind im Raum Rastatt/Baden-Baden geplant. Die Murgtalbahn wird zwischen Rastatt und Forbach elektrifiziert und zwischen Kuppenheim und Bad Rotenfels zweigleisig ausgebaut. Die stillgelegte DB-Strecke Rastatt–Wintersdorf (–Röschwoog) wird von der AVG übernommen und zukünftig als grenzüberschreitende S-Bahn betrieben. Die Rennbahn in Iffezheim und der Baden Airport bei Söllingen sollen eine Stadtbahnanbindung bekommen. Vom Bf Baden-Baden (früher Baden-Oos) soll die Innenstadt Baden-Badens wieder durch eine neue Stadtbahn auf der Schiene erreicht werden können. Die Verlängerung der S 4 in Richtung Sinzheim/Bühl ist ebenfalls im Gespräch.
- 1994 wurde zwischen Karlsruhe Hbf und Bruchsal der Stadtbahnbetrieb aufgenommen. Gleichzeitig übernahm die AVG die SWEG-Strecken von Bruchsal nach Menzingen und Odenheim und elektrifizierte diese bis zum 27. September 1998. Als S 3 (Karlsruhe–Menzingen) und S 31 (Karlsruhe–Odenheim) sind Kraichtal- und Katzbachtalbahn heute ins Karlsruher S-Bahnnetz eingebunden (KBS 710.3).
- Ebenfalls 1994 begann der Stadtbahnbetrieb auf der DB-Strecke Bruchsal–Bretten. Die heutige S 9 fährt ab Sommerfahrplan 1999 bis nach Mühlacker. Die von der Strecke Bretten–Mühlacker abzweigende Stichbahn Maulbronn West–Maulbronn wird ebenfalls von der AVG übernommen. Auch die Strecke Graben-Neudorf–Germersheim soll elektrifiziert werden, so daß die S 9 über Bruchsal hinaus bis Germersheim verkehren kann.
- Länger als erwartet dauerte aufgrund unsinniger Einsprüche sogenannter Umweltschützer die Inbetriebnahme der S 5 (Wörth–Karlsruhe–Pforzheim) Ende September 1997, die weitestgehend DB-Strecken benützt, in Wörth und Karlsruhe aber durch die Innenstädte führt (KBS 710.5). Ab Sommerfahrplan 1999 wird die S 5 von Pforzheim über Mühlacker (Anschluß an S 9), Vaihingen/Enz nach Bietigheim verlängert. Dort können zukünftig Stuttgarter und Karlsruher S 5 gemeinsam abgelichtet werden. Von Wörth aus sind Stadtbahnverlängerungen nach Germersheim, Landau und Lauterbourg (Frankreich) geplant.
- Auf den Spuren der ehemaligen Karlsruher Lokalbahnen verkehrt heute die von den Verkehrsbetrieben der Stadt Karlsruhe (VBK) betriebene S 2 zwischen Blankenloch und Rheinstetten (KBS 710.2). Im Norden steht hier die Weiterführung über Friedrichstal nach Spöck ins Haus, im Süden soll die S 2 nach Durmersheim verlängert werden.

Die Achertalbahn (KBS 717)
Im Achertal forderten vor allem die ab Mitte des 19. Jahrhunderts ansässigen Industriebetriebe schon früh eine Anbindung an die Oberrheinstrecke. Erste konkrete Planungen für eine Schmalspurbahn ins Achertal wurden 1889 ausgearbeitet, doch das Projekt kam nicht so richtig in Gang.
Fünf Jahre später gründeten 1894 mehrere Fabrikbesitzer, die Forstverwaltung und die Bürgermeister der anliegenden Gemeinden ein Bahnkomitee, welches die Projektierung einer Normalspurbahn von Achern nach Ottenhöfen forcierte. Mitte des Jahres 1895 waren die Vorarbeiten abgeschlossen. Nachdem auch die Finanzierung gesichert war, beauftragte das Bahnkomitee die Berliner Firma Vering & Waechter mit dem Bahnbau und der späteren Betriebsführung. Das Staatsministerium erteilte jedoch erst am 30. September 1896 die endgültige Genehmigung, da Probleme mit der ursprünglichen Trassenführung aufgetreten waren. Die schleppende Bereitstellung zugesagter Gelder der Gemeinden sowie notwendige Enteignungsverfahren verzögerten den Baubeginn nochmals bis zum 18. Oktober 1897.
Die feierliche Eröffnung fand nach nur zehnmonatiger Bauzeit am 1. September 1898 statt. Eigentümer und Betreiber der Achertalbahn ist heute die landeseigene SWEG.

Die Renchtalbahn (KBS 718)
Das erste, mit privatem Kapital der Renchthal Eisenbahn-Gesellschaft erbaute Teilstück von Appenweiher nach Oppenau konnte am 1. Juni 1876 eröffnet werden. Die Konzession datiert vom 26. Oktober 1874, den Betrieb führte die Badische Staatsbahn durch. 1909 wurde dieser Streckenteil von der Badischen Staatsbahn übernommen und per Gesetz vom 8. Juli 1914 der Weiterbau nach Bad Griesbach beschlossen. Doch der Erste Weltkrieg verhinderte die Ausführung, erst zu Reichsbahnzeiten wurde ab 1922 von Oppenau aus weitergebaut. Trotz Inflation und Besetzung durch die Franzosen konnte das nächste Teilstück bis Bad Peterstal am 28. November 1926 eröffnet werden. Dann ruhte der Bahnbau wieder einige Jahre. Am 23. Mai 1933 waren schließlich die letzten 3 km bis Bad Griesbach fertiggestellt.

Die Kaiserstuhlbahn (KBS 723 und 724)
Schon ein Jahr nach Eröffnung der Strecke Freiburg–Breisach forderten auch die Kaiserstuhlgemeinden von der Landesregierung mit Nachdruck die Erschließung durch die Eisenbahn, welche jedoch den Bau auf Staatskosten ablehnte. Erst als sich ab 1885 das Badische Eisenbahn-Konsortium unter Regie von Hermann Bachstein (siehe auch OEG) mit dem Projekt einer Kaiserstuhlbahn beschäftigte, ging die Sache voran.
Geplant war eine Normalspurbahn rund um den Kaiserstuhl von Gottenheim über Riegel, Endingen, Sasbach nach Breisach sowie eine kurze Stichstrecke von Riegel zum Staatsbahnhof. Die Verhandlungen zwischen Konsortium und Anliegerkommunen zogen sich wegen der Finanzierung und kostenlosen Abtretung der Grundstücke erheblich in die Länge, so daß die Genehmigung zum Bahnbau erst am 9. Januar 1893 erteilt wurde. Die Bauarbeiten begannen noch im Sommer des gleichen Jahres und schon am 15. Dezember 1894 gingen die Abschnitte Riegel–Endingen und Riegel–Gottenheim in Betrieb, der restliche Streckenteil Endingen–Breisach folgte am 7. September 1895. Die Kaiserstuhlbahn wird heute von der SWEG betrieben.

Die Elztalbahn (KBS 726)

Die in Denzlingen von Rheintallinie abzweigende Elztalbahn wurde in zwei Etappen erbaut. Der Abschnitt bis Waldkirch wurde am 24. August 1872 für die Stadtgemeinde Waldkirch konzessioniert, auf ihre Rechnung als Privatbahn erbaut und am 1. Januar 1875 dem Verkehr übergeben. Auch hier führte die Badische Staatsbahn den Betrieb durch. Nach Übernahme dieses Abschnitts durch die Staatsbahn wurde mit dem Gesetz vom 25. Februar 1898 der Bau des oberen Teilstücks Waldkirch–Elzach beschlossen. Mit der Eröffnung am 20. September 1901 war die Elztalbahn endlich in ihrer ganzen Länge befahrbar.

Die Breisgau-S-Bahn Freiburg–Breisach (KBS 729)

Bereits um 1860 wurden Bittsteller links und rechts des Rheins bei ihren jeweiligen Regierungen vorstellig, um eine Verbindung zwischen Freiburg und Colmar zu schaffen. Die Städte Freiburg und Breisach (Altbreisach) erhielten letztendlich am 21. August 1868 die Genehmigung, auf eigene Kosten eine Bahn zwischen Freiburg und Altbreisach zu bauen. Diese Privatbahn wurde am 16. September 1871 ihrer Bestimmung übergeben.
Als nach dem deutsch-französischen Krieg 1870/71 das Elsaß an Deutschland gefallen war, war es wichtig geworden, Eisenbahnverbindungen in das hinzugewonnene Gebiet zu schaffen. In Vertrag von 1874 zwischen dem Deutschen Reich und Baden wurde dabei auch die Verlängerung der Strecke von Altbreisach nach Colmar aufgenommen. Nach dem Bau der Rheinbrücke zwischen Altbreisach und Neu Breisach sowie der Weiterführung der Strecke nach Colmar wurde mit der Eröffnung der Neubaustrecke am 5. Januar 1878 die Privatbahn Freiburg–Altbreisach zunächst vom Staat gepachtet und am 6. Dezember 1881 schießlich übernommen.
Mit dem Zweiten Weltkrieg kam das Ende der durchgehenden Verbindung. Am 12. Oktober 1939 war die Rheinbrücke erstmals von französischen Truppen gesprengt worden. Von deutscher Seite wieder instandgesetzt, war sie ab 24. Juli 1940 wieder in Betrieb. Mit der zweiten Sprengung am 2. Februar 1945, diesmal durch deutsche Truppen, war das endgültige Aus des Durchgangsverkehrs gekommen, da die Brücke nach Kriegsende nicht wieder aufgebaut wurde. Bis heute besitzt die Stichbahn jedoch erhebliche Bedeutung für den lokalen Verkehr.

Die Münstertalbahn (KBS 725)

Erste Projekte, die östlich der Badischen Hauptbahn gelegenen Gemeinden Staufen, Sulzburg und Münstertal ans Eisenbahnnetz anzuschließen, tauchten schon 1884 auf. Durch Vermittlung des badischen Finanzministeriums konnte die Fa. Bachstein für eine normalspurige Nebenbahn Krozingen–Staufen–Sulzburg gewonnen werden. Die Städte Staufen und Sulzburg beauftragten 1890 die Fa. Bachstein mit der Projektdurchführung und bewilligten ihr den geforderten Baukostenzuschuß. Dann passierte zunächst nichts, bis im Winter 1891/92 die Fa. Bachstein mitteilte, daß der Bahnbau Krozingen–Sulzburg wegen anderer Vorhaben zurückgestellt werden müsse. Nun kam die Berliner Firma Vering & Waechter zum Zug. Schon im April 1892 war ein entsprechender Vertrag abgeschlossen. Erste Vorarbeiten wurden im September 1893 unternommen, die Genehmigung zum Bahnbau am 15. April 1894 erteilt. Noch im gleichen Jahr konnte am 22. Dezember der planmäßige Betrieb zwischen Staufen und Sulzburg aufgenommen werden. Nun wollten auch die

Münstertalgemeinden einen Bahnanschluß haben. Streitigkeiten zwischen Ober- und Untermünstertal um ihren jeweiligen Bahnanschluß verhinderten jedoch über Jahre hinweg den Bahnbau. Die Genehmigung für eine Nebenbahn Staufen–Untermünstertal wurde schließlich am 30. Juli 1913 erteilt. Durch den Ersten Weltkrieg verzögerten sich die Bauarbeiten, so daß dieser Ast erst am 1. Mai 1916 in Betrieb genommen werden konnte. Schon bald nach dem Zweiten Weltkrieg zeichnete sich ab, daß die Einnahmen aus dem schwachen Verkehrsaufkommen auf dem Abschnitt Staufen–Sulzburg den erforderlichen Aufwand nicht im entferntesten decken konnten. Der Personenverkehr wurde ab 4. Mai 1969 auf Busbetrieb umgestellt. Die Teilstrecke Grunern–Sulzburg verlor am 15. März 1973 auch den Güterverkehr und wurde daraufhin abgebaut. Eigentümer und Betriebsführer der Münstertalbahn ist heute die landeseigene SWEG.

Weil/Rhein–Lörrach (KBS 734) und Wiesentalbahn Basel–Zell (KBS 735)

Mit der Eröffnung des durchgehenden Betriebes auf der badischen Hauptbahn von Mannheim über Basel bis nach Waldshut im Jahre 1856 sah sich das industrie- und gewerbereiche Wiesental eisenbahnmäßig ins Abseits gedrängt. Um dem Abhilfe zu schaffen, wurde unter Federführung von Fabrikanten aus dem Wiesental sowie einflußreicher Kreise aus Basel die »Wiesental Eisenbahn-Gesellschaft« gegründet, welche eine Bahnverbindung zwischen Basel und Schopfheim zum Ziel hatte. Erste Untersuchung wiesen die Wirtschaftlichkeit eines Bahnbetriebs in dieser Relation nach, die staatlichen Mittel zum Bau neuer Strecken waren zu dieser Zeit aber knapp. Zudem wollte man in Baden nicht vom Staatsbahnprinzip abweichen. Eine auch heute wieder aktuelle Lösung war schnell gefunden: Die Bahn sollte mit privatem Kapital gebaut, aber durch die Badische Staatsbahn betrieben werden. Unter dieser Voraussetzung erhielt am 23. November 1860 die Gesellschaft die Genehmigung zum Bau der 22,2 km langen Strecke Basel–Lörrach–Schopfheim. Der Bau bereitete keine großen Probleme und so konnte die erste mit privatem Kapital erbaute »Staatsbahn« am 7. Juni 1862 dem Betrieb übergeben werden. Weitere 14 Jahre sollten noch vergehen, bis die in Aussicht gestellte Verlängerung ins obere Wiesental nach Zell realisiert werden sollte. Finanzielle Gründe und Trassierungsprobleme verzögerten den Bahnbau. Erst ein am 31. Mai 1869 veröffentlichtes Gutachten des bekannten Bahnbauers Gerwig brachte wieder Schwung in die Sache. Die »Schopfheim-Zeller Eisenbahn-Gesellschaft« erhielt am 14. März 1872 die Konzession zum Bau der 7,24 km langen Strecke. Umfangreiche Sprengarbeiten und strenge Winter brachten es mit sich, daß die Weiterführung erst am 5. Februar 1876 eröffnet werden konnte. Im Zuge des strategischen Streckenbaus im Raum Lörrach/Schopfheim wurde 1890 die private Wiesentalbahn vom Staat übernommen. Eine Vorreiterrolle der elektrischen Traktion übernahmen die Wiesentalbahn sowie die strategische Wehratalbahn Schopfheim–Säckingen (siehe Spurensuche Kap. 3) mit der Einführung des elektrischen Betriebes ab 13. September 1913. Die Badische Staatsbahn erprobte auf diesen beiden Strecken diese neue zukunftsweisende Traktionsart. Sie sollten über den Zweiten Weltkrieg hinaus die einzigen, mit bahnüblichem Stromsystem (15 kV 16,7 Hertz) elektrifizierten Strecken Badens bleiben.

Die heutige KBS 734 (Weil/Rhein–Lörrach) ist ein Rest der ehemaligen strategischen Bahnen, die nach dem deutsch-fran-

zösischen Krieg 1870/71 entstanden und Militärtransporte an die französische Grenze unter Umfahrung schweizer Gebiet ermöglichen sollten (siehe auch Spurensuche).
Eine Aufwertung im Zuge der im Aufbau befindlichen Regio-S-Bahn im Dreiländereck Deutschland/Frankreich/Schweiz erfahren zukünftig diese beiden Strecken. Pünktlich zur Landesgartenschau 1999 in Weil am Rhein konnte die Komplettsanierung der KBS 734 abgeschlossen werden. Nächster Schritt wird der zweigleisige Ausbau der Wiesentalbahn sein. Bis 2001 sollen zwei S-Bahn-Linien eingerichtet sein: Die sogenannte »Rote Linie« von Zell über Basel nach Laufen (ca. 20 km südlich von Basel) und die »Blaue Linie« von Steinen an der Wiesentalbahn über Lörrach und Weil nach Haltingen an der Rheintalstrecke (KBS 702).

Im Zuge des Baus der NBS Stuttgart–Mannheim erhielt der Bahnhof Neulußheim (KBS 700) sein futuristisch anmutendes Erscheinungsbild. Die mittlerweile über vierzig Jahre alte 141, aufgenommen am 26. August 1998, will dazu nicht mehr so recht passen.

Streckenverlauf (Topographie)

Mannheim (–Heidelberg)–Basel (KBS 665, 700, 701 und 702) ; Appenweiher/ Offenburg–Kehl (KBS 719)

Die »Rheinbahn« als direkte Verbindung zwischen Mannheim und Karlsruhe läßt nach der Ausfahrt aus Mannheim Hauptbahnhof die Strecke nach Heidelberg (alte Badische Hauptbahn) links liegen. Vorbei am ehemaligen Haltepunkt Mannheim-Fabrikstation geht es über Mannheim-Neckarau (links Industrieansiedlungen), die einstigen Halte Altrip (der Ort liegt auf der pfälzischen Rheinseite) und Mannheim-Rheinau Hafen zum Bahnhof Mannheim-Rheinau. Danach unterquert die Bahn die A 6 und passiert den aufgelassenen Haltepunkt Hirschacker. Vor Schwetzingen mündet links die Verbindung von Mannheim-Friedrichsfeld ein. Nach Oftersheim durchmißt die Trasse einen Zipfel des ausgedehnten Waldgebietes Unterer Hardt und unterquert dann kurz hintereinander die Autobahnen A 61 und A 6. Von rechts nähert sich die Neubaustrecke Mannheim–Stuttgart, welche die Rheinbahn vorbei am neu erbauten Bahnhof Hockenheim bis zum etwas futuristisch anmutenden Bahnhof Neulußheim begleitet. Die NBS rückt nun rechts von der Rheinbahn ab. Diese läuft am Rande des Oberhausen-Rheinhausener Seengebiets (rechts) und begleitet von den Wäldern des Unteren Lußhardt (links) über den einstigen Haltepunkt Kirrlach nach Waghäusel. Hinter Wiesental nähert sich rechts wieder die NBS, um die Rheinbahn dann zu überqueren. Rechts mündet ein Verbindungsgleis von der Neubaustrecke ein. Kurz vor Graben-Neudorf kommt rechts das Gleis der Strecke vom pfälzischen Germersheim heran und überquert die Rheinbahn, um dann links in diese einzumünden. Hinter dem Bahnhof verschwindet rechts die Verbindung nach

Bruchsal. Entlang des Hardtwaldes (rechts) passiert die Trasse Friedrichstal (Baden), Blankenloch und Karlsruhe-Hagsfeld. Über ausgedehnte Überführungs- und Kreuzungsbauwerke nimmt die Rheinbahn die alte Badische Hauptbahn von Heidelberg auf und erreicht zusammen mit ihr den Karlsruhe Hauptbahnhof.

Die alte Badische Hauptbahn verläßt Mannheim Hauptbahnhof in südöstlicher Richtung. Links schwenken die Gleise der ursprünglichen Riedbahn aus, während rechts die »Rheinbahn« nach Karlsruhe und die Neubaustrecke nach Stuttgart ausfädeln. Nach dem Haltepunkt Mannheim Rangierbahnhof werden rechts dessen ausgedehnte Anlagen sowie der Betriebshof (Bahnbetriebswerk) Mannheim passiert, anschließend nach Mannheim-Seckenheim die Autobahn A 6 unterquert. Die Bahn gelangt nun zum einst auf freiem Feld plazierten Bahnknoten Mannheim-Friedrichsfeld Süd, wo links die Main-Neckar-Bahn einmündet. Kurz vor Heidelberg-Wieblingen unterfährt die Strecke die Autobahn A 5, läßt dann das einstige Bahnbetriebswerk Heidelberg sowie die kaum mehr genutzten Anlagen des Heidelberger Güterbahnhofs rechts liegen und erreicht den »modernen« Heidelberger Hauptbahnhof. Nach Ausfahrt aus dem Hauptbahnhof zweigt links die Neckartalbahn ab und über Heidelberg-Kirchheim, Leimen, St. Ilgen und die ehemalige Station Walldorf führt die Trasse zum Bahnhof Wiesloch-Walldorf. Der Bahnkörper tritt in den Forst Hochholz ein und unterquert kurz darauf die Autobahn A 6. Vorbei an Rot-Malsch wird hinter Bad Schönborn-Kronau, dem früheren Bahnhof Mingolsheim-Kronau, rechts das als Strafvollzugsanstalt genutzte Schloß Kislau passiert. Nach Bad Schönborn Süd (früher Bahnhof Langenbrücken) und Ubstadt-Weiher fädelt links ein Verbindungsgleis zur Neubaustrecke Mannheim–Stuttgart aus, die gleich darauf unterquert wird. Ebenfalls links kommt hier die Kraichtalbahn heran, welche die Trasse bis Bruchsal begleitet. Hinter Bruchsal verschwinden rechts wie links die Gleise der einstigen württembergischen Westbahn. Vorbei am neu eingerichteten S-Bahn-Haltepunkt Bruchsal Bildungszentrum, den Bahnhöfen Untergrombach und Weingarten (Baden) kommt kurz vor Karlsruhe-Durlach die Pforzheimer Strecke heran. Im Bahnhof Durlach geht rechts über eine Rampe die S-Bahn-Strecke auf das Netz der Karlsruher Straßenbahn über. Die Badische Hauptbahn jedoch unterquert gleich nach Verlassen des Durlacher Bahnhofs die Autobahn A 5 und erreicht wenig später den Karlsruher Hauptbahnhof.

Für die Weiterführung nach Rastatt stehen theoretisch zwei Alternativen zur Verfügung, wobei die neuere Strecke über Forchheim (bei Karlsruhe), Durmersheim, Bietigheim (Baden) und Ötigheim vorwiegend von der S-Bahn genutzt wird. Der Fernverkehr nimmt in der Regel seinen Weg über die Trasse der Badischen Hauptbahn. Diese läßt die Durmersheimer Strecke nach der Ausfahrt aus dem Karlsruher Hauptbahnhof rechts liegen und führt unter der Autobahn A 5 hindurch auf Ettlingen zu. Hinter dem Bahnhof Ettlingen West zweigt links das Verbindungsgleis zur Albtalbahn ab. Vorbei an Bruchhausen (bei Ettlingen) und Malsch wird hinter Muggensturm die A 5 erneut unterfahren. Kurz vor Rastatt mündet rechts die Durmersheimer Strecke ein. Gleich nach Verlassen des Bahnhofs Rastatt verläßt links das Gleis der Murgtalbahn die Hauptstrecke, kurz darauf zweigt rechts die stillgelegte Strecke nach Wintersdorf ab. Erneut unter der A 5 hindurch und vorbei am nicht mehr bedienten Haltepunkt Haueneberstein rücken links jetzt deutlich die bewaldeten Schwarzwaldhöhen ins Blickfeld, welche die Schienen bis Basel begleiten. Nichts mehr erinnert im heutigen Bahnhof Baden-Baden, dem früheren Baden-Oos, an die einst zweigleisige, elektrifizierte Stichbahn nach Baden-Baden. Über die aufgelassenen Stationen Sinzheim (bei Bühl) und Steinbach (Baden) läuft die Trasse nach Bühl (Baden), wo rechts die normalspurige Güterbahn von Söllingen/Greffern einmündet. Diese ist das letzte Überbleibsel des einst umfangreichen Schmalspurnetzes der Mittelbadischen Eisenbahnen (MEG). Vorbei am ehemaligen Bahnhof Ottersweier wird Achern erreicht, wo in den letzten Jahren leichte Trassenkorrekturen und ein Neubau der Bahnhofsanlage vorgenommen wurde. Gleich hinter dem Bahnhof schwenkt links die Achertalbahn aus. Für kurze Zeit rücken nun die Schwarzwaldberge etwas von der Strecke ab, die jetzt durch die fruchtbare Ortenau vorbei am einstigen Haltepunkt Önsbach über Renchen nach Appenweier führt, wo kurz vor Erreichen des Bahnhofs links die Renchtalbahn einmündet.

Nach der Ausfahrt aus dem Bahnhof Appenweier zweigt rechts die internationale Verbindung nach Frankreich ab, die quer durch das sogenannte »Hanauer Land« über Legelshurst und Kork nach Kehl und weiter über die Rheinbrücke nach Straßburg führt. Schon im Weichbild von Kehl überquert diese Bahn die Kinzig.

Die badische Hauptbahn nimmt auf ihrem weiteren Weg nach Süden zunächst rechts noch das Offenburger Gleis der Kehler Verbindung auf, um dann über den stillgelegten Haltepunkt Windschläg in die »Hauptstadt« der Ortenau nach Offenburg zu gelangen. Noch in der südlichen Bahnhofsausfahrt trennt sich die Badische Schwarzwaldbahn von der Hauptstrecke, die in einer scharfen Rechtskurve abschwenkt, die Schwarzwaldbahn links liegen läßt und gleich darauf die Kinzig überbrückt. Ab der aufgelassenen Station Schutterwald läuft die Trasse völlig geradlinig durch die Rheinebene über den einstigen Halt Niederschopfheim und den Bahnhof Friesenheim (Baden) nach Lahr (Schwarzwald), dem früheren Lahr-Dinglingen. Noch in der Bahnhofsausfahrt zweigt links das Gleis der stillgelegten Verbindung zum Lahrer Stadtbahnhof ab. Nach dem aufgegebenen Haltepunkt Kippenheim folgen in kurzen Abständen hintereinander Orschweier, Ringsheim, Herbolzheim (Breisgau) und Kenzingen. Am Bahnhof Riegel verschwinden rechts die Schienen der Kaiserstuhlbahn, ebenfalls rechts rückt für kurze Zeit der Kaiserstuhl ins Blickfeld. Ab Köndringen folgt die Trasse über Teningen-Mundingen bis Emmendingen dem Lauf der Elz (rechts), die hinter Kollmarsreute überbrückt wird. Vor Denzlingen mündet links die Elztalbahn ein. Hinter Gundelfingen (Breisgau) verlassen rechts die Gleise der Freiburger Güterumgehungsbahn die Trasse der Badischen Hauptbahn, welche die Freiburger Stadtteile Zähringen und Herdern bedient. Kurz vor dem Freiburger Hautbahnhof schwenkt rechts die Strecke von Breisach ein, während links das hochaufragende Münster das Stadtbild dominiert. Unmittelbar nach der Ausfahrt aus dem Hauptbahnhof überbrücken die Schienen die Dreisam. Rechts gewinnen auf einer Rampe die Gleise der Höllentalbahn an Höhe und überqueren kurz darauf die Hauptbahn nach Basel. Hinter der Station Freiburg-St. Georgen münden rechts wieder die Gleise der Freiburger Güterumgehungsbahn ein. Malerisch ziehen sich bei Ebringen und Schallstadt links die rebenbewachsenen Hänge der Schwarzwaldvorberge entlang. Vorbei an Norsingen schwenkt kurz vor Bad Krozingen links die Münstertalbahn ein. Weiter führt die Trasse durch die flache Rheinebene über den einstigen Haltepunkt Tun-

Bei Schallstadt umrundet die Rheintalbahn (KBS 702) in einer langgestreckten Kurve den Ort. Mit einem langen Güterzug ist eine 140 auf dem Weg nach Süden, im Hintergrund sind die Hochhäuser der Breisgaumetropole Freiburg zu sehen. Foto: Wollny

sel, die Bahnhöfe Heitersheim und Buggingen sowie die aufgelassene Station Hügelheim nach Müllheim (Baden).
Ab Müllheim beginnt der interessanteste Streckenabschnitt der alten Badischen Hauptbahn. Nach der Ausfahrt aus dem Bahnhof zweigt nach rechts die nur noch im Güterverkehr bediente Strecke nach Neuenburg und weiter nach Mülhausen im Elsaß ab. Die Trasse führt weiter durch die Rheinebene. Links bildet das rebenbestandene Markgräflerland den Übergang zu den Schwarzwaldhöhen. Im Hintergrund hebt sich deutlich der das Markgräflerland beherrschende 1165 m hohe Blauen ab. Weiter läuft die Strecke über Auggen nach Schliengen, wo links der Hochschwarzwald besonders eindrucksvoll über sanfte Kuppen hinunter ins Rheintal abfällt. Vorbei an Bad Bellingen schickt sich die Trasse hinter Rheinweiler an, den Isteiner Klotz zu überwinden und beginnt vom Talboden hochzusteigen. Hinter Kleinkems verläuft die Bahn in engen Kurven zwischen interessanten Felsformationen. Vor Istein werden nacheinander der 243 m lange Klotz-Tunnel und der 129 m lange Kirchberg-Tunnel durchquert. Rechts zurück bietet sich ein schöner Blick auf den malerisch am Südhang des Isteiner Klotzes gelegenen Ort Istein, in der Ferne über dem Rhein die Anlagen des französischen Großkraftwerks Kembs. Hinter dem Bahnhof weicht die Trasse im 307 m langen Hartberg-Tunnel noch einmal in den Berg aus, um dann den malerischen Doppelort Efringen-Kirchen zu erreichen. Nach Eimeldingen, das links an der Südseite des rebenbedeckten Läufelbergs liegt, überquert die Strecke die Autobahn A 98. Kurz vor dem Bahnhof Haltingen kommt von links das Gleis der nur noch im Museumsverkehr betriebenen Kan-

dertalbahn heran. Anschließend passiert die Bahn rechts das Bahnbetriebswerk Haltingen und die weitläufigen, 5 km langen Anlagen des badischen Basler Rangierbahnhofs, links hinter dem Ort die wald- und rebenbestandene Tüllinger Höhe. Links zweigt nach dem Bahnhof Weil (Rhein) die Verbindungsbahn nach Lörrach ab. Unbemerkt überschreitet die Trasse die Grenze zur Schweiz und überquert anschließend auf einer Gitterträgerbrücke den Fluß Wiese. Vorbei an den Parkanlagen »Lange Erlen« und der Abstellgruppe für Reisezugwagen (beide links) erreicht die Strecke ihren Endpunkt Basel Badischer Bahnhof.

Oberrheinische Eisenbahngesellschaft (OEG, KBS 669)

Von Mannheim Hbf bis zum OEG-Bahnhof Mannheim-Käfertal benutzt die OEG die Schienen gemeinsam mit der Mannheimer Verkehrs AG (Straßenbahn). Am Bahnhof Käfertal befinden sich große Abstell- und Pflegeanlagen. Nach der Ausfahrt aus dem Bahnhof zweigt rechts die OEG-Strecke nach Heddesheim ab, die heute im Auftrag der OEG von Fahrzeugen der Mannheimer Verkehrs AG und der Verkehrsbetriebe Ludwigshafen bedient wird. Die Weinheimer Strecke führt weiter auf zweigleisigem Bahnkörper auf langen Abschnitten schnurgerade, zum Teil durch Wald und freies Gelände auf Viernheim zu. Kurz vor Viernheim wird die Autobahn A 6 unterfahren. Zwischen Viernheim und Weinheim wird die DB-Güterzugstrecke Weinheim–Viernheim unterquert. In Weinheim endet ab dem Haltepunkt Gaswerk der eigene Bahnkörper, die Trasse liegt jetzt mittig im Straßenplanum. Gemeinsam mit der Straße werden die Gleise der DB-Strecke Heidelberg–Darmstadt (KBS 650) auf einer Überführung gequert. Hinter der Brücke gehen die Schienen der OEG wieder auf eigenen Bahnkörper über und führen zum OEG-Bahnhof Weinheim hinunter. Mit der bis Schriesheim eingleisigen Bergstraßenstrecke folgt nun der schönste Abschnitt. Rechts bietet sich ein weiter Blick über Wiesen und Felder hinüber nach Mannheim, links dominieren Weinberge und dahinter die Hänge des Odenwalds. Auch die netten Bergstraßen-Ortschaften liegen links der Bahn, bis Schriesheim sind dies Lützelsachsen, Hohensachsen, Großsachsen und Leutershausen. Sehenswert sind die engen Ortsdurchfahrten von Großsachsen und Schriesheim. Ab Schriesheim ist die Trasse seit neuestem zweigleisig, nur die Ortsdurchfahrt Dossenheim verblieb eingleisig. Mischbetrieb mit Fahrzeugen der Heidelberger Straßen- und Bergbahn AG gibt es ab Heidelberg-Handschuhsheim, die gemeinsame Trasse liegt nun inmitten der Straße. Über den Stadtteil Neuenheim und weiter über die Neckarbrücke fährt die OEG gemeinsam mit der Straßenbahn zum Heidelberger Hbf. Kurz nach dem Hauptbahnhof läuft die OEG wieder auf eigener Trasse weiter, zunächst parallel zur alten Badischen Hauptbahn Heidelberg–Mannheim (links), und schwenkt dann nach rechts ab, unter der Autobahn A 656 hindurch nach Wieblingen. Nach Unterfahrung der Autobahn A 5 läuft die Bahn nun durch freies Feld und einen längeren Einschnitt, passiert den markanten Wieblinger Wasserturm (rechts) und erreicht den Bahnhof Edingen. Nun folgt die Rennstrecke der OEG bis Seckenheim. Durch Wiesen, Felder und Obstplantagen nähert sich die Trasse der Bundesstraße B 37, kreuzt diese und führt dann parallel mit ihr (die Straße in Fahrtrichtung links) unter Main-Neckar-Bahn (KBS 650) hindurch bis zum Bahnhof Seckenheim. Ab hier gibt es wieder Mischbetrieb mit den Fahrzeugen der Mannheimer Verkehrs AG und der Verkehrsbetriebe Ludwigshafen. In der Ortsmitte von Seckenheim liegen die Gleise in

Auf gemauerten Vorflutbrücken verläuft die Strecke Bruchsal–Germersheim (KBS 704) durch die Sumpflandschaft des Altrheins. Am 26. August 1998 schiebt eine 218 ihren Zug bei Rheinsheim dem Rhein und damit der Landesgrenze entgegen.

der Durchgangsstraße, ab dem Ortsende wieder auf eigenem Bahnkörper. Weiter parallel zur B 37, aber durch einen Hochwasserdamm (links) von ihr getrennt, führen die Schienen unter der Autobahn A 6 hindurch nach Neuostheim ans Neckarufer. Dem Neckarufer folgend fädelt die OEG nach der Haltestelle Collini-Center wieder ins Mannheimer Straßenbahnnetz und auf diesem zum Ausgangspunkt Hauptbahnhof zurück.

Bruchsal–Germersheim (KBS 704)

Nach der Ausfahrt aus dem Bahnhof Bruchsal zweigen die Gleise der Strecke nach Graben-Neudorf und Germersheim nach links von der Badischen Hauptbahn ab, diese bleibt rechts zurück. Die hier noch zweigleisige und elektrifizierte Trasse führt quer durch die Rheintalebene unter der Autobahn A 5 hindurch nach Karlsdorf. Dahinter überquert sie den Pfinzkanal und läuft weiter zur badischen Rheinbahn Karlsruhe–Mannheim, welche kurz vor Graben-Neudorf von rechts herankommt. Hinter dem Bahnhof Graben-Neudorf rückt die jetzt nicht mehr elektrifizierte Germersheimer Strecke nach rechts über eine Rampe von der Rheinbahn ab und überquert diese anschließend. Die Rheinbahn verschwindet rechts, während die Germersheimer Trasse vorbei am Haltepunkt Graben-Neudorf Nord den Bahnhof Huttenheim erreicht. Hinter Philippsburg (Baden) überbrückt die Bahn erneut den Pfinzkanal. Nach Rheinsheim tritt die Strecke in die Sumpf- und Seenlandschaft des Altrheins ein. Über die malerischen gemauerten Vorflutbrücken läuft die Trasse auf die Rheinbrücke zu und mündet nach dessen Überquerung in die Pfalzbahn ein, die von links herankommt. Kurz darauf endet die Verbindungsbahn im Bahnhof Germersheim.

Katzbach- und Kraichtalbahn Bruchsal–Odenheim/Menzingen (KBS 710.3)
Das Gleis der Katzbach- und Kraichtalbahn trennt sich kurz nach der Ausfahrt aus dem Bahnhof Bruchsal von der DB Strecke Bruchsal–Heidelberg und verläuft parallel zu dieser vorbei an den neuen Bruchsaler Haltepunkten Schloßgarten und Stegwiesen bis zur Unterquerung der Neubaustrecke Stuttgart–Mannheim. Nun schwenkt die Trasse von der DB-Strecke nach rechts ab, unterquert kurz darauf die Ubstädter Verbindungskurve zur NBS und erreicht dann den Trennungsbahnhof Ubstadt Ort.
Die Strecke nach Odenheim (Katzbachbahn) läßt die Menzinger Trasse nach der Ausfahrt aus dem Bahnhof rechts liegen, überquert den Kraichbach (dieser nun in Fahrtrichtung links) und folgt dem Bach vorbei am neuen Haltepunkt Ubstadt Uhlandstraße bis kurz vor Stettfeld (Baden). Vor dem Bahnhof Stettfeld kreuzt die Bahn die Bundesstraße B 3 und schwenkt ins Tal des Katzbaches ein. Kurz vor Zeutern wechselt die Strecke über den Katzbach. Meist den Katzbach in Sichtweite (rechts) läuft die Trasse über Zeutern Ost und Odenheim West auf ihren Endbahnhof Odenheim zu.
Die Kraichtalbahn nach Menzingen schwenkt hinter dem Bahnhof Ubstadt Ort nach rechts ab, läßt die Katzbachbahn links liegen und kreuzt anschließend die Bundesstraße B 3. Vorbei am neu eingerichteten Haltepunkt Ubstadt Salzbrunnenstraße folgt die Trasse dem Lauf des Kraichbachs, das Flüßchen links. Sowohl vor als auch hinter dem Bahnhof Unteröwisheim wechselt die Bahn über den Kraichbach. Mit dem Durchfahren des Wendelwalds zwischen Oberöwisheim und Münzesheim folgt ein idyllischer Streckenteil. Vor dem Haltepunkt Münzesheim Ost überbrückt die Trasse erneut den Kraichbach. Das Werkareal der Refra-Technik mit ihrem Gleisanschluß (rechts) zeigt die Annäherung an Gochsheim (Baden) an. Gleich hinter dem Bahnhof quert die Bahn letztmalig den Kraichbach und biegt mit einem Linksbogen ins reizvolle Eschbachtal ab. Weitab

Die Kraichtalbahn Bruchsal–Menzingen (KBS 710.3) gehört mittlerweile zum Karlsruher S-Bahn-Netz und wird mit AVG-Zweisystem-Stadtbahnwagen bedient. Eine zweiteilige Garnitur wartet am 26. August 1998 in Oberöwisheim auf die Weiterfahrt nach Menzingen.

jeder Besiedlung führt die Trasse im Tal durch Wiesen und Felder, vorbei an kleinen Wäldern, zum einsam gelegenen Haltepunkt Bahnbrücken und weiter zu ihrem Endpunkt Menzingen (Baden).

Albtalbahn (KBS 710.1)
Am Albtalbahnhof in Karlsruhe an der Friedrich-Ebert-Straße mit seiner erst 1988 fertiggestellten modernen Bahnsteigüberdachung nimmt die eigentliche Albtalbahn ihren Ausgang. Gleich dahinter geht es durch die Unterführung Schwarzwaldstraße unter den DB-Gleisen hindurch, um dann in direkter Linienführung auf die Ettlinger Allee zu gelangen, wobei vorher noch die Zufahrtsgleise zum DB-Rangierbahnhof auf einer Brücke überquert werden. Die Trasse folgt dem Verlauf der Ettlinger Allee auf eigenem Bahnkörper und von ihr abgesetzt in Seitenlage. Kurz vor dem Hp Erbprinz in Ettlingen kommt von rechts das nur im Güterverkehr betriebene Verbindungsgleis vom DB-Bahnhof Ettlingen West heran. Der Hp Erbprinz befindet sich direkt neben dem renommierten Hotel gleichen Namens. Kurze Zeit später ist der Bahnhof Ettlingen Stadt erreicht. Der Bahnhof besitzt ein schön renoviertes Bahnhofsgebäude sowie eine alle Bahnsteige überspannende Bahnhofshalle. Kundenfreundlich schließt sich direkt an die Bahnsteige die Bushaltestelle an. Nach Verlassen des Bahnhofs passiert die Trasse eine große Fahrzeughalle sowie die Lackiererei der AVG. Kurz bevor die Straße nach Bad Herrenalb gekreuzt wird, zweigt rechts das Anschlußgleis zur unteren Spinnerei ab. Kurz vor dem Abzweigbahnhof Busenbach wird die Straße erneut gekreuzt. Das Gleis folgt nun im Tal dem Flüßchen Alb und bleibt bis Bad Herrenalb zwischen Straße (in Fahrtrichtung links) und Fluß (in Fahrtrichtung rechts). Die Trassenführung wechselt zwischen Hang- und Dammlagen, z.T. direkt unterhalb der Straße und entlang dem Albufer. Die Ortschaften Busenbach, Etzenrot, Marxzell und Schielberg liegen in einiger Entfernung zu ihren Bahnhöfen am Talhang, ansonsten bestimmen Wälder die Szenerie rechts und links von der Strecke. Beim Bf Frauenalb zieht rechts die Ruine der Klosterkirche den Blick auf sich. Kurz darauf ist der Endbahnhof Bad Herrenalb erreicht, der von der ehemaligen Baden-Badener Bahnhofshalle dominiert wird. Diese im Jugendstil erbaute Halle wurde nach der Stillegung der Strecke Baden-Baden–Baden-Oos überflüssig, an die AVG verkauft, von ihr 1978/79 demontiert und mit viel Sorgfalt in Bad Herrenalb wieder aufgebaut.
Die Ittersbacher Strecke zweigt kurz nach dem Bf Busenbach links ab, kreuzt anschließend die Straße nach Bad Herrenalb und führt am Talhang hoch nach Reichenbach. Nach einem weiteren kurzen Anstieg fällt die Trasse durch Wiesen und Felder nach Langensteinbach hinunter. Durch unberührte Waldlandschaft erreicht die Strecke Spielberg, um dann durch Felder und Wiesen nach Ittersbach hochzusteigen. Nach dem Bahnhof Ittersbach wird ein Einschnitt durchquert, den früher die Kleinbahn Pforzheim–Ittersbach benutzte. Anschließend wird die ehemalige Kleinbahntrasse nach rechts zum Ortskern von Ittersbach verlassen, um in einer Schleife beim Rathaus zu enden.

Achertalbahn (KBS 717)
Nach Verlassen des Bahnhofs Achern bleiben die Gleise der Oberrheinstrecke rechts zurück, die Trasse führt durch den südlichen Ortsrand von Achern hinaus auf Wiesen- und Obsfelder. In Fahrtrichtung links wird der langgezogene Ort Oberachern passiert, am linken Talhang ziehen sich bis Kappelrodeck Rebhänge entlang. Bei Kappelrodeck sind dies die bekannten Lagen

des »Hex vom Dasenstein«. Rechts thront über dem Ort das schöne Schloß Rodeck. Das Tal wird nun enger, die Wälder an den Talhängen reichen bis an die Bahnlinie heran. Nach Passieren des malerisch gelegenen Haltepunkts Furschenbach wird die Straße nach Ottenhöfen überquert und kurze Zeit später der Endbahnhof Ottenhöfen mit seinen Betriebsanlagen erreicht.

Abseits der Rheintalmagistrale hat sich die Achertalbahn Achern–Ottenhöfen (KBS 717) bis heute ihre ländliche Beschaulichkeit bewahren können. Den Personenverkehr bewältigen Triebwagen der Reihe NE-81. Auf dem Weg nach Achern ist ein solcher im Juni 1997 bei Furschenbach unterwegs.

Renchtalbahn (KBS 718)

Die Renchtalbahn schwenkt bald nach der Ausfahrt aus dem Bahnhof Appenweier von der Badischen Hauptbahn ab, diese bleibt links zurück. Durch Wiesen und Felder läuft die Strecke über Zusenhofen auf Oberkirch zu. Kurz vor Erreichen des Bahnhofs wird zunächst die Bundesstraße B 28 gequert und gleich darauf die Rench überbrückt, welche die Bahn zunächst in Fahrtrichtung rechts begleitet. Über Oberkirch thront links im Hintergrund die Ruine der Schauenburg. Das noch relativ breite Tal

Schwarzwaldlandschaft wie aus dem Bilderbuch säumt die Renchtalbahn Appenweier–Bad Griesbach (KBS 718). Auf dem kleinen Viadukt bei Bad Peterstal quert im Sommer 1997 ein 628.2 die Straße.

wird hier intensiv für Obstbau genutzt, links ziehen sich am Talhang vereinzelt auch noch Weinberge entlang, ansonsten dominieren Wälder die sanft gerundeten Berge. Vorbei am Haltepunkt Oberkirch-Koehlersiedlung kreuzt die Strecke hinter Lautenbach (Baden) zweimal kurz hintereinander die B 28 und passiert dabei die spätgotische Wallfahrtskirche Mariä Krönung. Vor Hubacker quert die Bahn erneut die Rench und führt zum Teil direkt am Flußufer über Ramsbach, Höfle und Ramsbach Birkhof nach Oppenau. Die Strecke beginnt nun deutlich anzusteigen und folgt weiter der Rench (links) im enger werdenden Tal vorbei an Ibach und Löcherberg. Sehenswerte Schwarzwaldhöfe drapieren sich an den steilen Talhängen. Kurz vor Bad Peterstal wechselt die Trasse auf einem schönen fünfbögigen Viadukt über Rench und B 28 auf die nördliche Talseite, um an den hoch über der Ortschaft gelegenen Bahnhof zu gelangen. Weiter am Talhang entlang führt die Bahn hoch über den sich ins Tal schmiegenden Häusern von Bad Peterstal (rechts) auf ihren Endpunkt Bad Griesbach (Schwarzwald) zu. Ein letztes Mal werden B 28 und Rench überbrückt und hoch über dem Fluß (jetzt wieder links) entlang erreicht die Renchtalbahn ihren Endbahnhof.

Kaiserstuhlbahn (KBS 723 und 724)

Gegenüber dem DB-Bahnhof Riegel auf der anderen Straßenseite beginnt an ihrem Hausbahnsteig die Kaiserstuhlbahn. Nach Verlassen des Bahnhofs unterquert die Trasse die Autobahn und überquert mit einer dreibogigen Brücke den Leopolds-Kanal. Kurz vor dem Bahnhof Riegel Ort schwenkt von links die Gottenheimer Strecke ein. Durch Wiesen und Felder führen die Gleise weiter zum Betriebsmittelpunkt Endingen mit seinen umfangreichen Werkstattanlagen. Immer am nördlichen Rand des Kaiserstuhls entlang geht es hinter Königschaffhausen durch Weinberge nach Sasbach. Jetzt schwenkt die Strecke nach Süden und erreicht Jechtingen. Ab Jechtingen folgt der schönste Abschnitt über Dämme durch Weinberge und Obstwiesen. Nach dem einsam gelegenen Bahnhof Burkheim-Bischoffingen erhebt sich in Fahrtrichtung rechts über Burkheim die Schloßruine des Lazarus von Schwendi. Zwischen Oberrotweil und dem ebenfalls einsam gelegenen Bahnhof Achkarren verläuft die Trasse unmittelbar am Fuß der rebenbewachsenen Berghänge. Durch die flache Rheinebene führen die Gleise dann nach Breisach, wo sich kurz vor dem Bahnhof von links die DB-Strecke von Freiburg nähert.

Die Gottenheimer Strecke läßt nach Verlassen des DB-Bahnhofs Gottenheim die DB-Strecke nach Breisach links liegen und führt durch die Ebene nach Bötzingen auf den Kaiserstuhl zu. Ab Bötzingen folgt die Trasse dem Verlauf der Alten Dreisam, die zunächst in Fahrtrichtung rechts zwischen Eichstetten und Nimburg zum ersten Mal überquert wird. Alte Dreisam und die hier steil abfallenden Hänge des Kaiserstuhls bestimmen bis Bahlingen auf der linken Seite das Bild, bis bei Bahlingen der Fluß ein zweites Mal überquert wird. Unspektakulär der weitere Verlauf bis kurz vor Riegel, wo die Strecke links von der Riegeler Brauerei und rechts vom Leopolds-Kanal eingerahmt wird, dem sie bis zum Bahnhof Riegel Ort folgt.

Elztalbahn (KBS 726)

Gleich hinter Denzlingen zweigt die Elztalbahn von der Hauptstrecke ab. Bald darauf wird der namensgebende Fluß überbrückt, der zunächst in einiger Entfernung rechts von der Bahn seinen Lauf zieht. Durch Obstwiesen und Felder führt die Strecke über die Stationen Buchholz (Baden) und Batzenhäusle zum Hauptort des Elztals nach

Ganz in Rot präsentiert sich der StadtExpreß von Elzach nach Denzlingen (KBS 726), als er am 2. August 1998 kurz vor dem Ziel über den Bahnübergang rauscht. Doch die Farbgebunfg der schiebenden 218 ist bereits wieder überholt, während die Silberlinge den aktuellen Rotton der DB zeigen.

Waldkirch. Links thront auf dem Kastelberg die Ruine Kastellburg. Nach Verlassen des Bahnhofs wechselt die Trasse wieder über die Elz und erreicht das zwischenzeitlich mit Waldkirch zusammengebaute Kollnau. Hinter Gutach (Breisgau) rückt die Strecke von der Elz ab und unterquert kurz darauf die Bundesstraße B 294. Vorbei an Bleibach nähert sich die Elz hinter Niederwinden wieder der Bahn an. Den Fluß links meist in Sichtweite läuft die Strecke über Oberwinden ihren Endbahnhof Elzach zu.

Breisgau-S-Bahn Freiburg–Breisach (KBS 729)

Die Strecke verläßt Freiburg (Breisgau) Hauptbahnhof zusammen mit der Badischen Hauptbahn in nördlicher Richtung und schwenkt gleich darauf nach links ab. Hinter dem neu eingerichteten Haltepunkt Freiburg Klinikum überquert die Trasse beim Abzweig Heidhof die Güterumgehungsbahn von Freiburg. Durch den Marktwald hindurch unterquert die Bahn hinter Freiburg (Breisgau) West die Autobahn A 5. Kurz nach dem Bahnhof Hugstetten wird die Dreisam überbrückt, anschließend bis Gottenheim ein weiteres Waldgebiet passiert. Die Kaiserstuhlbahn nach Endingen zweigt rechts hinter der Bahnhofsausfahrt ab. Bei Wasenweiler dominieren links im Hintergrund die Reblagen des Tuni-Bergs, gleichermaßen bei Ihringen rechts die bekannten Weinberge des Kaiserstuhls. Vor dem Endbahnhof Breisach mündet rechts wieder die Kaiserstuhlbahn ein.

Münstertalbahn (KBS 725)

Nach Verlassen des Bahnhofs Bad Krozingen in nordöstlicher Richtung schwenkt die Trasse in einem großen Rechtsbogen nach Südosten ab. Durch freies Feld führt die Strecke auf Staufen, zunächst rechterhand begleitet vom Weichbild Bad Krozingens und direkt daran anschließend Oberkrozingen. Bei Staufen fällt der Blick unweigerlich auf den rebenbewachsenen Bergkegel, auf dem die Burgruine Staufen thront (in Fahrtrichtung links). Gleich nach Verlassen des Bahnhofs Staufen, dem Betriebsmittelpunkt der Strecke, wird auf einer malerischen Stahlgitterbrücke das Flüßchen Neumagen überquert. Kurz dahinter zweigt das ehemals nach Sulzburg (heute bis Grunern) führende Gleis ab. Vor dem Hp Etzenbach wird das Flüßchen erneut überquert, die Strecke bleibt bis zum Hp Dietzelbach in unmittelbarer Nähe des Flußlaufs (in Fahrtrichtung rechts). Rechts und links steigen die bewaldeten Hänge des Münstertals empor, die Haltepunkte bis Untermünstertal liegen allein auf weiter Flur, die zugehörigen Häuser befinden sich rechts oder links in einiger Entfernung. Der am Ortsanfang gelegene Bahnhof Untermünstertal bildet nicht nur den Endpunkt der Strecke, sondern zumindest auf den ersten Blick ist hier auch das Talende erreicht.

Weil/Rhein–Lörrach (KBS 734) und Wiesentalbahn Basel–Zell (KBS 735)

Noch im Vorfeld des Badischen Bahnhofs in Basel schwenken die hier noch vereinigten Wiesental- und Hochrheinstrecken nach Osten ab. Bald darauf trennt sich die Wiesentalbahn von der Hochrheinstrecke nach Singen. Rechts über dem Rhein läßt sich der Basler Vorort Birsfelden mit seinen Industrieanlagen erkennen. Die Trasse führt weiter durch die Häuserzeilen des Basler Vorortes Riehen. Bei Lörrach-Stetten erreicht die Wiesentalbahn wieder deutsches Staatsgebiet. Kurz vor dem Bahnhof mündet von links die Verbindungsbahn von Weil (Rhein) ein, dahinter auf der rebenbestandenen Tüllinger Höhe das Dorf Tüllingen.

Die Wiesentalbahn Basel–Zell (KBS 735) war jahrzehntelang ein Refugium verschiedener Elektrooldtimer. E 71, ET 85 und E 44^{W} verbrachten hier ihre letzten Jahre. So gesehen setzt der Museums-ET 25 015, aufgenommen 1987 in Zell, eine große Tradition fort.

Die kurze Verbindungsbahn beginnt ihren Weg im Bahnhof Weil/Rhein (früher Leopoldshöhe) und läßt nach dem Bahnhof die Badische Hauptbahn rechts liegen. Kurz darauf mündet rechts eine direkte Gleisverbindung von Basel Badischer Bahnhof ein. Vorbei am Haltepunkt Weil (Rhein) Ost durchmißt die Bahn im 864 m langen Tüllinger Tunnel die Tüllinger Höhe, überquert direkt anschließend auf einer markanten Brücke die Wiese und mündet dann kurz vor dem Bahnhof Lörrach-Stetten in die von rechts herankommende Wiesentalbahn ein.

Bald nach dem Bahnhof Lörrach-Stetten erreicht die Trasse den Bahnhof Lörrach. Kurz vor dem Lörracher Ortsteil Haagen (Baden) wird die Strecke von der langen Talbrücke der Autobahn A 98 überquert, anschließend dominiert links auf der Höhe die eindrucksvolle Burgruine Rötteln. Links kommt die Wiese nahe an den Bahnkörper heran. Gleich nach der Station Brombach (bei Lörrach) überbrückt die Trasse die Wiese, rechts im Hintergrund der langgestreckte Muschelkalkrücken des Dinkelberges. Hinter Steinen wechselt die Bahn wieder auf die andere Seite der Wiese. Über Maulburg läuft die Trasse nach Schopfheim, weiterhin rechts begleitet vom Dinkelberg. Kurz vor Fahrnau läßt sich rechts die hier abzweigende Trasse der stillgelegten Strecke nach Bad Säckingen erkennen. Bei Hausen-Raitbach dominiert rechts die Hohe Möhr (983 m). Das Tal wird nun merklich enger und kurz vor Zell wechselt die Trasse zum letzten Mal über die Wiese. Links ragt der 775 m hohe Rümmelisbühl hoch und gleich darauf endet die Wiesentalbahn im Bahnhof Zell (Wiesental).

Allg. Reiseziele

Radwanderwege Baden-Württemberg
Heidelberg-Schwarzwald-Bodensee-Weg im Abschnitt Heidelberg–Bad Schönborn, Bergstraße-Rhein-Weg (Bad Schönborn–Ettlingen), Breisgau-Ortenau-Weg (Ettlingen–Sasbach), Schwarzwald-Kaiserstuhl-Weg im Abschnitt Sasbach–Lörrach (Kartenmaterial erhältlich beim Landesvermessungsamt Baden-Württemberg sowie bei den Fremdenverkehrsverbänden und Touristik-Gemeinschaften)

Orte an der OEG-Strecke (KBS 669)

Dossenheim
In Dossenheim gefällt die spätgotische evangelische Pfarrkirche, der Turm von 1375, Chor und Langhaus aus dem 15. Jahrhundert. Auf den nahen Höhen sind zwei Burgruinen zu finden, die Kronenburg und die Schauenburg (12. Jahrhundert). Von letzterer stehen nur noch der Stumpf des Bergfrieds und ein Teil der Schildmauer.

Schriesheim
Reizvolle Gassen und altertümliche Winkel kennzeichnen Schriesheim. Das nette kleine Fachwerk-Rathaus entstand 1684. Über der Ortschaft thront die Ruine der Strahlenburg, von der Teile der Schildmauer und des Palas sowie der runde Bergfried erhalten sind.

Hirschberg
Das Schloß des kurpfälzischen Kanzlers Graf Ferdinand von Wiser im Ortsteil Leutershausen wurde 1710/11 erbaut. Auch die Reste der Schloßgartenanlage aus dem 18. Jahrhundert können gefallen. Erwähnenswert ist noch die evangelische Pfarrkirche mit ihrem mittelalterlichen Turmuntergeschoß, ansonsten ist die Kirche ein »Neubau« aus dem Jahre 1783.

Weinheim
Das Bild der Altstadt ist geprägt von winkligen Gassen sowie schönen alten Fachwerkbauten und Bürgerhäusern. Besonders erwähnenswert sind das Alte Rathaus (1557–1566), ursprünglich als Kaufhaus erstellt, das Deutschordenshaus von 1710, das heute das Stadtmuseum beherbergt, das Haus v. Molitor mit seinen Fachwerkobergeschossen der Zeit um 1450 sowie der Büdinger Hof von 1582 mit seinem interessanten Treppenturm. Das heutige Rathaus ist im ehemaligen Schloß untergebracht, das aus drei Teilen zusammengewachsen ist. Ältester Teil ist das Pfalzgrafenschloß aus der ersten Hälfte des 16. Jahrhunderts, in welches später das Obertor integriert wurde. 1770 wurde das Lehrbachsche Herrschaftshaus gebaut und in den Jahren 1860 bis 1870 schließlich das Berckheimsche Schloß mit seinem mächtigen neugotischen Turm. Im Schloßpark lohnen seltene Pflanzen und alte Zedern einen Spaziergang. Beide Stadtkirchen entstanden erst Anfang des 20. Jahrhunderts: die katholische Stadtpfarrkirche St. Laurentius im vereinfachten Frührenaissance-Stil, die evangelische Pfarrkirche St. Peter im romanisierenden Jugendstil. Von der Stadtbefestigung blieben einige Türme, darunter der Rundbau des Roten Turms, sowie Teile der Stadtmauer erhalten. Überragt wird die Stadt von der Burgruine Windeck und noch weiter oben von

der Wachenburg (1907–1913), einer verspäteten Huldigung an die Romantik.

Mannheim–Karlsruhe (KBS 700)

Mannheim

Die ehemalige pfälzische Residenzstadt ist heute nach Stuttgart die zweitgrößte Stadt Baden-Württembergs und aufgrund ihrer Lage am Zusammenfluß von Rhein und Neckar ein bedeutendes Industrie- und Handelszentrum. Anfangs verwirrend für Besucher ist das weitgehende Fehlen von Straßenbezeichnungen in der Mannheimer Innenstadt. Aufgrund ihrer schachbrettartigen Anlage wird hier die Hausnummerierung blockweise (quadratweise) vorgenommen und jeder Häuserblock (Quadrat) wird durch einen Buchstaben und eine Nummer identifiziert, so z.B. A1 oder P5. Wahrzeichen Mannheims ist der Wasserturm (1886–1889) auf dem Friedrichsplatz. Mit seinen prächtigen Wasserspielen gilt dieser als größte und schönste Jugendstilanlage Europas. Daneben befindet sich das schöne Jugendstilgebäude des Rosengarten, das Mannheimer Kultur- und Kongreßzentrum, in dem bemerkenswerte Veranstaltungen durchgeführt werden. Jedes Jahr findet dort z.B. im Sommer eine Woche lang das größte Tanzsportturnier auf dem Kontinent statt, die sogenannten German Open Championships (GOC). Auf der anderen Seite des Platzes befindet sich ebenfalls in einem Jugendstilgebäude die bemerkenswerte Kunsthalle mit Gemälden und Skulpturen des 19. und 20. Jahrhunderts. Das attraktive Landesmuseum für Technik und Arbeit beschäftigt sich mit der Industriegeschichte Südwestdeutschlands und bietet täglich hervorragende Vorführungen wie Handpapierschöpfen, Drucken und Setzen, Automobilmontage und vieles andere. Zum Museum gehört auch das Museumsschiff Mannheim, ein Seitenraddampfer von 1929, der seinen festen Liegeplatz auf dem Neckar nahe der Kurpfalzbrücke hat und die Geschichte von Rhein- und Neckarschiffahrt dokumentiert. Einen Besuch wert ist auch das Reiß-Museum im historischen Zeughaus (C5) und im Neubau D5. Der Bogen spannt sich hier von niederländischer Malerei des 17. Jahrhunderts, Porzellan und Aufsatzsekretären über Stadtgeschichte und neue Theatersammlung zur Ur- und Frühgeschichte sowie Völker- und Naturkunde.
Mittelpunkt der Innenstadt ist der Paradeplatz an der Kreuzung der beiden Hauptgeschäftsstraßen »Planken« und »Breite Straße«, dessen Mitte von der sehenswerten Brunnenanlage mit der barocken Bronzepyramide »Allegorie der herrscherlichen Tugenden« dominiert wird. Das 1991 eröffnete, moderne Stadthaus N1 bildet hierzu einen interessanten Kontrast. Am Marktplatz (G1) mit seinem schönen Marktbrunnen gefallen besonders der Doppelbau von Altem Rathaus und Unterer Pfarrkirche mit ihrem 57 m hohen, gemeinsamen Turm (1701–1723). Die zwischen 1720 und 1760 erbaute kurfürstliche Residenz gilt als größte barocke Schloßanlage Deutschlands und wird heute zu einem großen Teil von der Mannheimer Universität genutzt. An wichtigen sakralen Bauten sind zu verzeichnen die katholische Jesuitenkirche (1760) als bedeutendste Barockkirche Südwestdeutschlands, die evangelische, neubarocke Christuskirche (1911), die Konkordienkirche (begonnen 1685), ursprünglich eine Doppelkirche, sowie die Schloßkirche mit dem Prunksarg des Kurfürsten Carl Philipp.
Erholung und Entspannung bietet der um 1900 entstandene Luisenpark, der nach Erweiterung im Rahmen der Bundesgartenschau 1975 als eine der schönsten Parkanlagen Europas gilt. Eine prachtvolle

Pflanzenwelt, Aquarien, Terrarien und Freigehege, Kakteen-, Sukkulenten- und Tropenhaus, Gondoletta-Fahrten auf dem Parksee sowie der 205 m hohe Fernmeldeturm mit seinem Drehrestaurant laden zum Verweilen ein.

Schwetzingen

Glanzpunkt von Schwetzingen ist weniger sein Schloß aus dem 18. Jahrhundert, das im Innern schöne Ausstattungsstücke des 18. und 19. Jahrhundert zeigt, als vielmehr der 73 ha große, einmalige Schloßpark. Dieser Park besticht im zentralen Teil mit französischer Gartenbaukunst jener Zeit, im Kontrast dazu die äußeren Parkanlagen im englischen Stil. Sehenswerte Bauten des Gartens sind u.a. die steinernen Zirkelbauten, das Neue Orangeriegebäude, das barocke Theater, die Tempel von Apollo, Merkur und Minerva, der Tempel der Botanik, die Moschee sowie das römische Wasserkastell. Aufgelockert wird das Ganze durch Brunnen, Bassins und schöne Figurengruppen.

Der Ort selbst ist nicht nur eine Hochburg des Spargelanbaus sondern besitzt auch einige erwähnenswerte historische Bauten. Am Marktplatz finden sich schöne Bauten des 18. Jahrhunderts wie das Wohnhaus Rabaliattis (1755), das Gasthaus »Goldener Hirsch«, die ehemalige Kaserne der Leibgarde (1753–56) sowie der Marstall von 1750, der heute ein Kaufhaus ist. Auch die katholische Pfarrkirche St. Pancratius (1739 geweiht) als Vertreter alter Kirchenbaukunst und im Gegensatz hierzu die moderne katholische Pfarrkirche St. Marien (1957/58) sollten nicht versäumt werden.

Hockenheim

Motorsportfreunden ist Hockenheim durch seine Grand-Prix-Rennstrecke bekannt. Im dortigen Motor-Sport-Museum können u.a. zahlreiche Motorräder und Rennwagen bewundert werden. Im Ort selbst sollten nicht nur Raucher das Tabakmuseum aufsuchen.

Waghäusel

Von einem Schäfer gefunden, läßt 1434 ein kleines wundertätiges Marienbild eine Wallfahrt entstehen. Bald nach Beginn der legendären Wallfahrt wird 1472 eine Wallfahrtskapelle errichtet und im 17. Jahrhundert zur Wallfahrtskirche erweitert. Sehenswert der Gnadenaltar mit dem Gnadenbild der Muttergottes (um 1470). Ein Blick lohnt auch die ehemalige Eremitage des Speyerer Fürstbischof Damian Hugo von Schönborn aus dem 18. Jahrhundert.

Karlsruhe

Die ehemalige badische Landeshauptstadt entstand 1715–der Legende nach als Verwirklichung eines Traumes des Markgrafen Karl Wilhelm von Baden-Durlach: Inmitten des Hardtwaldes ließ dieser sein Schloß als Zentrum einer strahlenförmigen Stadtanlage erbauen. Heute ist Karlsruhe vor allem eine »Residenz des Rechts«, denn die obersten Rechtsorgane der Bundesrepublik haben hier ihren Sitz, der Bundesgerichtshof im ehemaligen Großherzoglichen Palais und das Bundesverfassungsgericht am Schloßplatz.

Das Schloß in seiner heutigen dreiflügeligen Form entstand zwischen 1752 und 1775, nur der Mittelturm ist ein Überbleibsel des ursprünglichen Schlosses. Im Innern hat das sehenswerte Badische Landesmuseum sein Domizil gefunden. Einen Besuch lohnen auch die Staatliche Kunsthalle mit Gemäldegalerie bedeutender europäischer Meisterwerke vom 14. bis zum 20. Jahrhundert und dem ersten deutschen Kindermuseum, das Staatliche Museum für Naturkunde in einem Monumentalbau der Neorenaissance sowie die stadtgeschichtlichen Sammlungen und das Oberrheini-

sche Dichtermuseum im Gründerzeitbau des Prinz-Max-Palais.
Friedrich Weinbrenner ist sowohl Vater der Kaiserstraße als auch der geschlossenen klassizistischen Anlage des Marktplatzes mit dem Rathaus (1805–1825), der Pyramide (1823–1825) sowie der evangelischen Stadtkirche (1807–1811) mit ihrer »antiken« Tempelfront. Weitere erwähnenswerte Weinbrenner-Bauten sind die katholische Stadtpfarrkirche St. Stephan (1809–1814) und das Markgräfliche Palais (1803–1814).
Ein beliebtes Freizeitziel ist der Schloßgarten, als englischer Garten angelegt, mit Seerosengarten, Fasanengarten, Abenteuerspielplatz und Kleinbahn. Daneben lockt der Botanische Garten mit schönen Blumenanlagen, alten Baumbeständen, Kakteen- und tropischen Pflanzenhäusern sowie der Orangerie. Am Schloßgarten angesiedelt ist auch die 1901 gegründete staatliche Majolika-Manufaktur, die in ihrem Museum kunstvolle, porzellanähnliche »Haushaltsgegenstände« zeigt. Längeres Verweilen lohnt auch im weiträumigen, schönen Stadtgarten mit Japangarten und Rosengarten sowie daran angeschlossen der Zoo mit seinen rund 1000 Tieren.

Heidelberg–Karlsruhe (KBS 701)

Heidelberg

Die vielbesungene Universitätsstadt gilt auch als eine der Wiegen der deutschen Romantik, da im 19. Jahrhundert bedeutende Dichter und Schriftsteller wie Arnim, Brentano, Eichendorff, Keller u.a. in der Stadt lebten und arbeiteten. Bedeutendstes Bauwerk ist die majestische Heidelberger Schloßruine, die sich hoch über dem Dächergewirr und den engen Gassen der Altstadt erhebt. Trotz der Zerstörung durch die Franzosen (1689 und 1693) ist das aus rotem Neckarsandstein erbaute Schloß eines der schönsten Bauwerke deutscher Renaissance-Architektur. Der lohnenswerte Gang zur Schloßruine bietet zunächst vom Altan des Schlosses einen hervorragenden Blick auf das Altstadtensemble, in seiner Geschlossenheit eines der größten und bedeutendsten städtebaulichen Kulturdenkmäler. Im Ottheinrichsbau (1557–1566) ist das interessante Deutsche Apothekenmuseum untergebracht, mit Labor und Arzneimitteln des 18. und 19. Jahrhundert. Sehenswert sind auch der Gläserne Saalbau (1544–1549), der Friedrichsbau (1601–1607), der Frauenzimmerbau (um 1540) mit dem Königssaal, der Bibliotheksbau (um 1520) und der gotische Ruprechtsbau (um 1400). An die kurfürstliche Weinseligkeit erinnert im Keller das Große Faß (1751) mit einem Fassungsvermögen von rund 221.000 Litern Wein.
Die Altstadt besticht in ihrer freundlichen Noblesse des 18. Jahrhunderts mit den Fassaden schlichter Bürgerhäuser, den prachtvollen Palais-Bauten am frühklassizistischen Karlstor (1775–1781), einer Triumphpforte für den Kurfürsten Carl Theodor, sowie dem einmaligen zweitürmigen, barocken Brückentor an der Karl-Theodor-Brücke (1786–1788). Besonders erwähnenswert sind das »Haus zum Ritter«, ein prächtiger Renaissancebau von 1592, die barocke, ehemalige Hofapotheke (um 1700), der ehemalige Wormser Hof (16. Jahrhundert) und das »Haus zum Riesen« von 1707. Das vergleichsweise nüchterne Rathaus datiert aus den Jahren 1701 bis 1705 (Anbau 1960), davor der Marktbrunnen mit einer Herkules-Figur. Bemerkenswerte sakrale Bauten sind die spätgotische evangelische Heiliggeistkirche (begonnen um 1400), die barocke katholische Pfarrkirche (ehemalige Jesuitenkirche, 1711–1759) sowie die evangelische Peterskirche (1485). Im barocken

Großherzoglichen Palais sollten auf keinen Fall die Repräsentationsräume der »Bel Étage« mit ihrer historischen Möblierung versäumt werden. Einblicke in das Studentenleben bietet der alte Studentenkarzer, benutzt von 1778 bis 1914.
Attraktive Museen runden einen Stadtbesuch ab: Japanische Zwergbäume lassen sich im Bonsai-Museum mit der größten Bonsai-Sammlung Europas bewundern. Die Buchausstellung der reichhaltigen Universitätsbibliothek glänzt mit wertvollen Schriften. In der Friedrich-Ebert-Gedenkstätte werden Leben und Wirken des Reichspräsidenten dokumentiert. Nicht vergessen werden sollten das interessante Völkerkunde-Museum sowie das Kurpfälzische Museum, u.a. mit Riemenschneider-Altar, Emil-Nolde-Sammlung und »Homo Heidelbergensis«.
Ein Spaziergang auf dem Philosophenweg am rechten Neckarufer vermittelt neue Ausblicke auf Stadt und Schloß. Familienfreundliche Ziele sind Märchenparadies, Sternwarte und Fernsehturm auf dem Königstuhl, den man am besten mit der Bergbahn erklimmt. Erholung vom Besichtigungsstress bieten Tag und Nacht die gemütlichen Gaststätten, die historischen Studentenlokale und die romantischen Weinstuben.

Wiesloch-Walldorf

Von der mittelalterlichen Stadtbefestigung haben sich beachtliche Teile erhalten, darunter auch drei Türme. Weiter erwähnenswert sind das Rathaus von 1713, der »Freyhof« aus dem 14. Jahrhundert und die katholische Pfarrkirche St. Laurentius. Ihr isoliert stehender Glockenturm ist Rest einer 1689 zerstörten Burg, auf deren Areal die Kirche 1750 bis 1754 erbaut worden ist.

Bad Schönborn-Kronau

Zumindest von außen sehenswert ist das heute als Strafanstalt genutzte Schloß Kislau des Fürstbischof Kardinal Damian Hugo von Schönborn, dessen Ursprünge auf eine 1675 zerstörte Wasserburg zurückreichen. In den ab 1721 erfolgten Neubau des Schlosses wurde noch ein Teil des romanischen Bergfrieds vom Vorgängerbau übernommen.

Bruchsal

Als »Spargelhauptstadt« Europas bietet Bruchsals Gastromonie natürlich köstliche Spargelgerichte. Der Bauwut derer von Schönborn ist auch ein wahres Kleinod der Stadt zu verdanken, das Barockschloß ist eines der schönsten Kulturdenkmäler Deutschlands. Der Fürstbischof von Speyer, Kardinal Damian Hugo von Schönborn legte 1722 den Grundstein zum Schloß, dessen Treppenhaus, von Balthasar Neumann entworfen, ein geniales Meisterwerk der Baukunst ist. Insgesamt 50 Gebäude umfaßt der Schloß mit seinem schönen Park. Die Museen im Schloß sollten nicht versäumt werden, eine der größten Sammlungen von Gobelins und kunsthandwerklichen Arbeiten aus der früheren Schloßausstattung sowie die Sammlung mechanischer Musikinstrumente mit über 200 Exponaten.
Eine weitere barocke Perle der Stadt ist die katholische Pfarrkirche St. Peter mit ihrer tollen Innenausstattung, ab 1742 nach Plänen von Balthasar Neumann erbaut. Mit dem Bergfried ist auch noch ein Relikt des Alten Schlosses von 1358 vorhanden. Der idyllische Stadtgarten mit dem Belvedere, dem ehemaligen fürstbischöflichen Schießhaus, lädt zum Verweilen ein.

Untergrombach

Vom Michaelsberg über Untergrombach grüßt die schöne Barock-Kapelle St. Michael (1742–1744) ins Rheintal hinab. Im Ort selbst steht das älteste Fachwerkhaus des Kraichgaus (ein Firstsäulenständerhaus) und beherbergt das Heimatmuseum.

Karlsruhe-Durlach
In der einstigen Zähringer-Residenz Durlach können vor allem der reizvolle Stadtkern, die evangelische Stadtkirche sowie der Basler Torturm als letzter Rest der Stadtbefestigung gefallen. Sehenswert sind auch das Pfinzgaumuseum mit Exponaten zur Stadtgeschichte und Durlacher Fayencen sowie das Karpatendeutsche Heimatmuseum mit deutschem Kulturgut aus der Slowakei. Beide Museen sind im Prinzessinnenbau des Durlacher Residenzschlosses untergebracht. Einen schönen Blick auf Karlsruhe und die Oberrheinebene bietet der 225 m hohe Turmberg mit seinem Aussichtsturm, auf den die älteste, noch betriebene Standseilbahn Deutschlands hinaufführt.

Bruchsal–Germersheim (KBS 704)

Phillipsburg (Baden)
Ein bemerkenswertes Zeugnis der Jugendstilarchitektur ist die Festhalle der Stadt, 1906 als Turnhalle erbaut. Sehenswert ist auch die katholische Pfarrkirche Mariä Himmelfahrt von 1710 mit ihrem schönen Hochaltar.

Kraichtalbahn Bruchsal–Menzingen (KBS 710.3)

Gochsheim (Baden)
Das Alte Schloß ist zwar geschleift aber auch das Neue Schloß aus dem späten 16. Jahrhundert hat seine speziellen Reize, so seine Renaissance-Giebel, die beiden Ecktürme und den Treppenturm sowie z.T. sehenswerte Ausstattung im Innern. Die stattlichen Giebelhäuser und die weitgehend erhaltenen Ringmauern verleihen dem Bergstädtchen ein malerisches Bild, in dem reizvolle Winkel der Entdeckung harren.

Albtalbahn (KBS 710.1)

Marxzell
Die katholische Kirche St. Markus ist ein spätbarocker Neubau (1773–1782) unter Einschluß von Resten eines mittelalterlichen Vorgängerbaus. Sehenswert sind die frühklassizistische Altareinrichtung sowie die Grabdenkmäler aus dem Kloster Frauenalb, die nach dessen Auflösung im Jahre 1803 hier eine neue Bleibe fanden. Hauptattraktion von Marxzell ist aber das Fahrzeugmuseum, das dem Erfinder des Autos, Carl Benz, gewidmet ist, dessen Vorfahren aus dem Teilort Pfaffenrot stammen. Die Geschichte des Fahrrads wird mit 200 Exponaten demonstiert. Daneben gehören 70 Autos, Lokomotiven, Straßen- und Pferdebahnen, Traktoren, Feuerwehrautos sowie diverse technische Geräte zu den Beständen des Museums. Untermalt wird das Ganze durch Dia-Vorführungen und historische Tonfilme.

Frauenalb-Schielberg
Vom ehemaligen Benediktinerinnen-Kloster sind nach einem Brandunglück im Jahre 1853 nur noch Reste von Klosterbauten und der einst imposanten barocken Klosterkirche zu besichtigen. Der reizvolle Klostergarten aus der Zeit um 1730 blieb jedoch erhalten und ist einen Aufenthalt wert.

Bad Herrenalb
An das reiche mittelalterliche Zisterzienserkloster erinnern u.a. Reste der ehemaligen Klosterkirche aus dem 12. Jahrhundert, so das »Paradies«, die einstige Vorhalle. Eine sagenumwobene »Wunderkiefer« wächst aus dem Portal an der Ostwand. Heute ist Bad Herrenalb ein freundlicher Kurort mit

einem hochmodernen Kurzentrum, wo im Kurhaus (1891) und im schönen alten Kurpark auch die vornehme Kuratmosphäre des 19. Jahrhunderts zu spüren ist. Weitere Attraktionen sind das Spielzeugmuseum in einem Jugenstilgebäude sowie die prächtige ehemalige Baden-Badener Jugenstil-Bahnhofshalle, die heute den Herrenalber Bahnhof ziert.

Karlsruhe–Basel (KBS 702); Appenweiher/Offenburg–Kehl (KBS 719)

Durmersheim

Sehenswert ist die Wallfahrtskirche Unserer Lieben Frau im nördlichen Ortsteil Bickesheim. Die ältesten Teile der Kirche datieren aus dem 13. Jahrhundert, sie wurde aber im Laufe der Jahrhunderte mehrfach verändert. Im Innern sind erwähnenswerte Wand- und Deckenmalereien des späten 13. Jahrhunderts sowie ein prächtiger Hochaltar von 1737 zu finden.

Rastatt siehe Kapitel 2.1

Baden-Baden

An die Exklusivität der einstigen »Sommerhauptstadt Europas« erinnern zahlreiche Repräsentativbauten, prächtige Villen und gepflegte, großzügige Kur- und Parkanlagen. Mittelpunkt des internationalen Kurlebens ist der Kurpark mit dem von Weinbrenner erbauten Kurhaus (1821–1824) und der Trinkhalle (1839–1842) mit ihren Fresken. Im rechten Flügel des Kurhauses ist die prunkvoll ausgestattete Spielbank untergebracht, die zwischenzeitlich zur größten Spielbank Europas avanciert ist. Der dreischalige Thermalbrunnen, bekanntestes Wahrzeichen Baden-Badens, steht im Park des Hotels »Badischer Hof«. Weitere Wasserfreuden vermitteln das im Renaissancestil errichtete Friedrichsbad als eines der schönsten Thermal-Badehäuser Europas, die Caracalla-Therme als ein modernes Bade- und Therapiezentrum, das »Paradies« als eine Wasserkunst mit Kaskaden von 1925 sowie eher historisch die römischen Badruinen, die Reste antiker Thermen für Soldaten.

In der enggebauten Altstadt sind erwähnenswert das klassizistische Rathaus sowie die katholische Pfarrkirche St. Peter und Paul (ehem. Stiftskirche) mit ihren deutlich erkennbar romanischen und spätgotischen Bauelementen. Über dem Marktplatz erhebt sich auf dem »Florentinerberg« das Neue Schloß Niederbaden, dessen wesentliche Bauten aus der Renaissance stammen. Das Innere beherbergt heute die ausgedehnten Stadtgeschichtlichen Sammlungen und das interessante Zähringer Museum. Das Empfangsgebäude des ehemaligen Stadtbahnhofs wurde 1892 bis 1894 im Stil der Neurenaissance errichtet und dient heute als »Eingangshalle« des neuen, völlig überdimensionierten, skandalträchtigen Opernhauses.

Zu ausgedehnten Spaziergängen lädt die Lichtensteiner Allee ein, eine weltberühmte Parkanlage entlang der Oos mit rund 300 Baum- und Straucharten. Mit der Gönneranlage ist hier auch ein wunderbarer Jugendstilgarten zu finden, in dem 350 verschiedene Rosenarten blühen.

Bühl (Baden)

Der Umbau der alten Stadtkirche in der zweiten Hälfte des 19. Jahrhunderts bescherte Bühl sein Rathaus. Daneben sind die neogotische Kirche St. Peter und Paul (1872–1877) sowie das kleine Heimatmuseum erwähnenswert. Das alljährlich stattfindende Bühler Zwetschgenfest würdigt gebührend die bekannten Bühler Frühzwetschgen.

Achern

Hochgeistige Getränke (Obstbranntweine)

haben Achern einen großen Bekanntheitsgrad verschafft. Einen Kontrast dazu bilden das Sensen- und Heimatmuseum mit seiner Geschichte der Erntegeräte sowie die gotische St. Nikolauskapelle aus dem frühen 13. Jahrhundert und die katholische Pfarrkirche »Unserer Lieben Frau«.

Renchen
Ganz im Zeichen eines der berühmtesten Barockdichter Deutschlands steht die »Grimmelshausenstadt« Renchen. Der Verfasser des »Simplicissimus«, Johann Jacob Christoffel von Grimmelshausen, verbrachte etliche Jahre seines Lebens hier und war sogar zehn Jahre lang Schultheiß von Renchen. Gleich zwei Denkmäler und die Gedenkstätte im »Simplicissimus«-Haus erinnern an den bekanntesten Sohn der Stadt.

Appenweiher
Einige schöne alte Fachwerkhäuser, das barocke Rathaus und die Pfarrkirche St. Michael, ein Rokokobau von 1748 mit schönen Stuckdekorationen, sind einen kurzen Aufenthalt wert.

Kehl
Mit den Attributen moderne Einkaufsstadt, umschlagsstarker Rheinhafen und wichtigster Grenzübergang zwischen Deutschland und Frankreich läßt sich Kehl treffend charakterisieren. Über die große Europa-Brücke ist Kehl mit der Nachbarstadt Straßburg und dem Elsaß mit seiner mittelalterlichen Weinstraße verbunden. Über 20 Millionen Reisende passieren jährlich die Brücke. Sehenswerte Baudenkmäler sind das Weinbrennerhaus von 1819 (heute Standesamt und Volkshochschule), die klassizistische Christuskirche (1821–1824) sowie das Rathaus (1819), ursprünglich eine Kaserne mit neuer Fassade von 1893. Das Hanauer Museum bietet viel Wissenswertes zur Stadtgeschichte, Ur- und Frühgeschichte, zu Trachten, Hanfanbau und -verarbeitung, Fachwerkbau und zur Flößerei. Zu erholsamen Spaziergängen bieten sich an die Rheinpromenade, eine der schönsten am ganzen Oberrhein, sowie der verträumte Altrheinpark mit seinem Rosengarten.

Offenburg siehe Band 1 Kapitel 5.2

Lahr (Schwarzwald)
Weitgehend bewahrt hat sich Lahr im Stadtzentrum seinen mittelalterlichen Charakter. Hervorzuheben sind der schlichte Renaissancebau des Alten Rathauses (1608) mit Glockentürmchen und Arkaden, der Storchenturm als Überbleibsel der ehemaligen Geroldsecker Wasserburg aus dem 13. Jahrhundert, das klassizistische Neue Rathaus, die evangelische Stiftskirche sowie die frühromanische Burgheimer Kirche, eine der ältesten Kirchen Badens. Exotische Bäume und Sträuche erfreuen das Auge im Stadtpark. Das Museum in der Villa des Parkgründers zeigt Kunstwerke der Region und eine heimatkundliche Ausstellung.

Herbolzheim (Breisgau)
Der nördlichste Ort des Breisgaus gefällt durch die Pfarrkirche von 1754, die Wallfahrtskapelle Maria Sand von 1747 sowie einige Häuser mit ansehnlichen Portalen (17. und 18 Jahrhundert). Vom Bf Herbolzheim aus fährt ein Pendelbus zum Europapark Rust. Der vor allem bei Familien beliebte Freizeitpark bietet mit seinen über 60 Attraktionen Spaß und Unterhaltung für mehr als einen Tag.

Kenzingen
Ein Besuch der Oberrheinischen Narrenschau vermittelt einen hervorragenden Einblick in die alemannische Fasnet, da über 250 Holzmasken mit den zugehörigen Ko-

stümen ausgestellt sind. In der denkmalgeschützten Altstadt findet man zahlreiche Wohhäuser aus dem 17. und 18. Jahrhundert mit prächtigen Portalen und Fensterumrahmungen. Die Ursprünge der Stadtpfarrkirche St. Laurentius datieren aus dem 13. Jahrhundert, das stattliche Rathaus ist um 1520 erbaut worden.

Riegel
Die Reste eines Mithrasheiligtums aus dem 2. Jahrhundert n. Chr. bestätigen, daß Riegel schon in der Römerzeit eine wichtige Siedlung war. Im Rathaus (1874) können Funde aus der Kelten-, Bronze- und Römerzeit bestaunt werden. Sehenswert sind ferner die beiden gotischen Madonnen in der barocken Pfarrkirche St. Martin, die nach Zerstörung im Zweiten Weltkrieg in voller Schönheit wieder aufgebaut wurde. Am Ortsrand dominiert die große bekannte Brauerei.

Emmendingen
Ein Bummel lohnt sich durch die Altstadt von Emmendingen. Ausgangspunkt wäre der Marktplatz, von dem alle Straßen der Altstadt ausgehen und den schöne alte Bürgerhäuser säumen. Bei einer Besichtigungstour sollten das Rathaus, die evangelische Stadtkirche, das Markgrafenschloß mit einem kleinen Stadtmuseum, das Lenzhäuschen, die katholische Pfarrkirche St. Bonifatius sowie das Stadttor nicht fehlen. Der Stadtgarten mit seinem Rosarium kann den Spaziergang beschließen.

Denzlingen
Die ansonsten anspruchslose evangelische Pfarrkirche St. Michael gefällt durch ihren merkwürdigen Turm, dessen drei unterste Geschosse romanisch sind. Die oberen Geschosse stammen aus der ersten Hälfte des 16. Jahrhunderts und erinnern an den Freiburger Münsterturm.

Freiburg siehe Band 1 Kapitel 5.1

Bad Krozingen
Ein Spaziergang durch das Stadtzentrum entlang dem Bächlein Neumagen vermittelt reizvolle Eindrücke. Das Bad Krozinger Schloß (1579) am westlichen Stadtrand ist für seine Sammlung historischer Tasteninstrumente aus vier Jahrhunderten bekannt, die immer noch spielbar sind und deren Klang bei den Schloßkonzerten bewundert werden kann.

Heitersheim
Schon aus Römerzeiten lassen sich in Heitersheim Siedlungsspuren nachweisen. Bekannt ist der Ort jedoch vor allem durch sein Malteserschloß, das die Ritter des Johanniterordens (später Malteserordens) zwischen dem 16. und 18. Jahrhundert erbauen ließen. Am beeindruckendsten ist der im Jahre 1740 errichtete Kanzleibau, in dessen Untergeschoß ein Museum untergebracht ist, welches die Ordensgeschichte dokumentiert. Grabsteine von Ordensmeistern und Komturen des Ordens aus vier Jahrhunderten können in der klassizistischen Pfarrkirche St. Bartholomäus (1826) besichtigt werden.

Müllheim (Baden)
Müllheim ist die größte Weinbaugemeinde des Markgräflerlandes. Typische Weinbauernhöfe und einige schöne Häuser aus dem 18. Jahrhundert sind zu entdecken. Drei Winzergenossenschaften und zahlreiche Weingüter laden zu Weinproben ein. Alljährlich findet seit 1872 der Müllheimer Weinmarkt statt, der älteste der badischen Weinmärkte.

Auggen
Das schmucke Weindorf Auggen bietet mit seinem 3,5 km langen Weinlehrpfad Einblick in die hier angebauten Rebsorten und

herrliche Ausblicke über die Rheinebene auf die Vogesen.

Schliengen
Sehenswertes in dem Weinort Schliengen findet man mit dem Wasserschloß Entenstein (heute Rathaus) und der daneben befindlichen katholischen Pfarrkirche St. Leodegar. Die Ursprünge des Wasserschlosses reichen bis 1000 nach Chr. zurück. Der Wassergraben um das Schloß konnte bei der Restaurierung Mitte der siebziger Jahre wiederhergestellt werden. Auch in Schliengen kann ein 3,5 km langer Weinlehrpfad absolviert werden. Das Trottenmuseum (Trotte = Weinpresse) bei der Winzergenossenschaft ist für Weinfreunde ebenfalls interessant.

Bad Bellingen
Als ein recht junger Kurort mit modernsten Kureinrichtungen präsentiert sich Bad Bellingen, nachdem erst 1955 die erste Thermalquelle erschlossen wurde. Einen Blick lohnen auch das Rathaus im Ortskern, 1590 als Schloß der Grafen von Anlau erbaut, sowie die katholische Pfarrkirche St. Leodegar.

Istein
Unterhalb der bizarren Felsformation des Isteiner Klotzes liegt das malerische Dörfchen Istein, dessen Ortskern mit engen Gäßchen, steilen Treppenaufgängen und zahlreichen (Fachwerk-)Häusern aus dem 15. und 16. Jahrhundert komplett unter Denkmalschutz steht. Die klassizistische Pfarrkirche St. Michael dominiert das Ortsbild. Die Stromschnellen des Rheins umströmten den Isteiner Klotz, bis die von Tulla vorgenommene Rheinregulierung den Fluß in sein heutiges Bett zwängte.

Weil am Rhein
Die Landesgartenschau 1999 wird in Weil am Rhein ausgerichtet. Wasserratten kommen im Freizeit- und Spaßbad »Laguna Badeland« voll auf ihre Kosten. Freunde von moderner Architektur und Design sollten im Vitra Design Museum vorbeischauen, das sich mit dem Thema Wohnkultur beschäftigt.

Achertalbahn (KBS 717)

Kappelrodeck
Wein- und Obstbau glänzen in Kappelrodeck. Über 47.000 Obstbäume blühen im Frühling auf der Gemarkung, Weinkennern ist dagegen der »Hex von Dasenstein« ein Begriff. Dominiert wird die Ortschaft von Schloß Rodeck, dessen heutiger Neorenaissancebau im ausgehenden 19. Jahrhundert entstand.

Ottenhöfen
Luftkurort und Mühlendorf sind die Attribute von Ottenhöfen. Neun restaurierte Getreidemühlen können auf dem 12 km langen Mühlenrundweg bewundert werden.

Renchtalbahn (KBS 718)

Oberkirch
Nicht nur in Renchen (siehe dort) sondern auch in Oberkirch war der »Erfinder« des Simplicissimus, der Dichter Johann Jacob Christoffel von Grimmelshausen zu Gange. Zwischen 1649 und 1660 verwaltete er die Schauenburgischen Güter und im Ortsteil Gaisbach versuchte er sich von 1665 bis 1667 im heute noch bestehenden Gasthaus »Zum Silbernen Stern« als Wirt. Im 1802 erbauten alten Rathaus erinnert das Heimat- und Grimmelshausenmuseum u.a. an den berühmtesten Sohn der Stadt. Überragt wird die Stadt von der 1689 im Orléanskrieg zerstörten

Burgruine Schauenburg, deren erhaltenen Reste (u.a. zwei Wohntürme und die imposante Bastion) zum Teil aus dem 12. und 13. Jahrhundert stammen. Wie die Burg wurde auch die Stadt selbst 1689 eingeäschert. Im Stadtbild sind deshalb stattliche Fachwerkbauten des 18. Jahrhunderts vorherrschend.
Freunde hochprozentiger Destillate kommen in der von Weinbau und Obstplantagen geprägten Umgebung voll auf ihre Kosten, denn angeblich soll es in Oberkirch 900 Kleinbrenner geben.

Lautenbach
Die spätgotische Wallfahrtskirche Mariä Krönung (geweiht 1488) birgt in ihrem Innern einen der schönsten spätgotischen Flügelaltäre des Landes, der sowohl glänzende Bildhauerarbeit wie Malerei in sich vereint. Eine ausführliche Betrachtung lohnen auch die Bildscheiben in den Fenstern von Chor und Langhaus.

Oppenau
Der staatlich anerkannte Luftkurort wurde 1615 durch einen Brand fast völlig zerstört und nach Plänen von Heinrich Schickardt dann wieder aufgebaut. Diese geplante Stadtanlage läßt sich auch heute noch sehr gut nachvollziehen. Ein Überbleibsel der alten Stadtbefestigung ist das Obere Tor aus dem 16. Jahrhundert (1788 umgebaut). Schlicht und klassizistisch ist die katholische Pfarrkirche, die 1826/27 nach Plänen von Weinbrenner erbaut wurde. Abwechslung bietet das regionale Museum für das Renchtal im Rathaus.

Bad Peterstal
Die Heilkraft der Quellen von Bad Peterstal war schon im späten Mittelalter bekannt. Für Trink- und Badekuren stehen heute kohlensäurehaltige Stahl-, Lithion- und Schwefelquellen zur Verfügung. Ein Kleinod von Bad Peterstal ist der Brunnentempel, der im frühen 19. Jahrhundert über der Sophienquelle errichtet wurde. Die barocke Pfarrkirche ist mit Bildwerken aus dem ehemaligen Kloster Allerheiligen bei Oppenau ausgestattet.

Bad Griesbach
Auch die kohlensäurehaltigen, schwach radioaktiven Heilwässer werden spätestens seit dem 16. Jahrhundert gerühmt und noch heute für Bade- und Trinkkuren genutzt. Gleich neben dem Bahnhof bietet sich das Tagelöhner-Museum für einen Besuch an. Die im neugotischen Stil erbaute Kirche (1905) zeigt schöne Glasgemälde.
In beiden heute zusammengeschlossenen Orten (Bad Peterstal–Griesbach) stehen moderne Kureinrichtungen zur Verfügung. Die großen Mineralbrunnenbetriebe, zwei Schnapsbrennereien und einige Schwarzwaldbauernhöfe sind lohnenswertes Ziel von Besichtigungen. Sowohl beim Fronleichnamsfest als auch beim Patronatsfest St. Peter und Paul sieht der Besucher viele festliche Schwarzwaldtrachten. Bei ersterem sind auch die kunstvoll mit bunten Blumenteppichen geschmückten Straßenaltäre ein reizvoller Anblick. Weitere Attraktionen sind das Sommernachtsfest mit Höhenfeuerwerk sowie der große Zapfenstreich der historischen Bürgerwehr.

Kaiserstuhlbahn (KBS 723 und 724)

Bötzingen
Die Pfarrkirche St. Laurentius wurde 1786 bis 1792 unter Verwendung von Chor und Turm der mittelalterlichen Vorgängerin erbaut. Eine spätgotische Muttergottes (Ende 15. Jahrhundert) im barocken Hochaltar lohnt einen Blick in die Kirche. Im Ortsteil Oberschaffhausen der Weinbaugemeinde ist die interessante Kapelle St. Alban

(1481) zu finden, in deren Innern die Wandmalereien beachtet werden sollten.

Bahlingen am Kaiserstuhl

Auf einer Anhöhe über dem typischen Haufendorf thront die Kirche mit einem Turm von 1408. Der kleine Aufstieg lohnt sich wegen dem schönen Blick übers Rheintal und auf die dahinter aufragenden Schwarzwaldberge.

Endingen

Umgeben von Weinbergen und Obstplantagen ist Endingen nicht nur eine der größten Weinbaugemeinden Badens sondern auch einer der schönsten Orte am Rande des Kaiserstuhls. Fachwerkhäuser aus dem 16. und 17. Jahrhundert bestimmen das hübsche alte Ortsbild. Eindrucksvoll präsentiert sich der Marktplatz mit spätgotischem Rathausbrunnen, staffelgiebeligem Kornhaus von 1617 (heute Rathaus), dem Rokokobau des »Hauses Krebs« (Mitte 18. Jahrhundert) und Altem Rathaus von 1527 mit sehenswertem Kaiserstühler Heimatmuseum. Das Vorderösterreich-Museum im 500 Jahre alten Adelspalais »Üsenberger Hof« erinnert an die habsburgische Vergangenheit des Breisgaus. Zur einstigen Stadtbefestigung gehört das Königschaffhauser Tor. Die katholische Pfarrkirche St. Peter (1772–1775) gilt als eine der letzten bedeutenden Kirchenbauten des Barock. Ihre Innenausstattung ist zum Teil vom Rokoko geprägt. Die Wallfahrtskirche St. Martin, spätgotisch in Turm und Chor, erhielt 1846 ein neues Langschiff.

Sasbach am Kaiserstuhl

Die typische Winzergemeinde besitzt mit der katholischen Pfarrkirche St. Martin einen stattlichen Bau von 1741 mit romanischem Glockenturm und barockem Hochaltar. In einiger Entfernung vom Ort thront über dem Rhein die Burgruine Limpurg, angeblicher Geburtsort von Rudolf von Habsburg im Jahre 1218.

Jechtingen

Neben der ansehnlichen Pfarrkirche kann die westlich in einiger Entfernung aufragende Burgruine Sponeck gefallen. Ihr Bergfried wurde 1929 – allerdings nicht dem historischen Vorbild entsprechend – wiederaufgebaut.

Burkheim-Bischoffingen

Einst bis zur Rheinregulierung direkt am Fluß gelegen ist Burkheim heute ein Ort von schöner Unberührtheit und zählt mit zu den hübschesten im Kaiserstuhl. Der historische Ortskern gefällt durch seine hübschen Bürgerhäuser (z.T. Fachwerk) aus dem 16. bis 18. Jahrhundert, durch das behäbige Tor und das Rathaus von 1604 mit seinem Renaissanceportal und seinem »Schneck«. In der katholischen Pfarrkirche St. Pancratius sind die Wandmalereien aus dem 16. Jahrhundert erwähnenswert. Auf dem steil zum Rhein abfallenden Plateau steht die Ruine eines Schlößchens, erbaut 1572 bis 1574 von dem kaiserlichen Feldhauptmann Lazarus von Schwendi.

Oberrotweil

In der katholische Kirche St. Michael (heute Friedhofskapelle) im Ortsteil Niederrotweil ist einer der bedeutendsten Kunstschätze im Kaiserstuhl zu Hause. Dabei handelt es sich um den beeindruckenden Hochaltar aus der sogenannten »barocken« Spätgotik (um 1525). Einige Teile der Kirche stammen noch aus romanischer Zeit, im spätgotischen Chor können noch die die großformatigen Fresken (um 1350) gefallen.

Achkarren

Im Kaiserstühler Weinbaumuseum erfährt der Besucher alles Wissenswerte über den

Weinbau. Eine schöne Aussicht bietet sich vom Schloßberg oberhalb des Ortes, von der einst hier aufragenden Burg Höhningen sind nur unbedeutende Reste vorhanden.

Breisach

Kaum eine Stadt stand so oft im Brennpunkt kriegerischer Ereignisse und wurde so oft zerstört wie Breisach, zuletzt im Zweiten Weltkrieg.

Dennoch zeigt sich Breisach heute als reizvolles, mittelalterlich anmutendes Städtchen. Auf dem höchsten Punkt der Stadt dominiert das stattliche Münster St. Stephan, das sich in drei Bauabschnitte untergliedern läßt: romanisch sind das Langhaus sowie ein Turm (um 1200 begonnen), gotisch sind Chor, Oberteil des Südturms sowie der Westteil des Langhauses (um 1300–1330), Sakristei und Innenausstattung stammen aus dem 15./16. Jahrhundert. Die Kostbarkeiten im Innern, wie der spätgotische, ornamentreiche Lettner, das monumentale Wandgemälde des Weltgerichts (1488– 1491) oder der Hochaltar als Hauptwerk gotischer Schnitzkunst, machen einen Besuch zur Pflicht.

Von der einst umfangreichen Stadtbefestigung sind noch das Rheintor (1670) mit seiner barocken Prunkfassade sowie drei Tortürme erhalten, deren Ursprünge im späten Mittelalter liegen. Im Rheintor ist heute ist das Museum für Stadtgeschichte mit Ausstellungsstücken von der Steinzeit bis in die Gegenwart zu finden.

Führungen durch die in Breisach ansässigen Kellereien bieten eine nette Abwechslung zum historischen Stadtrundgang. Besichtigt werden können der Badische Winzerkeller, die größte Erzeugerkellerei Europas, die Gräflich von Kageneck´sche Wein- und Sektkellerei sowie die Geldermann Privatsektkellerei.

Elztalbahn (KBS 726)

Waldkirch

Bauten des einstigen Klosters (Chorherrenstift) bestimmen auch heute noch zusammen mit hübschen Bürgerhäusern das Stadtgesicht. Erwähnenswert sind die Dekanei von 1770, der Fruchkasten (1733/34), das Kaplaneihaus von 1779, das Kanonikushaus von 1795 sowie die ehemalige Propstei (1753–1755), welche heute das Elztalmuseum beherbergt. Neben Exponaten zur Regionalgeschichte ist besonders die umfangreiche Sammlung mechanischer Musikinstrumente zu erwähnen. Höchstes Gebäude der Stadt ist immer noch die katholische Stadtpfarrkirche St. Margaretha. Die ehemalige Stiftskirche ist ein gelungener Barockbau aus den Jahren 1732 bis 1734 mit prächtiger Ausstattung. Einen Familienausflug lohnt der Schwarzwaldzoo mit seiner Vielzahl in Europa heimischer Tierarten. Die 1634 zerstörte Ruine Kastelburg thront auf dem Kastelberg über der Stadt und bietet nicht nur eine schöne Aussicht sondern vermittelt auch einen guten Eindruck des spätmittelalterlichen Burgenbaus.

Elzach

Berühmt ist der Luftkurort durch die Elzacher Fasnet, die ein großer Anziehungspunkt für Besucher von nah und fern an den närrischen Tagen ist. Die heimatkundliche Sammlung im Alten Rathaus aus dem 17. Jahrhundert bietet u.a. allerlei sehenswertes zur Elzacher Fasnet. Mit der Apotheke von 1532, dem Gasthaus zum Löwen von 1635 sowie dem St.-Nikolaus-Brunnen von 1620 sind die schönsten Gemäuer der Gemeinde genannt. Die katholische Pfarrkirche St. Nikolaus ist ein architektonisches Dreierlei, spätgotisch der Chor (1522), barock das Langhaus und klassizistisch der 1828 vollendete Turm. In der neugotischen

Wallfahrtskapelle Maria zu den neun Linden (1912) kann das fein geschnitzte Muttergottesbild (um 1510) gefallen.

Breisgau-S-Bahn Freiburg–Breisach (KBS 729)

Ihringen

Weinkennern läuft bei Ihringen das Wasser im Mund zusammen, was wohl an der Behauptung liegt, daß die Gemeinde Deutschlands höchste jährliche Durchschnittstemperatur und die meisten Sonnenstunden im Jahr aufweist.

Münstertalbahn (KBS 725)

Staufen

Goethes Klassiker »Faust« hat wohl seinen historischen Hintergrund in Staufen, denn hier soll 1539 der Alchimist Dr. Faust im Gasthaus zum Löwen vom Teufel geholt worden sein. Die Fauststube sowie eine Inschrift erinnern daran. Der Ortskern besticht durch sein altertümliches malerisches Stadtbild mit seinen dreigeschossigen, aneinandergereihten Häusern und seinen hübschen Brunnen, wie der Brunnen mit Mariensäule oder der Marktbrunnen aus dem 17. Jahrhundert. Das stattliche Rathaus datiert von 1546, ist aber im Laufe der Zeit mehrmals umgestaltet worden. Am Unteren Schloß gefällt der achteckige Treppenturm. Es erhielt im 18. Jahrhundert seine heutige Gestalt und dient jetzt als Forstamt und Kellerei. Um 1485 entstand die katholische Pfarrkirche St. Martin, eine spätgotische dreischiffige Basilika. Kunsthandwerker werden einen Besuch im Keramikmuseum nicht versäumen, das die Entwicklung der Kunstkeramik und des Hanferhandwerks anschaulich demonstriert. Aussichtsreich thront auf einem rebenbewachsenen Hügel über der Stadt die Burgruine Staufen, von der nach Zerstörung im Dreißigjährigen Krieg allerdings nur wenig Überbleibsel erhalten sind.

Münstertal

In Obermünstertal lohnt ein Besuch des legendären ehemaligen Benediktiner-Klosters St. Trudpert. Die ehemalige Klosterkirche St. Petrus und Paulus (heute katholische Pfarrkirche) wurde ab 1709 barock wiederaufgebaut und gefällt auch mit ihrer sehenswerten Innenausstattung (Hochaltar, Kanzel, Deckenmalereien, Beichtstühle etc.). Die barocken Klosterbauten stammen ebenfalls aus der ersten Hälfte des 18. Jahrhunderts und dienen seit 1920 den Niederbronner St.-Josephs-Schwestern als Mutterhaus. Das größte Bienenkundemuseum Europas ist im Rathaus von Obermünstertal zu finden, wo die faszinierende Welt der Bienen sowie die Entwicklung der Imkerei anschaulich dargestellt wird. Das Waldmuseum im Rathaus von Untermünstertal hingegen informiert extensiv über die Forstwirtschaft. Anschaulich wird im Besucherbergwerk »Teufelsgrund« mit Bergbaugeräten und Mineralien der Bergbau vergangener Zeiten vermittelt.

Wiesentalbahn Basel–Zell (KBS 735)

Lörrach-Stetten

Eines der herausragendsten Kirchenbauwerke des Klassizismus im deutschen Südwesten bildet die zweitürmige Fridolinskirche (1821–1823). Sehenswert ist auch ihre Ausstattung mit Altären und Kanzel aus Stuckmarmor sowie den gemalten Kreuzwegstationen. Gefallen kann auch das Stettener Schlößle, ein bescheidenes Herrenhaus aus dem 17. Jahrhundert.

Lörrach

Attraktiver Mittelpunkt des neugestalteten Stadtzentrums von Lörrach ist der Alte Marktplatz mit einer modernen Bildersäule.

Schöne Brunnen schmücken die Stadt, so der Kronenbrunnen, der Hirschenbrunnen (1827), der Marktbrunnen (1838) und der modern gestaltete Zundelheiner-Brunnen, das neue Wahrzeichen von Lörrach. Die evangelische Stadtkirche ist ein klassizistischer Neubau aus den Jahren 1815 bis 1817, ihr Kirchturm datiert allerdings schon von 1514. Das Heimatmuseum ist im stattlichen Bau des ehemaligen Hebel-Gymnasium untergebracht, ursprünglich eine Tabakfabrik des 18. Jahrhunderts. Es beherbergt u.a. eine hervorragende Sammlung von Skulpturen des 14. bis 18. Jahrhunderts, künstlerische Keramiken sowie Erinnerungen an den Dichter Johann Peter Hebel. Ein schöner Park umgibt die Villa Aichele, die als städtische Kultureinrichtung dient. Der Landschaftspark Grütt mit seinem schönen Rosengarten lädt zum Lustwandeln ein.

Haagen (Baden)

Über dem Lörracher Ortsteil Haagen thront die Burgruine Rötteln, die größte mittelalterliche Burg Oberbadens. Aus der romanischen Bauzeit sind noch der obere Bergfried sowie einzelne Bogenfriese und Buckelquadern erhalten. Mehr Überreste hat die Gotik des 14. Jahrhundert hinterlassen, so z.B. den Palas in der Oberburg. Einen Besuch wert sind die Sommerfestspiele auf der Burg.

Schopfheim

Die Altstadt von Schopfheim präsentiert sich heute saniert und schön herausgeputzt. Den 1821 angelegten Marktplatz mit dem reizvollen Kronenbrunnen dominiert das noble Rathaus im klassizistischen Weinbrenner-Stil (1820–1830). Erwähnenswert sind auch das stattliche Gebäude der »Sonne«, das spätgotische Hirtenhaus und das Krafft´sche Haus (15./16. Jahrhundert) mit dem reichhaltigen Museum der Stadt Schopfheim. Die spätgotische St. Michaelskirche ist ein »Neubau« von 1479–1481 auf älteren Resten. Bemerkenswerte Fresken befinden sich im Innern.

Hausen-Raitbach

In Hausen kann das interessante Dorfmuseum besichtigt werden. Zu Ehren des berühmtesten Sohnes der Stadt, dem Dichter Johann Peter Hebel, wird alljährliche das Hebelfest veranstaltet.

Reiseziele für Eisenbahnfreunde

- kleine zweiachsige Industriedampflok (Fa. C. Freudenberg Nr. 1) als Denkmal in Weinheim, Zwischen den Dämmen
- Landesmuseum für Technik und Arbeit in Mannheim, Fahrbetrieb zwischen Halle und Freigelände mit württ. T3 (89 312, umgebaut zur Dampfspeicherlok), ausgestellt u.a. OEG-Dampfloks Nr. 56 und Nr. 102
- schmalspurige E-Lok (Nr. 2 der AVG) als Denkmal am Albtalbahnhof in Karlsruhe
- Turmbergbahn: Standseilbahn Karlsruhe-Grötzingen–Turmberg
- Schloßgartenbahn der Verkehrsbetriebe Karlsruhe (VBK) mit einem 2.700 m langen Rundkurs im Schloßgarten, Fahrbetrieb an Wochenenden von Karfreitag bis Allerheiligen und täglich in den Sommerferien mit Dampflokomotive »Greif« und einer Diesellok
- historische Dampfsonderzüge mit Loks der ULMER Eisenbahnfreunde auf der Albtalbahn (KBS 710.1) zwischen Ettlingen Stadt und Bad Herrenalb an ausgewählten Tagen

- historische Dampfsonderzüge auf der Achertalbahn (KBS 717) an ausgewählten Tagen
- Denkmallok 18 323 (bad. IVh) an der Ingenieurschule Offenburg in der Badstraße.
- Der Europapark Rust bei Lahr besitzt als Denkmallok eine ehemalige württembergische T 6 (92 011), die am Schluß ihrer Karriere bei der MEG im Einsatz stand.
- Museumsdampfzug »Rebenbummler« auf der Kaiserstuhlbahn (KBS 723) an ausgewählten Tagen, Infos bei Rolf Moestel, Moltkestr. 10, 79312 Emmendingen, Tel. und Fax (0 76 41) 57 39 18
- in Emmendingen unterhalten die Eisenbahnfreunde Breisgau einen kleinen »Museumsbahnhof« mit restaurierten Dampflokomotiven und alten Wagen (Besichtigung nur nach Voranmeldung: Tel.: 0 76 41/15 03)
- Höllental-Dampflok 85 007 als rollfähige Denkmalslok, E 44 1170 als nicht mehr betriebsfähige Museumslok und der ES 85 06 als Eisenbahner-Klubheim im ehemaligen Bw Freiburg
- am Faust-Gymnasium in Staufen Süd steht die SWEG-Dampflok Nr. 7 als Denkmal
- in Untermünstertal am Bergwerk Teufelsgrund steht als Denkmal eine elektrische Bo-Grubenlok mit Personenwagen
- auf der Kandertalbahn Haltingen–Kandern (KBS 12733) führt die EUROVAPOR historische Dampfzug- und Dieseltriebwagenfahrten an ausgewählten Wochenden durch

Fototips

Oberrheinische Eisenbahngesellschaft (OEG, KBS 669):

- Bahnhofsvorplätze Mannheim Hbf und Heidelberg Hbf (Mischbetrieb mit Strabfahrzeugen)
- Bahnhöfe Käfertal, Viernheim (sehr schön), Weinheim, Lützelsachsen, Edingen und Seckenheim
- Ortsdurchfahrten Großsachsen (sehr schön), Schriesheim, Handschuhsheim und Seckenheim (auch sehr reizvoll)
- Wasserturm zwischen Wieblingen und Edingen

Mannheim–Karlsruhe (KBS 700):

- Einfahrt Mannheim Hbf mit Schloß
- neue Bahnhöfe Hockenheim und Neulußheim
- Karlsruhe Hauptbahnhof

Mannheim–Heidelberg–Karlsruhe (KBS 665 und 701)

- zwischen Mannheim Rbf und Friedrichsfeld Süd
- Bahnhof Heidelberg-Kirchheim
- um Wiesloch-Walldorf
- Schloß Kislau (vormittags)
- Überführungsbauwerk NBS bei Ubstadt
- Karlsruhe Hauptbahnhof

Bruchsal–Germersheim (KBS 704)

- Brücke über den Pfinzkanal bei Karlsdorf
- Bahnhof Philippsburg mit Formsignalen
- gemauerte Vorflutbrücken (badische Seite) an der Rheinbrücke

Katzbach- und Kraichtalbahn Bruchsal–Odenheim/Menzingen (KBS 710.3)

- Bahnhof Ubstadt Ort

- in und um Zeutern
- zwischen Unter-Öwisheim und Münzesheim
- zwischen Gochsheim und Menzingen

Karlsruhe–Basel (KBS 702) und Appenweier/Offenburg–Kehl (KBS 719)
- Karlsruhe Hauptbahnhof
- Murgbrücke in Rastatt (vormittags)
- zwischen Sinzheim und Bühl
- Bahnhof Kehl
- um Schallstadt
- um Istein mit Isteiner Klotz
- Basel Badischer Bahnhof

Albtalbahn (KBS 710.1)
- Bf Hochstetten
- Ortsdurchfahrt Linkenheim
- alter Bahnhof Eggenstein
- Bahnhof Ettlingen
- zwischen Busenbach und Ittersbach
- zwischen Busenbach und Bad Herrenalb (besonders um Frauenalb)
- Bahnhof Bad Herrenalb

Achertalbahn (KBS 717)
- zwischen Oberachern und Furschenbach

Renchtalbahn (KBS 718)
- zwischen Oppenau und Löcherberg
- Viadukt bei Bad Peterstal
- Ortsansicht von Bad Peterstal
- um Bad Griesbach

Kaiserstuhlbahn (KBS 723 und 724)
- Leopolds-Kanalbrücke zwischen Riegel DB und Riegel Ort
- Brauerei bei Riegel und Leopolds-Kanal Richtung Gottenheim
- Kaiserstuhl zwischen Riegel und Bötzingen sowie Riegel und Oberrotweil
- z.T. sehr schöne Bahnhofsgebäude

Elztalbahn (KBS 726)
- Elzbrücken bei Buchholz und Waldkirch
- um Oberwinden
- bei Elzach

Breisgau-S-Bahn Freiburg–Breisach (KBS 729)
- Abzweig Heidhof
- Dreisam-Brücke bei Hugstetten
- Bahnhöfe Gottenheim und Breisach

Münstertalbahn (KBS 725)
- Ruine Staufenburg (auch von der Ruine auf Staufen und Strecke)
- Neumagen-Brücke in Staufen
- zwischen Staufen und Münstertal

Weil/Rhein–Lörrach (KBS 734)
- Tüllinger Tunnel
- Wiese-Brücke in Lörrach-Stetten

Wiesentalbahn Basel–Zell (KBS 735)
- Basel Badischer Bahnhof
- Bahnhöfe Lörrach, Schopfheim und Zell
- Wiese-Brücken bei Brombach, Steinen und Zell

Spurensuche

- stillgelegte und abgebaute OEG-Nebenstrecke Seckenheim–Neckarhausen–Edingen
- stillgelegte und abgebaute Nebenbahn Rheinau–Brühl–Ketsch
- stillgelegte und abgebaute Nebenbahn Heidelberg–Schwetzingen–Speyer
- Ehemalige Privatbahn-Strecken (SWEG) Wiesloch-Walldorf–Wiesloch Stadt–Meckesheim/Waldangelloch, stillgelegt und abgebaut.
- Die heute mit Zweisystemtriebwagen der Albtalbahn bediente Strecke

Bruchsal–Odenheim führte ursprünglich bis Hilsbach, dieser Abschnitt ist abgebaut.

- Die alte Rheinbahn bzw. Hardtbahn zwischen Graben-Neudorf und Karlsruhe (über Leopoldshafen) ist im Abschnitt Leopolshafen–Graben-Neudorf stillgelegt und abgebaut, auf dem Restabschnitt findet noch Güterverkehr statt. Ein großer Teil dieses Abschnitts ist heute mit Gleichstrom elektrifiziert und Bestandteil des Karlsruher S-Bahnnetzes.
- Die meterspurigen Linien der Karlsruher Lokalbahnen (Karlsruhe–Spöck, Karlsruhe–Durmersheim, Grünwinkel–Daxlanden) sind längst eingestellt und abgebaut, doch die Karlsruher Straßenbahn fährt als S 2 (Stadtbahn) in Richtung Spöck unter teilweiser Mitbenutzung der alten Trasse zwischenzeitlich wieder bis nach Blankenloch und im Süden bis Mörsch.
- Die einst als strategische Bahn erbaute Strecke Rastatt–Wintersdorf– Röschwoog (Elsaß) ist heute komplett stillgelegt, ihre Gleise liegen jedoch noch.

Längst stillgelegt ist das meterspurige Netz der Mittelbadischen Eisenbahn, das einst über 114 Kilometer umfaßte. Am 9. Juni 1963 ist der urige Zweiachser T 6 nebst Beiwagen noch im Einsatz. Ein Vergleich mit dem Foto des NE 81 der Achertalbahn zeigt, daß sich die Werbung bei NE-Bahnen in über dreißig Jahren kaum verändert hat.

- Vom heutigen Bahnhof Baden-Baden (vorher Bf Baden-Oos) führte eine zweigleisige, elektrifizierte Strecke nach Baden-Baden Stadt, die dank kurzsichtiger Kommunalpolitiker Ende der siebziger Jahre eingestellt und abgebaut wurde. Der ehemalige Bf Baden-Baden ist heute in das vor Gigantomanie strotzende neue Opernhaus integriert.
- Das einst 114 km lange Meterspurnetz der Mittelbadischen Eisenbahnen mit den Strecken Rastatt–Schwarzach, Bühl–Schwarzach–Kehl, Kehl–Altenheim–Ottenheim, Altenheim–Offenburg und Rhein–Ottenheim–Lahr–Seelbach ist längst stillgelegt und abgebaut. Ein kleines Reststück (Bühl–Schwarzach–Greffern/Söllingen) wurde auf Normalspur umgespurt und teilweise neu trassiert. Hier wird heute noch von der SWEG Güterverkehr durchgeführt.
- stillgelegte und abgebaute Nebenbahn Bühl–Oberbühlertal
- stillgelegte und abgebaute Nebenbahn Rhein–Orschweier–Ettenheimmünster
- Die Nebenbahn Lahr-Dinglingen (heute Bf Lahr)–Lahr Stadt ist stillgelegt, aber noch nicht abgebaut.
- Durch Sprengung der Rheinbrücke zwischen dem badischen Breisach und dem elsässischen Neubreisach kurz vor Ende des Zweiten Weltkriegs wurde die Strecke Freiburg–Colmar für immer unterbrochen.
- Der Ast Staufen–Sulzburg der SWEG-Strecken Bad Krozingen–Untermünstertal ist zwischen Grunern und Sulzburg abgebaut. Auf dem Reststück findet noch Güterverkehr statt.

- Die einst elektrifizierte Meterspurbahn Müllheim–Badenweiler ist längst stillgelegt und abgebaut.
- Die zwischen Müllheim und Neuenburg elektrifizierte und bis Mülhausen (Elsaß) weiterführende Strecke wird nur noch im Güterverkehr betrieben, die Wiederaufnahme des PV ist aber im Gespräch.
- Die Kandertalbahn Haltingen–Kandern (KBS 12733) wird heute nur noch als Museumsbahn betrieben.
- Die einstige Rheinüberquerung Weil-Leopoldshöhe–St. Ludwig (Elsaß) wur-

Bahn-Angebotsdichte

Zugart	Abschnitt	Angebot	Zwischenhalte
ICE	Mannheim–Basel	2-stündlich	Karlsruhe, Offenburg, Freiburg
IC/EC	Mannheim–Basel	stündlich	Karlsruhe, Baden-Baden oder Offenburg, Freiburg
IR	Heidelberg–Karlsruhe	2-stündlich	Bruchsal, KA-Durlach (eingeschränkt)
IR	Heidelberg–Offenburg	2-stündlich	Bruchsal, Karlsruhe, Rastatt, Baden-Baden
SE	Mannheim–Heidelberg–Offenburg	stündlich	alle Bahnhöfe bis auf MA-Rbf, MA-Seckenheim, Bruchsal-Bildungszentrum, Untergrombach, Weingarten (Baden)
RB	Mannheim–Karlsruhe	stündlich, mo-fr mit Verdichtungen	alle Bahnhöfe
OEG	Weinheim–Heidelberg–Mannheim–Weinheim	HVZ mo-fr alle 20 Minuten, ansonsten häufig	alle Bahnhöfe
RE/RB	Offenburg–Freiburg–Basel	stündlich	Lahr, Orschweier, Herbolzheim, Kenzingen, Riegel, Emmendingen, Denzlingen, ab Freiburg i.d.R. alle Bahnhöfe aber nicht immer St. Georgen, Auggen, Rheinweiler, Kleinkems, Istein
RB	Offenburg–Freiburg	2-stündlich	alle Bahnhöfe
S-Bahn	Karlsruhe–Bruchsal–Odenheim	stündlich	alle Bahnhöfe
S-Bahn	Karlsruhe–Bruchsal -Menzingen	stündlich	alle Bahnhöfe
RB	Germersheim–Bruchsal	stündlich	alle Bahnhöfe
S-Bahn	Hochstetten–KA -Bad Herrenalb	stündlich	alle Bahnhöfe
S-Bahn	Leopoldshafen–KA–Ittersbach	stündlich	alle Bahnhöfe
S-Bahn	Karlsruhe–Wörth	halbstündlich (20/40)	alle Bahnhöfe
S-Bahn	Karlsruhe–Baden-Baden (über Durmersheim)	stündlich	alle Bahnhöfe
SWEG	Achern–Ottenhöfen	2-stündlich, mo-fr mit Verdichtungen	alle Bahnhöfe
S-Bahn	Appenweiher–Bad Griesbach	2-stündlich	alle Bahnhöfe
S-Bahn	Appenweiher–Kehl	2-stündlich (mo-fr)	alle Bahnhöfe
S-Bahn	Offenburg–Kehl	2-stündlich	alle Bahnhöfe
SWEG	Breisach–Riegel	unregelmäßig	alle Bahnhöfe
SWEG	Endingen–Gottenheim	unregelmäßig	alle Bahnhöfe
SE	(Freiburg -) Denzlingen–Elzach	mo-fr stündlich, sa+so 2-stündlich	alle Bahnhöfe
S-Bahn	Freiburg–Breisach	mo-sa stündlich (Verdichtung HVZ), so 2-stündlich	alle Bahnhöfe
SWEG	Bad Krozingen–Münstertal	unregelmäßig	alle Bahnhöfe
RB	Lörrach–Weil	mo-fr annähernd stündlich	alle Bahnhöfe
RB	Basel–Zell	mo-fr halbstündlich, sa+so stündlich	alle Bahnhöfe

de schon vor dem Zweiten Weltkrieg stillgelegt und abgebaut.

- stillgelegte und abgebaute Meterspurbahn Zell–Todtnau

Bahnbetrieb

Moderne, CIR-ELKE taugliche Elloks und ICE dominieren das Betriebsgeschehen auf den Oberrheinstrecken. Grenzüberschreitende Züge zwischen Kehl und Straßburg werden von den Zweisystem-Loks der Baureihe 181.2 geführt. Den Verkehr auf den S-Bahn-Linien Karlsruhe–Bruchsal–Menzingen/Odenheim (S 3 und S 31), der Albtalbahn (S 1 und S 11) sowie Karlsruhe–Baden-Baden (S 4) beherrschen exklusiv die Zweisystem-Stadtbahntriebwagen der AVG.
Zwischen Germersheim und Bruchsal kommen Triebwagen der BR 628.2 sowie diesellokbespannte Wendezüge (vorwiegend 218 aber auch 212) zum Einsatz. Die Loks ziehen in Richtung Bruchsal.
Im Achertal konzentriert sich die Abwicklung der Fahrten auf NE 81-Triebwagen der SWEG.
Der Gesamtverkehr auf der Strecke Offenburg–Bad Griesbach (KBS 718) sowie die RB-Züge zwischen Appenweiher/Offenburg und Kehl (KBS 709) sind seit 24. Mai 1998 auf die RegioShuttle RS 1 der Ortenau-S-Bahn GmbH (OSB, Tochtergesellschaft der SWEG) übergegangen. Der umfangreiche Güterverkehr zwischen Offenburg und Oberkirch wird weiterhin von DB Cargo vorwiegend mit Dieselloks der BR 290 durchgeführt.
RegioShutte RS 1 der SWEG tragen die Hauptlast auf der Kaiserstuhl- und der Münstertalbahn, dabei werden sie von Triebwagen der Bauart NE 81 unterstützt. Die Breisgau-S-Bahn (BSB, auch eine SWEG-Tochter) wird natürlich ebenfalls mit den neuen RS 1 bedient.
Im Elztal verkehren noch mit Dieselloks der Baureihe 218 bespannte Wendezüge, die Loks sind in Richtung Elzach am Zug. Auf der Wiesentalbahn und der Verbindung Lörrach–Weil bestimmen Wendezüge mit Elloks der Baureihen 140 und 143 das Bild.

Adressen

Achertäler Eisenbahnverein e.V., c/o Willi Reichert, Schäffersheimer Str. 12, 77656 Offenburg, Tel. (07 81) 5 87 89
Albtal-Verkehrs-Gesellschaft mbH (AVG), Tullastr. 71, 76131 Karlsruhe oder für Dampfsonderfahrten auf der Albtalbahn: Wilhelmstr. 2, 76275 Ettlingen, Tel. (0 72 43) 1 81 67 91, Fax (0 72 43) 1 81 65 09
Eisenbahnfreunde Breisgau e.V., Lorettostr. 24a, 79100 Freiburg im Breisgau, Tel. und Fax (07 61) 57 39 18
Kandertalbahn, Postfach 11 28, 79400 Kandern
Oberrheinische Eisenbahn-Gesellschaft AG (OEG), Käfertaler Str. 9–11, 68167 Mannheim
SWEG–Verkehrsbetriebe Achern-Ottenhöfen, Am Bahnhof 2, 77883 Ottenhöfen
SWEG–Verkehrsbetriebe Endingen »Kaiserstuhlbahn«, Üsenberger Str. 9, 79346 Endingen
SWEG–Verkehrsbetrieb Staufen »Münstertalbahn«, Bahnhofstr. 7, 79219 Staufen
Ulmer Eisenbahnfreunde e.V. (UEF), Arbeitsgruppe Karlsruhe, Tullastr. 30, 76344 Eggenstein-Leopoldshafen, Tel. (0 72 47) 2 12 30, Fax (0 72 47) 2 25 74
Verkehrsbetriebe Karlsruhe (VBK), Tullastr. 71, 76131 Karlsruhe, Tel. (07 21) 61 07-52 50
Fremdenverkehrsverband Schwarzwald e.V., Bertoldstr. 45, 79098 Freiburg im Breisgau, Tel. (07 61) 3 13 17, Fax (07 61) 3 60 21
Gebietsgemeinschaft Nördlicher Schwarzwald e.V., Postfach 666, 75106 Pforzheim, Tel. (0 72 31) 179 29, Fax (0 72 31) 35 76 91
Tourist-Info Südlicher Schwarzwald, Stadtstr. 2, 79104 Freiburg im Breisgau, Tel. (07 61) 21 87-304, Fax (07 61) 21 87-534
Kaiserstühler Verkehrsbüro, Adelshof 20, 79346 Endingen, Tel. (0 76 42) 68 99 90, Fax (0 76 42) 68 99 99
Achern, Tourist-Information, Hauptstr. 81a, 77855 Achern, Tel. (0 78 41) 2 92 99, Fax (0 78 41) 2 55 52
Appenweier, Bürgermeisteramt Appenweier, Ortenauer Str. 13, 77767 Appenweier, Tel. (0 78 05) 95 94-0, Fax (0 78 05) 95 94-44
Auggen, Verkehrsamt Auggen, 79424 Auggen, Tel. (0 76 31) 36 77 21, Fax (0 76 31) 36 77 33
Bad Bellingen, Kurverwaltung, 79415 Bad Bellingen, Tel. (0 76 35) 80 82 20, Fax (0 76 35) 80 82 90
Baden-Baden, Baden-Baden Marketing, Augusta-

platz 8, 76530 Baden-Baden, Tel. (0 72 21) 275-200, (0 72 21) 275-202
Bad Herrenalb, Kurverwaltung, 76332 Bad Herrenbald, Tel. (0 70 83) 79 33, Fax (0 70 83) 89 43
Bad Krozingen, Kur- und Bäderverwaltung GmbH, Postfach 120, 79184 Bad Krozingen, Tel. (0 76 33) 40 08 63, Fax (0 76 33) 15 01 05
Bad Peterstal-Griesbach, Kurverwaltung, 77740 Bad Peterstal-Griesbach, Tel. (0 78 06) 79 33, Fax (0 78 06) 10 40
Bahlingen am Kaiserstuhl, Bürgermeisteramt, 79353 Bahlingen am Kaiserstuhl, Tel. (0 76 63) 91 31-0, Fax (0 76 63) 91 31-30
Breisach am Rhein, Verkehrsamt, Marktplatz 9, 79206 Breisach am Rhein, Tel. (0 76 67) 8 32 27, Fax (0 76 67) 8 07 18
Bruchsal, Stadtinformation Bruchsal, Am Alten Schloß 2, 76646 Bruchsal, Tel. und Fax (0 72 51) 7 27 71
Bühl, Fremdenverkehrsamt, 77815 Bühl, Tel. (0 72 23) 28 32 33, Fax (0 72 23) 28 32 09
Denzlingen, Bürgermeisteramt, 79211 Denzlingen, Tel. (0 76 66) 6 11 25, Fax (0 76 66) 6 11 38
Ebringen, Gemeindeverwaltung, 79285 Ebringen, Tel. (0 76 64) 6 08 60, Fax (0 76 64) 83 02
Efringen-Kirchen, Bürgermeisteramt, 79588 Efringen-Kirchen, Tel. (0 76 28) 80 60, Fax (0 76 28) 704
Elzach, Verkehrsamt, 79215 Elzach, Tel. (0 76 82) 79 90, Fax (0 76 82) 8 04 72
Emmendingen, Verkehrsamt, 79312 Emmendingen, Tel. (0 76 41) 45 23 26, Fax (0 76 41) 45 23 06
Endingen am Kaiserstuhl, Kaiserstühler Verkehrsbüro, 79346 Endingen am Kaiserstuhl, (0 76 42) 15 55, Fax (0 76 42) 68 99 99
Ettlingen, Stadtinformation Ettlingen, Postfach 7 62, 76261 Ettlingen, Tel. (0 72 43) 10 12 21, Fax (0 72 43) 10 14 30
Freiburg i. Br., Freiburg-Info, Rotteckring 14, 79098 Freiburg im Breisgau, Tel. (07 61) 3 68 90 90, Fax (07 61) 3 68 90 70
Gutach im Breisgau, Verkehrsamt, Bahnhof Bleibach, 79261 Gutach im Breisgau, Tel. (0 76 85) 91 01 28, (0 76 85) 91 01 27
Heidelberg, Verkehrsverein Heidelberg, Postfach 10 58 60, 69048 Heidelberg, Tel. (0 62 21) 14 22 11, Fax (0 62 21) 14 22 22
Heitersheim, Verkehrsamt, 79423 Heitersheim, Tel. (0 76 34) 4 02 12, Fax (0 76 34) 4 02 34
Ibach, Bürgermeisteramt, 79837 Ibach, Tel. (0 76 72) 4 14 30, Fax (0 76 72) 4 14 38
Ihringen am Kaiserstuhl, Fremdenverkehrsbüro, 79241 Ihringen am Kaiserstuhl, Tel. (0 76 68) 93 43, Fax (0 76 68) 92 90
Kandern, Verkehrsamt Kandern, Postfach, 79400 Kandern, Tel. und Fax (0 76 26) 8 99 60, informiert auch über den Museumsbetrieb auf der Kandertalbahn
Kappelrodeck, Verkehrsamt, 77876 Kappelrodeck, Tel. (0 78 42) 8 02 10, Fax (0 78 42) 8 02 75
Karlsruhe, Verkehrsverein Karlsruhe e.V., Bahnhofplatz 6, 76137 Karlsruhe, Tel. (07 21) 35 53 36, Fax (07 21) 35 53 43
Kehl, Verkehrsamt Kehl am Rhein, Am Marktplatz, 77694 Kehl, Tel. (0 78 51) 8 82 26, (0 78 51) 8 82 25
Kenzingen, Verkehrsamt, 79341 Kenzingen, Tel. (0 76 44) 7 91 40, Fax (0 76 44) 7 91 60
Lahr, Städtisches Verkehrsbüro, 77933 Lahr, Tel. (0 78 21) 28 22 16, Fax (0 78 21) 28 24 60
Lautenbach, Verkehrsamt, 77794 Lautenbach im Renchtal, Tel. (0 78 02) 92 59 50, Fax (0 78 02) 92 59 59
Lörrach, Stadtinformation, Bahnhofsplatz 6, 79537 Lörrach, Tel. (0 76 21) 41 56 20, Fax (0 76 21) 41 55 01
Mannheim, Tourist-Service Mannheim, Willy-Brandt-Platz 3, 68161 Mannheim, Tel. (01 80) 5 21 44 99, (06 21) 2 41 41
Marxzell, Bürgermeisteramt, Rathaus Pfaffenrot, 76359 Marxzell, Tel. (0 72 48) 9 14 70, Fax (0 72 48) 91 47 25
Müllheim, Städtisches Verkehrsamt, 79379 Müllheim, Tel. (0 76 31) 40 70, Fax (0 76 31) 1 66 54
Münstertal, Kurverwaltung, 79244 Münstertal, Tel. (0 76 36) 7 07 30, Fax (0 76 36) 7 07 48
Oberkirch, Verkehrsamt, 77704 Oberkirch, Tel. (78 02) 8 22 41, Fax (0 78 02) 8 21 79
Offenburg, Verkehrsamt der Stadt Offenburg, Gärtnerstr. 6, 77652 Offenburg, Tel. (07 81) 8 22 53, Fax (07 81) 8 25 82
Oppenau, Städtisches Verkehrsamt, 77728 Oppenau, Tel. (0 78 04) 48 37, Fax (0 78 04) 24 28
Ottenhöfen, Kurverwaltung, 77881 Ottenhöfen, Tel. (0 78 42) 8 04 44, Fax (0 78 42) 8 04 45
Rastatt, Stadtinformation, 76437 Rastatt, Tel. (0 72 22) 97 24 62, Fax (0 72 22) 97 21 08
Renchen, Stadtverwaltung, 77871 Renchen, Tel. (0 78 43) 7 07 18, Fax (0 78 43) 7 07 23
Sasbach am Rhein, Fremdenverkehrsverein, 79360 Sasbach am Rhein, Tel. (0 76 42) 91 01 13, Fax (0 76 42) 91 01 30
Schallstadt, Gemeindeverwaltung, 79227 Schallstadt, Tel. (0 76 64) 61 09-0, Fax (0 76 64) 61 09 91
Schliengen, Verkehrsamt, 79418 Schliengen, Tel. (0 76 35) 31 09 11, Fax (0 76 35) 31 09 27
Schopfheim, Städtisches Verkehrsbüro, Rathaus, 79650 Schopfheim, Tel. (0 76 22) 39 61 16, Fax (0 76 22) 39 61 78
Staufen im Breisgau, Verkehrsamt, 79219 Staufen im Breisgau, Tel. (0 76 33) 8 05 36, Fax (0 76 33) 5 05 93
Waldkirch, Kur- und Verkehrsamt, 79183 Waldkirch, Tel. (0 76 81) 40 41 06, Fax (0 76 81) 40 41 07
Weil am Rhein, Stadtverwaltung, 79576 Weil am Rhein, Tel. (0 76 21) 70 41 31, Fax (0 76 21) 70 41 23
Winden im Elztal, Gemeindeverwaltung, 79297 Winden im Elztal, Tel. (0 76 82) 63 95, Fax (0 76 82) 63 99
Zell im Wiesental, Verkehrsverein Zeller Bergland, 79669 Zell im Wiesental, Tel. (0 76 25) 1 33 15, Fax (0 76 25) 1 33 17

2. Im Nordschwarzwald

2.1 Vom Gäu über Freudenstadt ins Kinzig- und ins Murgtal (KBS 741, 721 und 716)

Streckengeschichte

Eutingen–Freudenstadt (KBS 741) und die Kinzigtalbahn Freudenstadt–Hausach (KBS 721)

Teile des württembergischen Schwarzwaldes waren ab 1874 mit der Inbetriebnahme von Württembergischer Schwarzwaldbahn und Nagoldtalbahn erschlossen. Damit war über den Schwarzwald eine weitere Nord-Süd-Verbindung entstanden, die, wenn auch umständlich, für den Durchgangsverkehr von Stuttgart Richtung oberes Neckartal, Bodensee und Schweiz genutzt werden konnte. Die Oberamtsstadt Freudenstadt, der Hauptort des württembergischen Schwarzwaldes, hatte allerdings immer noch keinen Bahnanschluß erhalten. Vorgesehen war der Bau einer »Gäu-Bahn« von Stuttgart nach Freudenstadt schon 1872 im »Gesetz über die weitere Ausdehnung des Eisenbahnwesens«. Vorausschauend war sogar schon 1865 im Staatsvertrag vom 13. März mit Preußen die Durchquerung eines 1,56 km langen hohenzollerischen Gebietsstreifen zwischen Bittelbronn und Schopfloch geregelt worden. Im Staatsvertrag vom 29. Dezember 1873 vereinbarten Württemberg und Baden schließlich eine Verbindung ihrer den Schwarzwald durchquerenden Bahnlinien mit einer Bahn durchs Kinzigtal mit Anschluß an die zukünftige Gäubahn in Freudenstadt. Damit waren zwar die gesetzlichen Grundlagen für Gäu- und Kinzigtalbahn gelegt, mit der Ausführung ließen sich Württemberg und Baden aber Zeit. Genehmigt wurde der Bau der Gäubahn schließlich per Gesetz vom 22. Mai 1877. Die Bauarbeiten begannen unverzüglich und schon am 1. September 1879 wurde die Strecke feierlich eröffnet. Die neue Strecke bestand eigentlich aus zwei Abschnitten: Stuttgart–Eutingen (siehe auch Kapitel 2.2) und Hochdorf–Freudenstadt. Züge nach Freudenstadt mußten in Eutingen Kopf machen. Die schon damals als wichtiger vorausgesetzte Relation von Stuttgart gen Bodensee und Schweiz sollte durchgängig geführt werden können. Von Eutingen bis Hochdorf führt das Gleis des Freudenstädter Abschnitts neben der Nagoldtalbahn her und benützt deren Bahntrasse. Aufwendige Einschnitte und Dämme sowie drei große Viadukte kennzeichnen das Teilstück Hochdorf–Freudenstadt. Die Bezeichnung Gäubahn galt ursprünglich für die Strecke Stuttgart–Böblingen–Eutingen–Hochdorf–Freudenstadt. Nach Bau der Kinzigtalbahn wurde der Begriff »Gäubahn« nur noch für den Abschnitt Stuttgart–Eutingen verwendet.
Knapp sechs Jahre nach Abschluß des badisch-württembergischen Staatsvertrages von 1873 war nun immerhin Freudenstadt erreicht, doch die Realisierung der Verbindung beider Staatsbahnen durchs Kinzigtal noch immer nicht in Sicht. Wohl hatte schon ab 1875 die Badische Staatsbahn die Trassenführung auf ihrem Hoheitsge-

biet festgelegt, doch Differenzen zwischen den beiden Bahnverwaltungen über die Lage des Bahnhofs Schiltach und die Frage seines Ausbaues als Wechselstation führten zu erheblichen Verzögerungen. Um der badischen Amtsstadt Wolfach aber einen Eisenbahnanschluß zu ermöglichen, baute die Badische Staatsbahn ab 1876 den 4,5 langen Abschnitt Hausach–Wolfach, lange bevor über die Weiterführung Einvernehmen erzielt werden konnte. Dieser erste kurze Abschnitt konnte am 15. Juli 1878 dem Betrieb übergeben werden. Mit der Hausacher Konferenz am 19. und 20. Oktober 1881 kam wieder Bewegung in den Bau der Kinzigtalbahn. Württemberg stimmte der von Baden vorgeschlagenen Lage des Bahnhofs Schiltach zu, sollte den Abschnitt Freudenstadt–Schiltach auf eigene Kosten erbauen und für die badische Gemeinde Schenkenzell noch einen ursprünglich nicht vorgesehen Bahnhof anlegen. Die Betriebsführung auf der ganzen Kinzigtalbahn bis Hausach sollte von der Württembergischen Staatsbahn durchgeführt werden, im Gegenzug übernahm als Naturalausgleich die Badische Staatsbahn den durchgehenden Betrieb auf der Kraichgaubahn Karlsruhe–Bretten–Eppingen–Heilbronn. Mit Beilegung der Streitigkeiten durch die beiderseitige Genehmigung des Hausacher Protokolls vom 23. Juni 1882 konnte dann der Bahnbau forciert werden. Erhebliche Geländeschwierigkeiten, vor allem im württembergischen Abschnitt, ließen den Bau jedoch nur langsam voranschreiten. Erst am 3. Oktober 1886 war schließlich mit der feierlichen Eröffnungsfahrt Wolfach–Schiltach–Freudenstadt das Drama beendet und am folgenden Tag übernahm die württembergische Staatsbahn den durchgehenden Verkehr auf der Kinzigtalbahn.
Waren der alte Gäubahnabschnitt Eutingen–Freudenstadt und vor allem die Kinzigtalbahn lange Jahre in ihrem Bestand gefährdet, so haben sie heute wieder eine sichere Zukunft vor sich, da die Sanierungskosten für die beiden Stahlgitterviadukte zwischen Dornstetten und Freudenstadt nach einem neuen Gutachten nicht mehr 40 Mio. DM sondern nur noch 5 Mio. DM betragen. Daraufhin sicherte die Nahverkehrsgesellschaft Baden-Württemberg (NVBW) Ende Juni 1998 den Erhalt dieser Strecken und grundlegende Verbesserungen zu. Voraussichtlich ab Fahrplanwechsel 2001/2002 sollen Dieselleichttriebwagen im Stundentakt verkehren, im Bahnhof Hochdorf ein Systemübergang zu den Zügen der Nagoldtalbahn (KBS 774) gewährleistet und diverse neue Haltepunkte eingerichtet werden.

Murgtalbahn (KBS 716)
Die Murgtalgemeinden – allen voran Gernsbach – forderten schon in den fünfziger Jahren des 18. Jahrhunderts einen Eisenbahnanschluß in Richtung Karlsruhe. Grund war vor allem das wachsende Transportaufkommen im Holzhandel, da die bestehenden Straßen bei weitem nicht ausreichten. Nach langen zähen Verhandlungen mit der badischen Landesregierung begann schließlich 1867 mit der Genehmigung des Abschnitts Rastatt – Gernsbach die unendliche Geschichte des Baus der Murgtalbahn. Nun ging es aber zunächst Schlag auf Schlag. Nach dem Entwurf zur Streckenführung von Professor Baumeister konnten im August 1868 die Erdarbeiten aufgenommen werden. Schon am 22. April 1869 rollte ein erster Kieszug nach Gernsbach, die feierliche Eröffnung der 15,5 km langen Strecke fand am 31. Mai 1869 statt. Die Murgschifferschaft forderte bald darauf den Weiterbau bis Weisenbach, um die dort ansässige Holzindustrie anzuschließen. Bereits 1872 legte Prof. Baumeister den Plan für eine

Streckenführung bis nach Freudenstadt vor, aber erst 1890 erteilte die badische Regierung die Genehmigung zum Weiterbau bis Weisenbach. Eröffnungstermin dieses 5,6 km langen Abschnitts war der 1. Mai 1894.
Von württemberger Seite mit Freudenstadt an vorderster Front kamen jetzt verstärkte Aktivitäten, die einen Bahnbau murgtalabwärts bis zur Landesgrenze zum Ziel hatten. Genehmigt wurde von der württembergischen Landesregierung 1897 die Teilstrecke Freudenstadt–Klosterreichenbach. Der Bau begann zur Jahrhundertwende, wobei die Steilstrecken Baiersbronn–Freudenstadt Stadtbahnhof und Freudenstadt Stadtbf–Freudenstadt Hbf als Zahnradstrecken ausgeführt wurden. Erst als Mitte der zwanziger Jahre leistungsfähigere Loks zur Verfügung standen, konnte ab 1928 auf die Zahnstangen verzichtet werden. Dieser erste württembergische Abschnitt der Murgtalbahn wurde am 21. November 1901 seiner Bestimmung übergeben. In Baden stand damit einem Weiterbau bis zur Landesgrenze bei Schönmünzach nichts mehr im Wege. Die Genehmigung wurde schon im Jahre 1900 erteilt. Aber erst 1908 einigten sich das Königreich Württemberg und das Großherzogtum Baden auf eine durchgehende Murgtalverbindung. Das Teilstück Weisenbach–Forbach konnte 1910 vollendet werden, der Weiterbau bis Raumünzach zog sich bis in den 1. Weltkrieg und war bis 1915 abgeschlossen. Nach Kriegsende wurden die Bautätigkeiten von Raumünzach aus wieder aufgenommen. Der Zusammenschluß der Länderbahnen in der Deutschen Reichsbahn, eine damit verbundene Verlagerung der Prioritäten sowie die einsetzende Inflation brachten die Bauarbeiten 1923 zum Stillstand. Nach heftigen Protesten der Anliegergemeinden wurden 1926 die Bauarbeiten wieder aufgenommen. Am 13. Juli 1928 war schließlich nach sechzigjähriger Bauzeit die letzte Lücke geschlossen und endlich ein durchgehender Betrieb zwischen Rastatt und Freudenstadt möglich.
Auf der Murgtalbahn ist in naher Zukunft die Elektrifizierung des Abschnitts Rastatt–Forbach geplant, damit dieser Abschnitt mit den Zweisystem-Stadtbahnwagen der Albtalbahn bedient und ins Karlsruher S-Bahnnetz eingebunden werden kann (siehe auch Albtalbahn).

Streckenverlauf (Topographie)

Die alte Gäubahn (Stuttgart–) Eutingen–Freudenstadt (KBS 741)

Noch im Bahnhof Eutingen im Gäu schwenkt die Trasse der alten Gäubahn nach rechts ab, die Horber Strecke bleibt links zurück. Dazwischen befanden sich früher die Lokbehandlungsanlagen von Eutingen mit einer kleinen Drehscheibe und dem Lokschuppen (links). Kurze Zeit später kommt von links das Verbindungsgleis von der Horber Strecke heran, das einen direkten Übergang in bzw. aus Richtung Horb hat, ohne in Eutingen die Fahrtrichtung wechseln zu müssen. Gut erkennbar die ursprünglich bis Hochdorf zweigleisige Trassierung. Im Bahnhof Hochdorf (bei Horb) zweigt rechts die Nagoldtalbahn nach Pforzheim ab. Nach Durchqueren des Forstes Withau führt links ein nicht mehr benutztes Anschlußgleis zum Horber Industriegebiet beim Harterhof weg. Es folgt der aufgelassene Bahnhof Altheim-Rexingen, dann der Haltepunkt Bittelbronn, der Ort selbst schmiegt sich in eine Talmulde links unterhalb der Bahn, dahinter der 654 m hohe Hochberg. Zwischen Bittelbronn und Schopfloch durchquert die Bahn einen rund 1,5 km langen Streifen hohenzollerischen Gebietes. Vor Schopfloch (bei Freuden-

Oberhalb des aufgelassenen Bahnhofes Altheim-Rexingen verläuft die alte Gäubahn (KBS 741) auf einem hohen Damm auf Bittelbronn zu. Die Strecke ist fest in der Hand der Reihe 627.0, die meist als Solo-Triebwafgen unterwegs sind.

stadt) grüßt rechts der 718 m hohe Rödelsberg, der phantastische Ausblicke auf Schwarzwald und Schwäbische Alb bietet. Nach Ausfahrt aus dem Bahnhof geht es durch den tiefen Eckhalde-Einschnitt. Dämme und Einschnitte wechseln bis Dornstetten in schneller Folge. Links voraus bietet sich erstmals ein kurzer Ausblick auf das in der Ferne liegende Freudenstadt. Nach dem Bahnhof Dornstetten führen die Gleise

Beim Bau der Gäubahn waren im Abschnitt Eutingen–Freudenstadt (KBS 741) drei große Talbrücken erforderlich. Die größte Brücke ist der Kübelbachviadukt bei Dornstetten, den am 24. September 1998 gerade ein 627.0 vom Bh Tübingen überquert.

zunächst durch einen Felseinschnitt, bevor mit dem 279 m langen und 39 m hohen Kübelbach-Viadukt das erste der drei spektakulären Brückenbauwerke folgt. In Fahrtrichtung links liegt unten im Tal der Ortsteil Aach neben der Bundesstraße B 28. Gleich darauf führt die Strecke über den ebenfalls 279 m langen Stockerbach-Viadukt, auf den der ehemalige Haltepunkt Grüntal folgt. Vom Viadukt aus bietet sich links ein eindrucksvoller Blick auf Freudenstadt, rechts unten im Tal der Freudenstädter Ortsteil Grüntal. Vorbei am 666 m hohen Forchenkopf überquert die Bahnlinie den letzten großen Viadukt, den 159 m langen und 48 m hohen Ettenbach-Viadukt. Unten im Tal liegt malerisch der Ortsteil Wittlensweiler (links). Nach Unterqueren der Schwarzwaldtälerstraße (B 294) kommt von rechts die Murgtalbahn heran. Gemeinsam mit ihr unterfährt die alte Gäubahn die B 28, um in Freudenstadt Hbf zu enden.

Die Kinzigtalbahn Freudenstadt–Hausach (KBS 721)

In westlicher Richtung führt die Strecke aus Freudenstadt Hbf und passiert in Fahrtrichtung rechts die Reste des ehemaligen Bahnbetriebswerks. Am Ende einer weiten Linkskurve verschwinden die Gleise in einem kurzen Einschnitt, anschließend wird links der weitläufige Golfplatz von Freudenstadt passiert. Dann tritt die Bahnlinie in dichte Tannenwälder ein. Auf dem 212 m langen Lauterbad-Viadukt wird rechts der gleichnamige Weiler passiert. Weiter durch dichten Tannenwald überquert die Trasse die hier großzügig ausgebaute B 294. Wenig später ist der schmucke Bahnhof von Loßburg-Rodt erreicht. Mit Passieren des nun folgenden Loßburger Tunnels (380 m) beginnt der Abstieg ins Kinzigtal. Nach erneutem Überqueren der B 294 verläuft die Strecke in stetigem Gefälle hoch am linken Talrand meist im Wald. Auf den 371 m langen Schwenkenhardt-Tunnel folgt der

In Alpirsbach führt die Kinzigtalbahn Freudenstadt–Hausach (KBS 721) direkt an der bis ins Jahr 1099 zurückgehenden Klosteranlage vorbei. Am 15. August 1998 passiert 627 001 das malerische Ensemble, das von der Klosterkirche St. Nikolaus dominiert wird.

Ein bekannter Fotostandpunkt ist die Kinzigbrücke zwischen Alpirsbach und Schenkenzell. Bis 1974 fuhren hier die letzten P 8 der DB, ein Vierteljahrhundert später, im August 1998, rollt ein verkehrsroter 627.0 über die nach wie vor reizvolle Brücke.

ehemalige Haltepunkt Ehlenbogen. Einzelne Ausblicke ins romantische Tal sind rechterhand möglich. Kurz vor Alpirsbach wechselt die Strecke auf die rechte Seite der Kinzig und verschwindet anschließend im 90 m langen Farbmühle-Tunnel. Vor Erreichen des Bahnhofs Alpirsbach führt die Bahn unmittelbar an den Klosteranlagen vorbei, anschließend an der bekannten Brauerei »Alpirsbacher Klosterbräu« (in Fahrtrichtung rechts). Bis zum Bahnhof Schenkenzell folgen im engen, zum Teil felsigen Tal vier Kinzigüberbrückungen und dazwischen kurz hintereinander Dais-Tunnel (58 m) und Stock-Tunnel (78 m). Hinter dem Bahnhof wird abermals die B 294 gequert, linkerhand sind die Reste der Ruine Schenkenburg zwischen den Bäumen zu erkennen. Der windungsreiche Flußlauf wird durch den 100 m langen Schenkenburg-Tunnel und zweimaliges Wechseln über die Kinzig abgekürzt, bis das verträumte Städtchen Schiltach mit seinem ortsnahen Haltepunkt Schiltach Mitte erreicht ist. Nach Durchfahren des 117 m langen Schiltacher Tunnels erinnert links die Kinzigbrücke mit einer Schienenbus-Garnitur an die ehemalige Strecke nach Schramberg, bevor die Bahn im Bahnhof Schiltach angelangt ist. Weiter dem Lauf der Kinzig folgend (links) führt die Trasse am ehemaligen Haltepunkt St. Roman vorbei durch den kurzen Tunnel bei der Schmelze (87 m), mit dem ein Felsvorsprung durchquert wird. Hinter der Tunnelausfahrt wechselt die Strecke zum letzten Mal über die Kinzig. Schöne Schwarzwaldhöfe an den Talhängen säumen die Bahnlinie. Die Kinzig links meist in Sichtweite, strebt die Bahn über Halbmeil der Gemeinde Wolfach zu. Links oberhalb der Bahn läßt sich im Wald die Wallfahrtskirche St. Jakob erkennen. Mit Passieren des 285 m langen Wolfacher Tunnels ist der Bahnhof Wolfach erreicht. Ein kurzer Ausblick in das unverfälschte, schwarzwaldtypische Kirnbachtal ist am aufgelassenen Haltepunkt Kirnbach möglich. Kurz vor dem Endbahnhof Hausach überbrückt die Kinzigtalbahn die Gutach und trifft sich im Bahnhofsvorfeld mit der von links herankommenden badischen Schwarzwaldbahn.

Die Murgtalbahn Rastatt–Freudenstadt (KBS 716) ist heute die wichtigste der drei nach Freudenstadt führenden Linien. Den durchgehenden Verkehr auf der Strecke versehen Wendezuggarnituren mit BR 218. Im Herbst 1998 rollt 218 220 mit modernisierten Silberlingen durch Röt.

Die Murgtalbahn Freudenstadt–Rastatt (KBS 716)

Nach der Ausfahrt aus Freudenstadt Hbf und der Unterfahrung der Bundesstraße B 28 entschwindet rechts die alte Gäubahn nach Eutingen. Die Murgtalbahn nimmt unverzüglich die starke, früher mit Zahnstange versehene Steigung (1:22) zum Stadtbahnhof von Freudenstadt in Angriff. Halbkreisförmig führt die Steigungsstrecke um Freudenstadt herum, kurz vor dem Stadtbahnhof rechts der Friedhof. Nach dem

Von Rastatt bis Baiersbronn ist die Murgtalbahn als »normale« Eisenbahn trassiert, so daß hier auch nicht-steilstreckentaugliche Fahrzeuge verkehren können. Die Ulmer Eisenbahnfreunde nutzen dies für regelmäßige Dampfzugfahrten mit der bad. G 8 58 311, die im Frühjahr 1998 bei Röt bergwärts stampft. Foto: C. Honzera

Jahrhundertelang war der Holzhandel der wichtigste Wirtschaftszweig des Murgtales. Noch heute säumen Holz- und Sägewerke das Tal. Am 24. September 1998 rollt ein RegionalExpreß mit einer 218 bei Schwarzenberg am dortigen Sägewerk vorbei.

Scheitelpunkt im Stadtbahnhof (höchster Punkt der Murgtalbahn) geht es mit starkem Gefälle (1:20, 50 ‰) hinunter nach Baiersbronn. Auch in diesem Abschnitt lag früher die Zahnstange. Gleich hinter Freudenstadt verschwindet die Trasse im dichten Tannenwald, überquert dort den 108 m langen Christophsthal-Viadukt und kreuzt wenig später die Bundesstraße B 462, die bis Baiersbronn rechts die Bahn begleitet. Vorbei an den aufgelassenen Haltepunkten Friedrichstal Eisenwerk und Friedrichstal endet die Steilstrecke im Bahnhof Baiersbronn.

Ab hier verläuft die Bahn im namensgebenden Murgtal, die Murg zunächst in Fahrtrichtung links. Ebenfalls links dominiert über dem Ortsteil Tonbach der 760 m hohe Rinkenkopf mit seinem Aussichtsturm. Hinter Klosterreichenbach wechselt die Strecke zum ersten Mal über den Fluß. Beim Bahnhof Röt lohnt links ein Blick auf den malerisch am Hang drapierten Ort mit seiner Kirche. Bis zur nächsten Murgbrücke führt die Strecke durch den Tannenwald am linken Talrand, nur unterbrochen von einem Sägewerk (rechts). Nach der Murgquerung und der Kreuzung mit der B 462 folgt der Haltepunkt Huzenbach. Mit dem 215 m langen Mähderbuckel wird vor Schwarzenberg eine Flußschleife durch den Berg abgekürzt. Nach dem Bahnhof zeugen links die großen Anlagen eines Sägewerks von der im Murgtal dominierenden Holzwirtschaft. Hinter Schönmünzach führt die Strecke durch unberührten Schwarzwald am rechten Rand des nun engen Tales weiter, das felszerklüftete Flußbett der Murg links unterhalb der Bahn. Beim aufgelassenen Haltepunkt Kirchbaumwasen zeugt das Stauwehr von der Nähe des Murgkraftwerks. Es folgt der 104 m lange Spielrain-Tunnel, anschließend ein Steinbogenviadukt über die Murg und der ehemalige Bahnhof Raumünzach. Weiter führt die Bahn durch einsame Waldlandschaft zum 364 m langen Hauler Tunnel, um gleich darauf auf einer Stahlfachbrücke

die Murg ein weiteres Mal zu queren. Links fällt der Blick auf die Anlagen des Murg-Schwarzenbach-Kraftwerks mit seinem Staubecken, danach kommen die im Tal und am gegenüberliegen Hang Häuser von Forbach in Sicht.
Unmittelbar nach der Ausfahrt aus dem Bahnhof Forbach-Gausbach verschwindet die Trasse im 180 m langen Gausbach-Tunnel, um den alten Ortskern von Gausbach zu unterfahren. Nach der Tunnelausfahrt drängen sich rechts am Talhang die weiteren Häuser von Gausbach. Unmittelbar darauf führen die Schienen durch den 177 m langen Hacken-Tunnel und gleich hinterher durch den 95 m langen Rappen-Tunnel und den 355 m langen Stiehl-Tunnel. Mit dem 183 m langen und 27 m hohen Tennenbach-Viadukt, halbkreisförmig mit acht Steinbögen, folgt das interessanteste Brückenbauwerk. Links unten im Tal mäandert die Murg, an ihrem rechten Ufer die Anlagen der Papierfabrik Holtzmann mit ihrem stillgelegten Anschlußgleis. Vor dem Bahnhof Langenbrand-Bermersbach, in dem links das Anschlußgleis abzweigt, wird noch der 160 m lange Brach-Tunnel durchfahren. Sofort nach Ausfahrt aus dem Bahnhof folgt eine 150 m lange und 25 hohe Stahlfachwerkbrücke über die Murg. Auf der linken Seite des hier überaus engen Tals muß die Bahn hintereinander in den 158 m langen Hardtunnel und den 215 langen Füllen-Tunnel ausweichen. Hinter der aufgelassenen Station Au (Murgtal) erkennt man links oben die Häuser des gleichnamigen Dorfes. Auf der 66 m langen Weisenbachbrücke wird vor Weisenbach ein letztes Mal die Murg überbrückt. Am Bahnhof führt links ein ebenfalls stillgelegtes Anschlußgleis zu einem weiteren Werk der Papierfabrik Holtzmann. Im sich weitenden Tal ist die Murg nun durch die B 462 von der Bahnlinie getrennt. Nach dem Bahnhof Hilpertsau-Obertsrot kommt links Schloß Eberstein ins Blickfeld, das

Hier hängt bald der Fahrdraht – das Karlsruher S-Bahnnetz wird in wenigen Jahren bis Forbach-Gausbach reichen, die Formsignale werden dann vermutlich verschwinden. Im September 1998 ist davon allerdings noch nichts zu sehen, als 218 394 den Bahnhof verläßt.

hoch oben auf einem Felsvorsprung am rebenbekränzten Talhang thront. Über den Haltepunkt Obertsrot erreicht die Bahn Gernsbach. Die jetzt dicht an dicht folgenden Orte haben den ganzen Talraum okkupiert, im Hintergrund grüßt links der 670 m hohe Baden-Badener Hausberg Merkur mit seinem Turm. Nach der Station Hörden-Ottenau werden beim Haltepunkt Gaggenau Daimler-Benz-Werk die Werksanlagen des größten Gaggenauer Arbeitgebers passiert. Links kann das erhöht gelegene Schlößchen Amalienburg erspäht werden, bevor der Bahnhof Gaggenau mit seinem bunt bemalten Empfangsgebäude (links) in Sicht kommt. Rechts säumen anschließend Gartenbaubetriebe die Strecke. Bei Bad Rotenfels steht links über der Murg das Schlößchen Rotenfels. Durch Wiesen führen Bahn und Murg (links) auf Bischweier (Baden) zu. Hinter dem Bahnhof wird die B 462 unterfahren, um über Kuppenheim nach Rastatt zu gelangen.

Allg. Reiseziele

Eutingen–Freudenstadt (KBS 741)–Hausach (KBS 721)

Eutingen im Gäu siehe Band 1, Kap. 2.2

Dornstetten
Das altertümliche, zum Teil noch ummauerte Städtchen Dornstetten thront hoch über dem Glattal und ist mit seiner Altstadt immer einen Aufenthalt wert. Der von Fachwerkbauten umrahmte Marktplatz mit dem schönen Brunnen, das Heimatmuseum sowie die Martinskirche aus dem 15. Jahrhundert laden zum Verweilen ein. Das älteste erhaltene Gasthaus des Nordschwarzwalds, ein massiver Fachwerkbau aus dem 16. Jahrhundert, kann im Stadtteil Aach bewundert werden.

Freudenstadt
Die Kurstadt Freudenstadt gehört im Nordschwarzwald zu den meistfrequentierten Zielen im Ausflugs- und Fremdenverkehr. Städtebaulich bemerkenswert ist die regelmäßige, vierzeilige Stadtanlage, die von dem herzoglich-württembergischen Baumeister Schickhardt zu Beginn des 17. Jahrhunderts entworfen wurde. Obwohl der alte Stadtkern gegen Ende des 2. Weltkriegs fast vollständig zerstört worden war, erinnert heute nach vorbildlichem Wiederaufbau (1949–1954) in historischen Bauformen nichts mehr an die Wunden des Krieges. Mittelpunkt bildet der bekannte 4,5 ha große Marktplatz, der von Häuserzeilen mit Laubengängen umrahmt ist. Daneben sind als besonderes Kleinod der Vierröhrenbrunnen auf dem Marktplatz sowie die evangelische Stadtkirche in der Südecke erwähnenswert. Inmitten des Marktplatzes finden heimatgeschichtlich Interessierte das Stadthaus mit dem Heimatmuseum. Eine weitere sehenswerte Kirche ist die 1930 erbaute katholische Taborkirche mit eindrucksvoller Freskenmalerei im Innenraum. Kur- und Badewütige können ihre Bedürfnisse im Kurhaus, kleinen Kurgarten, Kurmittelhaus sowie im attraktiven Panoramabad befriedigen. Beliebte Ausflugsziele sind das Bärenschlößle mit seinem großen Wildgehege und der 809 m hohe Kienberg mit der Friedrichshöhe. Dort bietet sich vom Herzog-Friedrich-Turm südwärts ein schöner Ausblick zur Schwäbischen Alb.

Loßburg-Rodt
Der ländlich geprägte Luftkurort Loßburg kann aufgrund seiner Hochflächenlage als Ausgangspunkt vieler bequemer Wanderungen dienen. Das kleine Schwarzwaldmuseum mit seiner Küferwerkstatt aus dem 18. Jahrhundert, der kleinen Uhrensammlung sowie einer Ausstellung festlicher Loß-

burger Trachten läßt das »Schwarzwaldidyll« vergangener Zeiten wiederaufleben. Das markanteste Bauwerk ist die evangelische Jakobskirche mit ihrem im Spätmittelalter erbauten Turm.

Alpirsbach

Dominierend erhebt sich in der Ortsmitte das ehemalige Kloster Alpirsbach mit seiner Klosterkirche St. Nikolaus, deren Ursprünge bereits aus dem Jahr 1099 datieren. Die weltbekannte Klosterbrauerei hat auch heute noch erhebliche wirtschaftliche Bedeutung für den Ort Alpirsbach. Sehenswert sind weiterhin das Rathaus mit seinen Renaissancearkaden (ehemalige Fruchtschranne des Klosteramts, 1566), der Fachwerkbau des stadthistorischen Museums (Kameralamt des Klosters, 1698), der Zierfachwerkbau »Schlößle« (1708) sowie der spätromanische Wohnturm (Rest einer Wasserburg aus dem 13. Jahrhundert) inmitten der modernen Brauereianlagen.
Auch die früher von den Mönchen des Benediktinerordens gepflegte Glasbläserkunst läßt sich heute in Alpirsbach wieder live erleben.

Schenkenzell

Eine sehenswerte barocke Pfarrkirche liegt in Schenkenzell, deren Ausstattung zum Teil aus dem ehemaligen Kloster Oberndorf stammt. Rund 1 km kinzigabwärts thront die Ruine Schenkenburg auf einem 391 m hohen Berg. Die Burg wurde im 16. Jahrhundert zerstört, erhalten sind noch Bergfried, Zwinger und der mehrgeschossige romanische Palas.

Schiltach

Über Jahrhunderte lang im württembergischen Besitz gehört das malerische Städtchen seit 1810 zu Baden. Ungewöhnlich ist der dreieckig ansteigende Marktplatz mit seinen herausgeputzten Fachwerk- und Zinngiebelhäusern, dem schönen Marktbrunnen und dem Rathaus mit seinen bemalten Wänden. Das Museum am Markt sowie das Apothekermuseum in der alten Rathausapotheke erinnern an alte Zeiten. Von dem vergangenen Wirtschaftsfaktor Gerberei verkündet das schön renovierte Gerberviertel. Der gesamte alte Stadtkern steht heute unter Ensemble-Denkmalschutz.

Wolfach

Der beliebte malerische Fremdenverkehrsort Wolfach war früher Zentrum der Kinzigflößerei, des Holzhandels und des Bergbaus. Das reichbestückte Heimatmuseum im Schloß des fürstenbergischen Landgrafen bietet dem Besucher eine Reise in diese Vergangenheit. Das 1681 erbaute Schloß ist einer der wenigen vollständig erhaltenen Residenzen im Schwarzwald aus jener Zeit. Mehr als einen Blick lohnen auch die Wandmalereien an der Sandsteinfassade des Rathauses sowie die spätgotische Laurentiuskirche mit ihrem schönen Netzgewölbe.
Zur Feier des alljährlichen Flößerfestes werden im Sommer am östlichen Stadtausgang Langholzflöße zusammengebunden. Fluß- und Schwerspat werden noch heute in der bei Oberwolfach gelegenen Grube Clara abgebaut. Dort lohnt ein Besuch des Mineralien- und Bergbaumuseums im historischen Hofbauernhaus. Eine der letzten Glashütten im Schwarzwald, die Wolfacher Dorotheenhütte mit Glasmuseum und Glaskunstausstellung, kann täglich mit laufendem Betrieb besichtigt werden. Als einer der Brennpunkte der alemannischen Fastnacht haben die Narren vom Dreikönigstag bis Aschermittwoch Wolfach voll im Griff.

Hausach

siehe Band 1, Kap. 5.2

Murgtalbahn Freudenstadt–Rastatt (KBS 716)

Baiersbronn
Mit ihrer 19.000 ha großen Gemarkung hält die Großgemeinde Baiersbronn heute den Spitzenplatz in Baden-Württemberg. Baiersbronn ist einer der meist frequentierten Luftkurorte im Schwarzwald und verfügt deswegen über diverse Kur- und Freizeiteinrichtungen sowie eine leistungsfähige Gastronomie.

Klosterreichenbach
Die romanische Klosterkirche des im Jahre 1082 gegründeten Benediktinerklosters wurde zwar im Laufe der Jahrhunderte mehrfach umgestaltet, ist aber dennoch für Kunsthistoriker interessant. Von den ehemaligen Klosterbauten haben sich das Badhaus und ein Klosterturm in die heutige Zeit gerettet. Musestunden kann man im als Kurpark genutzten alten Klostergarten verbringen.

Röt, Huzenbach, Schwarzenbach, Schönmünzach
Spuren des mittelalterlichen Bergbaus lassen sich noch in diesen Ortsteilen von Baiersbronn finden. Von Huzenbach aus lohnt sich eine kleine Wanderung zum idyllisch gelegenen kleinen Huzenbacher Stausee hinauf. Der alte Glasmacher- und Flößerort Schönmünzach ist heute Ziel begeisterter Anhänger von Kneippkuren.

Forbach-Gausbach
Mehr als nur einen Blick wert sind die Weichbilder der aneindergrenzenden Gemeinden Forbach und Gausbach. Überaus fotogen ist die 1778 fertiggestellte Forbacher Murgbrücke, eine überdachte und freitragende Holzbrücke. Sie ist eine der größten ihrer Art in Europa. Eine technische Meisterleistung aus dem Jahr 1926 ist das auf Forbacher Gemarkung liegende Wasserkraftwerk mit seinen gewaltigen Turbinen, dem durch mächtige Druckrohre Wasser vom Schwarzenbach-Stausee und dem Stauwehr am Kirschbaumwasen zugeführt wird. Das Kraftwerk beherbergt ein informatives Elektromuseum.

Langenbrand-Bermersbach
Im Forbacher Ortsteil Bermersbach ist das beachtenswerte Murgtäler Dorf- und Heimatmuseum zu finden. Mit der Papierfabrik im Ortsteil Langenbrand ist der Beginn der Industrieansiedlungen im unteren Murgtal erreicht.

Obertsrot
Obertsrot wird von Schloß Eberstein überragt, das auf einem Felsvorsprung hoch über dem Murgtal thront. Die im 13. Jahrhundert erbaute Burg ist heute Weingut und zweiter Wohnsitz des Markgrafen von Baden. Das Innere ist normalerweise nicht zugänglich, der prächtige Ausblick vom Terassenrestaurant lohnt aber allemal einen Besuch.

Gernsbach
Vom lukrativen Schwarzwälder Holzhandel vergangener Jahrhunderte zeugt das als Luftkurort gern aufgesuchte Städtchen Gernsbach. Überragt von der evangelischen Jakobskirche in der Unterstadt und der katholischen Liebfrauenkirche auf dem höchsten Punkt der Stadt steigt diese am linken Murgufer terassenförmig an. Auf halber Höhe liegt der Marktplatz mit dem auffallenden roten Sandsteinbau des Alten Rathauses. In den umliegenden Gassen kann man viele alte Fachwerkhäuser und hübsche Brunnen entdecken. Dabei sollte auch nicht der Storchenturm mit seinem Fachwerkaufbau als Teil der alten Stadtbefestigung (13. Jahrhundert) vergessen werden.

Gaggenau
Wirtschaftlicher Mittelpunkt des Murgtals ist die große Kreisstadt Gaggenau, die sich heute mit dem Flair einer modernen Einkaufsstadt präsentiert. Die Industrieansiedlungen mit Daimler-Benz als größtem Industriebetrieb stören das Gesamtbild der Stadt nur unwesentlich.

Bad Rotenfels
Im Gaggenauer Ortsteil Bad Rotenfels sind die Barockkirche aus dem 18. Jhdt. sowie das westlich der Murg gelegene Schlößchen Rotenfels (Privatbesitz) sehenswert. Gesundheitsapostel werden das Kurgebiet mit dem modernen Thermal-Mineralbad »Rotherma« bevorzugen, das aus einer Natriumchlorid-Thermalquelle gespeist wird.

Bischweier (Baden) und Kuppenheim
Lohnenswert ist die Rast im alten Städtchen Kuppenheim. Nicht versäumt werden sollte ein Besuch im nahegelegenen Lustschloß Favorite der Markgräfin Sibylla Augusta, erbaut in den Jahren 1710 bis 1714. Im Sommer werden hier festliche Konzerte veranstaltet. Das Innere kann besichtigt werden, ist kostbar und zum Teil kurios ausgestattet. Erwähnenswert sind das Spiegelkabinett mit 358 Spiegeln und 72 Pergamentbildern, der achteckige Festsaal sowie das Florentinerzimmer. Zum Lustwandeln laden der als Landschaftsgarten gestaltete weitläufige Schloßpark ein.

Rastatt
Im Rückblick muß man heute feststellen, daß 1689 dem damaligen Marktflecken Rastatt nichts besseres passieren konnte, als vollständig durch die Franzosen niedergebrannt zu werden. Denn wie ein Phönix aus der Asche entstand wenige Jahre später die uns heute geläufige Residenzstadt von überraschender Großzügigkeit. Die ab 1699 in nur sieben Jahren erbaute Barockresidenz des Markgrafen Ludwig Wilhelm ist die früheste und genaueste Nachbildung von Versailles und–nach Mannheim–das größte Barockschloß im Südwesten Deutschlands. Im Innern des Schlosses finden sich hervorragende Stuckdekorationen und Fresken italienischer Künstler, hervorzuheben ist das Deckengemälde im Ahnensaal. Deutsche Wehrkunde vom Mittelalter bis in die Gegenwart kann im Wehrgeschichtlichen Museum erfahren werden, das sich im Erdgeschoß des Schlosses befindet. Ebenfalls hier untergebracht ist das Freiheitsmuseum, die Erinnerungsstätte für die Freiheitsbewegungen in der deutschen Geschichte. Die Schloßkirche (1719–1721) besticht in ihrem Innern durch ihre üppige barocke Ausstattung. Den städtebaulichen Gegenpol zum Schloß bildet der langgestreckte Marktplatz, der an den Schmalseiten durch das Rathaus von 1750 und die katholische Stadtkirche St. Alexander (1756–1764) mit ihrem stattlichen Hochaltar im Innern begrenzt wird. Auf dem Marktplatz fallen zwei große rote Sandsteinbrunnen ins Auge, der Alexius-Brunnen von 1737/38 und der Johann-Nepomuk-Brunnen von 1734. Hinter der Kirche steht der sehenswerte Markgraf-Bernhard-Brunnen (1770–1776). Die katholische St. Bernhardus-Kirche gilt als ältester Sakralbau der Stadt, ihr Chor geht noch ins gotische Mittelalter zurück. Die evangelische Stadtkirche ist die Klosterkirche des ehemaligen Franziskanerklosters. Die Klostergebäude beherbergen heute eine Schule. An barocken Profanbauten sind noch das Rossihaus und das Vogelsche Haus vorhanden. In letzterem ist das Stadtarchiv und Heimatmuseum untergebracht, u.a. wird die Geschichte der badischen Revolution von 1848/49 dokumentiert. Neben dem hoch aufragenden Wasserturm (um 1900) befindet sich die sogenannte Pagodenburg von 1722 (Tee-

haus), ein Nachbau des in München im Nymphenburger Schloßpark von 1716 bis 1719 errichteten Originals. Gleich daneben steht die Kapelle Maria Einsiedeln von 1715 mit ihren schweren barocken Formen. Von der ehemaligen Bundesfestung sind noch das Karlsruher und das Kehler Tor übrig geblieben.

Reiseziele für Eisenbahnfreunde

- Im ehemaligen Bahnhof Altheim-Rexingen betreibt ein Privatmann eine Feldbahn mit Dampfloks.
- In Schiltach erinnert auf der Kinzigbrücke an der ehemaligen Nebenbahn nach Schramberg die Schienenbusgarnitur 798 726 / 996 297 / 996 742 an bessere Zeiten.

Fototips

Eutingen–Freudenstadt (KBS 741) –Hausach (KBS 721)

- Verbindungskurve am alten Bahnhof Eutingen
- zwischen Eutingen und Hochdorf
- Bahnhof Hochdorf mit Flügelsignalen
- Ortsansicht von Bittelbronn
- Eckhalde-Einschnitt beim Bf Schopfloch
- Freudenstädter Viadukte
- Ausfahrt aus Freudenstadt Hbf Richtung Eutingen von der Straßenbrücke
- Viadukt bei Lauterbad
- Südausfahrt Loßburger Tunnel
- um Ehlenbogen
- Kloster Alpirsbach
- Bahnwärterhaus, Kinzigbrücke und Südausfahrt des Stock-Tunnel bei Schenkenzell
- Ruine Schenkenburg
- Stadtansicht Schiltach
- zwischen Halbmeil und Wolfach
- um Kirnbach

Murgtalbahn Freudenstadt–Rastatt (KBS 716)

- Stadtbahnhof Freudenstadt
- Steilstrecke Baiersbronn–Freudenstadt Stadt vor dem Einfahrtsignal Freudenstadt
- Bahnhof Baiersbronn
- Rund um Röt
- Bahnhof Schwarzenbach und Sägewerk
- Murgbrücke (Steingewölbe) bei Raumünzach
- Murgbrücke (Kasten–Stahlfachwerk) bei Forbach
- Kirche bei Forbach
- Bahnhof Forbach-Gausbach mit Formsignalen
- Tunnelausfahrten Gausbacher Tunnel (auch mit Kirche) und Hackentunnel bei Gausbach
- Nordausfahrt Rappentunnel bei Gausbach
- bogenförmiger Tennetschlucht-Viadukt bei Gausbach
- Murgbrücke bei Langenbrand (Kasten–Stahlfachwerk)
- Murgbrücke bei Weisenbach
- Bahnhof Weisenbach und Umgebung
- Bahnhof Hilpertsau-Obertsrot mit Schloß Eberstein

Spurensuche

- unvollendete Nebenbahn Dornstetten–Pfalzgrafenweiler
- Nebenbahn Schiltach–Schramberg (stillgelegt und abgebaut)

Bahnbetrieb

Zwischen Eutingen und Freudenstadt teilen sich Tübinger 627.0 sowie selten Karlsruher 218 mit Wendezügen und 628.2 das nicht allzu üppige Angebot. Im Kinzigtal zwischen Freudenstadt und Hausach sind fast ausschließlich die Triebwagen der BR 627.0 zu finden. Einen Farbtupfer in das doch recht eintönige Betriebsgeschehen bringt hier der einmal am Tag verkehrende, mit 218 bespannte InterRegio »Murgtal«, der durchs Murgtal nach Freudenstadt und weiter nach Alpirsbach verkehrt. (IR Murgtal soll zum Fahrplanwechsel eingestellt werden)
Die Murgtalbahn ist auch sonst eine Domäne der BR 218 im Wendezugbetrieb, die Loks sind in Fahrtrichtung Freudenstadt am Zug. Mit einzelnen Zügen können auf (Teil-) abschnitten Triebwagen (627.0 und 628.2) gesichtet werden.

Bahn-Angebotsdichte

Zugart	Abschnitt	Angebot	Zwischenhalte
RE/RB	Eutingen–Freudenstadt	2-stündlich	alle Bahnhöfe
RE	Freudenstadt–Hausach	2-stündlich mit Verdichtungen	alle Bahnhöfe
RE/RB	Freudenstadt–Rastatt	annähernd stündlich	i.d.R. alle Bahnhöfe

Adressen

Fremdenverkehrsverband Schwarzwald e.V., Bertoldstr. 45, 79098 Freiburg im Breisgau, Tel. (07 61) 3 13 17, Fax (07 61) 3 60 21
Gebietsgemeinschaft Nördlicher Schwarzwald e.V., Postfach 666, 75106 Pforzheim, Tel. (0 72 31) 1 79 29, Fax (0 72 31) 35 76 91
Alpirsbach: Kurverwaltung Alpirsbach, 72275 Alpirsbach, Tel. 0 74 44) 61 42 81, Fax (0 74 44) 61 42 83
Baiersbronn: Kurverwaltung Baiersbronn, 72270 Baiersbronn, Tel. (0 74 42) 84 14 14, Fax (0 74 42) 84 14 48
Dornstetten: Verkehrsamt Dornstetten, 72280 Dornstetten, Tel. (0 74 43) 96 20 30, Fax (0 74 43) 96 20 96
Forbach: Kurverwaltung Forbach, 76596 Forbach, Tel. (0 72 28) 23 40, Fax (0 72 28) 29 97
Freudenstadt: Kongresse-Touristik-Kur, 72250 Freudenstadt, Tel. (0 74 41) 86 40, Fax (0 74 41) 8 51 76
Gernsbach: Verkehrsamt Gernsbach, Igelbachstr. 11, 76593 Gernsbach, Tel. (0 72 24) 6 44 44, Fax (0 72 24) 6 44 77
Hausach: Verkehrsamt Hausach, Hauptstr. 40, 77756 Hausach, Tel. (0 78 31) 7 90, Fax (0 78 31) 79 56
Loßburg: Tourist-Information, Hauptstr. 46, 72290 Loßburg, Tel. (0 74 46) 95 06-0, Fax (0 74 46) 95 06 14
Rastatt: Stadtinformation, 76437 Rastatt, Tel. (0 72 22) 97 24 62, Fax (0 72 22) 97 21 08
Schenkenzell, Kurverwaltung Schenkenzell, 77773 Schenkenzell, Tel. (0 78 36) 93 97 51, Fax (0 78 36) 93 97 50
Schiltach,: Verkehrsamt Schiltach, 77761 Schiltach, Tel. (0 78 36) 58 50, Fax (0 78 36) 58 58
Wolfach, Kur- und Verkehrsamt Wolfach, 77709 Wolfach, Tel. (0 78 34) 9 75 34, Fax (0 78 34) 9 75 36

2.2 Die Enzbahn Pforzheim–Bad Wildbad (KBS 775) und die Nagoldtalbahn Pforzheim–Horb (KBS 774)

Streckengeschichte

Die Enzbahn (KBS 775)

Wildbad war bereits im 19. Jahrhundert ein beliebter Badeort vor allem in höfischen Kreisen. Daher strebte man schon früh eine Bahn zum »württembergischen Baden-Baden« an. Da ein möglicher Schienenanschluß nur über Pforzheim erfolgen konnte, dieses aber zu Baden gehörte, war ein Staatsvertrag zwischen Württemberg und Baden notwendig, um überhaupt eine Bahn bauen zu können. Nach mehreren Anläufen kam es am 18. Februar 1865 zum entscheidenden Staatsvertrag mit Baden, der Württemberg Bau und Betrieb der Enzbahn von Pforzheim nach Wildbad sowie der Nagoldtalbahn von Pforzheim nach Calw gestattete. Mit Verabschiedung des Eisenbahngesetzes vom 13. August 1865 waren auch in Württemberg die Grundlagen geschaffen, diese Bahnen zu bauen. Der Bau der Enzbahn wurde daraufhin zügig aufgenommen. Wenn auch der Krieg von 1866 die Bauarbeiten verzögerte, konnte die Enzbahn doch als erste Eisenbahn im Nordschwarzwald am 11. Juni 1868 feierlich eröffnet werden. Eine bis zur Inbetriebnahme der Nagoldtalbahn nach Calw (1874) währende Besonderheit soll nicht unerwähnt bleiben. Sechs Jahre lang mußte der Betrieb auf der Enzbahn völlig isoliert vom württembergischen Eisenbahnnetz erfolgen, da ein Austausch von Lokomotiven und Wagen nur über die badische Strecke Pforzheim–Mühlacker möglich war.

Die Nagoldtalbahn (KBS 774)

Grundlage für den Bau der Nagoldtalbahn waren, wie im vorigen Abschnitt erwähnt, der vom 18. Februar 1865 datierende Staatsvertrag mit Baden sowie das Eisenbahngesetz vom 13. August 1865. Priorität genoß jedoch laut Staatsvertrag zunächst der Bau der Enzbahn. Erst mit dem Gesetz vom 16. März 1868 wurde definitiv der Bau der Nagoldtalbahn mit ihren beiden Teilstücken Brötzingen–Calw und Nagold–Hochdorf–Eutingen–Horb beschlossen. Der Mittelabschnitt Calw–Nagold wurde ursprünglich zur Württembergischen Schwarzwaldbahn Zuffenhausen–Weil der Stadt–Calw gerechnet, deren Bau schon durch das Gesetz vom 13. August 1865 beschlossen worden war. Ab 1865 wurde an der Württembergischen Schwarzwaldbahn gebaut, Ende 1869 war Weil der Stadt erreicht. Die aufwendige Trassierung zwischen Weil der Stadt und Calw sowie der deutsch-französische Krieg 1870/71 ließen den weiteren Bahnbau nur langsam vorankommen, so daß der Abschnitt Weil der Stadt–Calw–Nagold erst am 20. Juni 1872 seiner Bestimmung übegeben werden konnte. Knapp zwei Jahre später wurden am 1. Juni 1874 zeitgleich die fehlenden Teilstücke Brötzingen–Calw und Nagold–Horb eröffnet. Damit war auch das Inseldasein der Enzbahn beendet.

Streckenverlauf (Topographie)

Enzbahn (KBS 775)

Kurz hinter Pforzheim Hbf verlassen die Gleise der Enz- und Nagoldtalbahn die Hauptbahn Richtung Karlsruhe, die rechts nach Norden abschwenkt. Bis Brötzingen geht es zweigleisig vorbei an zum Teil sehenswerten alten Bürgerhäusern (in Fahrtrichtung rechts), wobei das rechte Gleis der Enzbahn und das linke der Nagoldtalbahn dient. Gleich nach dem Bahnhof Brötzingen schwenkt die Trasse der Nagoldtalbahn nach links ab. Bis Birkenfeld ist das Enztal dicht besiedelt, die Strecke folgt der rechts sichtbaren B 294. Hinter Birkenfeld wechselt die B 294 auf die linke Seite, dahinter der Flußlauf der Enz. Nach dem Bahnhof Neuenbürg überquert die Bahn die Enz und fährt in den 134 m langen Schloßbergtunnel ein, um die Neuenbürger Enzschleife abzukürzen. Gleich nach der Tunnelausfahrt folgt der Haltepunkt Neuenbürg Süd und kurz darauf wird erneut die Enz überquert, die nun bis Calmbach auf der linken Seite im Blickfeld bleibt. Beim ehemaligen Bahnhof Rotenbach fällt links ein altes Wasserrad ins Blickfeld. Bei Höfen wird rechts der 668 m hohe Eiberg passiert, kurz danach folgt links der 717 m hohe Hengst-Berg. Nach Calmbach, dem Zusammenfluß von Großer und Kleiner Enz, folgt die Trasse dem Tal der Großen Enz bis Bad Wildbad. Die Bahn verläuft am rechten Talrand, parallel zur Straße nach Wildbad (links). Bald ist der imposante Bahnhof von Bad Wildbad erreicht, der in alten Zeiten auch als der eleganteste Bahnhof Württembergs bezeichnet wurde.

Nagoldtalbahn (KBS 774)

Hinter dem Bahnhof Brötzingen bleibt die Enzbahn rechts zurück, die Trasse der Nagoldtalbahn überbrückt die Enz und führt durch den 406 m langen Brötzinger Tunnel ins tiefeingeschnittene, waldumrahmte Nagoldtal. Die Flußschleife beim Pforzheimer Stadtteil Dillweißenstein wird durch den 371 m langen Weißensteiner Tunnel abgekürzt. Bald darauf folgt der 561 m lange Zelgenberg-Tunnel. Nach Passieren des Bahnhofs Unterreichenbach wechselt die Bahn auf die andere Uferseite der Nagold, welche die Strecke nun links bis Calw begleitet. Nach dem Bedarfshalt Monbach-Neuhausen kommt bald darauf rechts Bad Liebenzell mit der das Städtchen überra-

Die Zeit der Schienenbusse auf der Nagoldtalbahn (KBS 774) ist längst abgelaufen. Doch dank ihrer landschaftlichen Reize ist sie immer wieder das Ziel von Sonderzügen. Am Bedarfshaltepunkt Monbach-Neuhausen ist der Museums-VT 95 der DB auf dem Weg nach Bad Liebenzell. Foto: C. Honzera

Die Nagoldtalbahn Horb–Pforzheim (KBS 774) ist fest in der Hand der Dieseltriebwagen der Reihe 628.2. Im Juli 1998 hat die Regionalbahn gerade das malerische Städtchen Wildberg erreicht.

genden Ruine Staufenburg ins Blickfeld. Nach Verlassen des Bahnhofs passieren die Gleise rechts die Kuranlagen und links das moderne Paracelsusbad. Die Strecke verläuft nun leicht erhöht am linken Talrand. Bei Hirsau dominieren rechts die Ruinen des großen Klosterkomplexes und des zerstörten Renaissanceschloßes der württembergischen Herzöge, oberhalb des Steilhangs links hinter dem Bahnhof befindet sich die Trasse der stillgelegten Württembergischen Schwarzwaldbahn. Kurze Zeit später erblickt man rechts das malerische Stadtbild von Calw, der neue Bahnhof Calw in Höhe der Kernstadt ist erreicht. Die Bahn erreicht am Stadtrand von Calw den früheren Bahnhof, von links kommen die Gleise der stillgelegten Württembergischen Schwarzwaldbahn heran, rechts das große Empfangsgebäude. Nach Überqueren der Nagold wird eine weitere Schleife mit dem 477 m langen Rudersberg-Tunnel abgekürzt, um anschließend bei der Baumwollspinnerei Calw (links) wieder ans andere Ufer der Nagold zu wechseln. Rechterhand sieht man kurz die romanische St. Candiduskapelle beim Weiler Kentheim. Nach dem einsam im tiefen Tal gelegenen Bahnhof Bad Teinach überquert die Bahn erneut die Nagold, um anschließend einen Bergvorsprung im 280 m langen Schloßberg-Tunnel zu durchfahren. Nach weiterem zweimaligen Queren der Nagold, dazwischen der aufgelassen Haltepunkt Talmühle, führt das Gleis durch den 226 m langen Kengel-Tunnel weiter zum Bahnhof Wildberg. Gleich hinter dem Bahnhof wird der 253 m lange Wildberger Tunnel durchfahren und zum letztenmal die Nagold überquert. Es folgt der 167 m lange Bettenberg-Tunnel. Das Nagoldtal wird nun etwas breiter, der aufgelassene Bahnhof Emmingen links passiert. Die Strecke verläuft oberhalb der Talsohle am linken Talrand. Rechts breitet sich die Stadt Nagold im Tal aus, die vom Schloßberg mit der stattlichen Ruine Hohennagold überragt wird. Nach dem Bahnhof unterquert die Strecke die B 28, die rechterhand auf einer großen Betonbrücke, dem Waldbachviadukt, das Nagoldtal überquert. Die Trasse steigt weiter aus dem Nagoldtal herauf, passiert die aufgelassenen Haltepunkte Nagold-Isels-

Kurz vor dem 1553 m langen Hochdorfer Tunnel durchfährt der 628.2 am 31. Juli 1998 den aufgelassenen Bahnhof Gündringen auf der Fahrt von Nagold nach Horb.

hausen und Gündringen und führt durch den Wald zum 1.553 m langen Hochdorfer Tunnel. Nach der Tunnelausfahrt nähert sich kurz vor dem Bahnhof Hochdorf rechts die alte Gäubahn von Freudenstadt. Über die Gäuhochfläche führt die Strecke weiter zur Gäubahn. Rund einen Kilometer vor dem Bahnhof Eutingen verzweigen sich die Gleise. Das linke führt zum Bahnhof Eutingen, während das rechte direkt in die Hauptstrecke Stuttgart–Horb einfädelt.

Allg. Reiseziele

Radwanderwege Baden-Württemberg
Heidelberg-Schwarzwald-Bodensee-Weg im Abschnitt Pforzheim–Horb (Kartenmaterial erhältlich beim Landesvermessungsamt Baden-Württemberg sowie bei den Fremdenverkehrsverbänden und Touristik-Gemeinschaften)

Enzbahn (KBS 775)

Pforzheim
Der Beiname »Die Goldstadt an der Schwarzwaldpforte« charakterisiert treffend den touristischen Reiz Pforzheims, die ab 1767 mit dem Aufbau einer Schmuck- und Bijouterie-Manufaktur den Grundstein zur international bekannten Goldstadt legte. In zahlreichen Museen kann die Schmuck- und Uhrenindustrie hautnah erlebt werden. Bedeutendstes Museum ist das Schmuckmuseum im Reuchlinhaus mit kostbaren Schmuckstücken aus fünf Jahrtausenden. Eindrucksvoll sind auch die Edelsteinausstellung der Robert Schütt Witwe KG sowie das Mineralienmuseum. Das Technische Museum der Schmuck- und Uhrenindustrie bietet Einblick in die einzelnen Arbeitsschritte bei der Schmuck- und Uhrenproduktion. Die fast völlige Zerstörung Pforzheims gegen Ende des 2. Weltkriegs

ließ wenig historische Bausubstanz übrig. Die liebevoll restaurierte Schloßkirche St. Michael mit der Grablege des Badischen Fürstenhauses und die Altstädter Kirche mit ihren mittelalterlichen Fresken gehören zu den Überbleibseln. Der in den letzten Jahrzehnten völlig neu gestaltete Markplatz und das 1973 erbaute Rathaus mit dem Glockenspiel setzen moderne städtebauliche Akzente. An der Mündung der Nagold über die Enz sollte die Auer Brücke mit dem eindrucksvollen Flößerdenkmal besichtigt werden. Der Enzauenpark, ehemaliges Gelände der Landesgartenschau 1992, lädt mit seiner mustergültig renaturierten, fast 2 km langen Flußauenlandschaft zum Lustwandeln ein.

Brötzingen

In der ehemaligen Kirche sowie dem zugehörigen Schul- und Pfarrhaus findet man das großzügig ausgestattete Pforzheimer Heimatmuseum, dessen Ausstellungsstücke bis in die Römerzeit zurückreichen.

Neuenbürg

Schon in keltischer und römischer Zeit ist hier Eisenerz abgebaut und verhüttet worden. Im über der Stadt thronenden neuen Schloß aus dem 16. Jahrhundert erinnert ein kleines Heimat- und Bergbaumuseum daran. Weitere Einblicke in den Eisenerzbergbau vermittelt das Besucherbergwerk Frischglück, das bis 1868 in Betrieb war. Die malerischen Fachwerkhäuser am Marktplatz sowie die St. Georgskapelle mit gotischen Fresken runden einen Gang durch Neuenbürg vorzüglich ab.

Calmbach

Die Geschichte des früheren Zentrums der Flößerei im Enztal wird im hochinteressanten Heimat- und Flößermuseum im »Großen Haus am Berg« (1773) hochgehalten. Ein weiterer Anziehungspunkt ist der Fachwerkbau des Rathauses aus dem Jahr 1733.

Bad Wildbad

Das international berühmte »Weltbad« ist gleichzeitig das einzige Heilbad Baden-Württembergs, das als Staatsbad ausschließlich vom Land verwaltet wird. Die schon seit dem frühen Mittelalter genutzten Thermalquellen sind die Grundlage einer Vielzahl von Kureinrichtungen. Die Geschichte der württembergischen Badekultur wird im klassizistischen Graf-Eberhard-Bad lebendig, das im Herbst 1995 nach einer umfangreichen Renovierung als »Palais Thermal« wiedereröffnet worden ist. Fürsten-, Herren- und Damenbäder, teilweise mit orientalischem Touch, die Maurische Halle und die Jugendstildekoration lassen die Vergangenheit wiederaufleben. Das klassizistische Badhotel repräsentiert ebenfalls mondäne Vergangenheit. Die Monumentalität der Gründerzeit spiegelt sich im König-Karls-Bad mit seinem Kuppelsaal wider. Kurpark, Jugendstil-Kursaal, die Englische Kirche und die evangelische Stadtkirche laden zu Spaziergängen und Besichtigungen ein.

Nagoldtalbahn (KBS 774)

Monbach-Neuhausen

Der Bahnhof Monbach-Neuhausen empfiehlt sich als Ausgangspunkt für Wanderungen in das landschaftlich überaus reizvolle Monbachtal, dessen Szenerie sich zwischen wildem Felstal und romantischem Waldtal äußerst abwechslungsreich gestaltet.

Bad Liebenzell

Dominiert wird Bad Liebenzell von der Burg Liebenzell, die als Hochmantelburg mit ihren grob behauenen Buntsandsteinquadern als Musterbeispiel staufischer

Festungsbaukunst gilt. Der 34 m hohe Burgturm bietet einen schönen Blick aufs Städtchen und ins Nagoldtal. Für Bauhistoriker ist die evangelische Stadtkirche ebenfalls interessant, deren Chor aus dem 12. Jahrhundert stammt. Das Museum der Liebenzeller Mission lockt mit Gebrauchsgegenständen aus Afrika, Asien und der Südsee sowie mit diversen Bibelübersetzungen. Kurpark und Kureinrichtungen, darunter das moderne Paracelsusbad, bieten nicht nur Heilungssuchenden Erholung.

Hirsau

Als Luftkurort wird Hirsau heute geschätzt, durch sein ehemaliges Benediktinerkloster ist es weitbekannt und durch Ludwig Uhlands berühmtes Gedicht von der Ulme unsterblich geworden. Das Kloster selbst wurde 1692 durch französische Truppen niedergebrannt und erst im 20. Jahrhundert substanzerhaltend restauriert. Das Ausmaß der Klosteranlage zeigt die erhaltene Ummauerung. Ein imposantes Relikt der Klosterkirche St. Peter und Paul ist der 36 m hohe, romanische »Eulenturm«. Reste der spätgotischen Allerheiligenkapelle sind auch zu finden. Einzig die spätgotische Marienkapelle (1508–1516) hat die Zeiten überdauert. Ihr Inners ist heute im mittelalterlichen Sinn wiederhergestellt. Der Kreuzgang (1485–1494) bildet ein stimmungsvolles Ruinengeviert. An ihn schließen sich die Überreste des 1592 vollendeten dreiflügeligen Schlosses an, das Herzog Ludwig von Württemberg errichten ließ.

Auf der gegenüberliegenden Nagoldseite können die romanischen Überreste der Klosterkirche St. Aurelius bewundert werden, das einzige Überbleibsel der ersten Klosters in Hirsau. Daneben befindet sich das Hirsauer Klostermuseum, in dem die Geschichte der Hirsauer Klöster ausführlich dokumentiert wird.

Calw

An den berühmtesten Sohn der Stadt, den Schriftsteller Hermann Hesse, erinnert in Calw sein Geburtshaus am Marktplatz sowie das Hermann-Hesse-Museum. Viele Gebäude am malerischen Marktplatz, das Rathaus mit seinem Staffelgiebel und der Lange Turm, letzter Rest der Stadtbefestigung, lassen heute noch erkennen, daß Calw einst die reichste Stadt Württembergs war. Textilgewerbe (Decken- und Tuchfabriken), umfangreicher Textilhandel, aber auch Salz- und Holzhandel sorgten im Spätmittelalter und in der Frühneuzeit für den entsprechenden Wohlstand. Die vielen schönen Fachwerkhäuser im alten Stadtkern sind größtenteils liebevoll renoviert. Sehenswert sind auch das Rau´sche Haus von 1694 und das Vischer´sche Rokokopalais (1787–1791), welches das reichhaltige Heimatmuseum der Stadt Calw beherbergt. Ein Schmuckstück spätgotischer Steinmetzarchitektur ist die Nikolauskapelle (um 1400) auf der Nagoldbrücke, eine der wenigen erhaltenen Brückenkapellen des Mittelalters. Die evangelische Pfarrkirche St. Peter und Paul entstand zwischen 1884 und 1888 anstelle eines Vorgängerbaus im neugotischen Stil.

Bad Teinach

Die heilenden Quellen von Bad Teinach sind schon seit dem Mittelalter bekannt. Im 17. und 18. Jahrhundert war es bevorzugtes Bad der württembergischen Herzöge. Ab 1835 wurde es vom königlich-württembergischen Hofbaumeister Thouret im klassizistischen Stil erweitert (Badhotel, Badehaus und Trinkhalle). Das moderne Kurzentrum von 1983 ist diesem Baustil angepaßt. Der neu gestaltete Kurpark gefällt mit seiner künstlichen Kaskade. In der einfachen evangelischen Dreifaltigkeitskirche (1662–1665) ist ein kunsthistorisches Unikat zu finden, die kabbalistische Lehrtafel der württembergischen Prinzessin Antonia. Daneben ist die zierliche und schmuckvolle Chororgel von 1680 von einigem Interesse. Der spätgotische Schalenbrunnen vor der Kirche stammt aus den Ruinen des Hirsauer Klosters.

Wildberg

Die aussichtsreich auf einem Bergsporn über der Nagold thronende Altstadt von Wildberg bietet ein recht malerisches Bild. Von der ehemals stattlichen Burg stehen nur noch die Grundmauern. Schenkelmauern verbanden einst Stadt und Burg. Reste mit zwei Türmen (Torturm und Hexenturm) sind erhalten. Die evangelische Stadtkirche St. Martin mit ihrem spätromanischen Turm und dem spätgotischen Chor von 1467 ist kunsthistorisch beachtenswert. Das Rathaus, ursprünglich ein Fachwerbau von 1480, gefällt mit seinen Glasmalereien. Neben den schönen Fachwerkhäusern des 16. und 17. Jahrhundert sind besonders das romanische Steinhaus, das Badhaus und der Marktbrunnen von 1554 erwähnenswert. Als Kurpark dient das ehemalige Dominikanerinnenkloster Maria Reutin, von dem nur noch der Fruchtkasten erhalten ist. Die historische Schafscheuer erinnert an die Bedeutung der Schafzucht im Raum Wildberg. Ein vielbesuchtes Volksfest ist der zweijährig stattfindende Wildberger Schäferlauf.

Nagold

Überragt wird die Stadt vom Schloßberg mit seiner stattlichen Ruine Hohennagold aus dem 12. Jahrhundert, von der noch Reste der Ringmauer, Bergfried, Teile des Palas und Vorburg erhalten sind. Der alte Stadtkern mit seinen renovierten Fachwerkbauten, wie z.B. das Alte Oberamt, das Haus Maisch, die Alte Schule und natürlich der Gasthof Post, ist immer einen Rundgang wert. Das Rathaus glänzt mit einer ansehnlichen Barockfassade, während die Schmied'sche Apotheke eine kunstvolle Jugenstil-Fassade aufweist. Im ältesten mittelalterlichen Gebäude der Stadt, dem Steinhaus, ist das Stadtarchiv und das Heimatmuseum untergebracht. Der alte Turm von 1401 ist das Wahrzeichen von Nagold. Einst war er Kirchturm der 1876 abgebrochenen Liebfrauenkirche. Als Ersatz wurde 1874 die evangelische Johanneskirche in neugotischem Stil aus heimischem Buntsandstein errichtet. Eine der ältesten Kirchen im Südwesten Deutschlands ist die romanische Friedhofskirche St. Remigius und Nikolaus, die nachweislich auf römischen Fundamenten ruht. Die restaurierten Wandmalereien im Innern entstanden zu Beginn des 14. Jahrhunderts.

Reiseziele für Eisenbahnfreunde

- alter Bahnhof Calw mit seinen alten württembergischen Stellwerken und einer Ausstellung zur württembergischen Schwarzwaldbahn

Fototips

Enzbahn (KBS 775)

- alte Stadthäuser in Pforzheim-Brötzingen
- Bahnhof und Nagoldbrücken bei Neuenbürg
- zwischen Höfen und Calmbach
- Bahnhof Bad Wildbad

Nagoldtalbahn (KBS 774)

- Nagoldbrücke vom Nordportal des Brötzinger Tunnels
- ehemaliger Bahnhof Pforzheim-Weißenstein mit Südportal des Weißensteiner Tunnels

- zwischen Unterreichenbach und Bad Liebenzell
- Bad Liebenzell mit Burgruine
- Bahnhof und Umgebung von Hirsau
- Bahn und Stadtansicht von Calw (von beiden Talseiten möglich)
- alter Bahnhof Calw
- Nagoldbrücke und St. Candidus-Kapelle bei Kentheim
- Bahnhof und Stadtansicht von Wildberg vom Hang herunter
- beide Portale des Wildberger Tunnels
- ehemaliger Bahnhof Emmingen
- Nagold mit Stadtbild und Burgruine Hohennagold
- bei Schietingen vom gegenüberliegenden Talrand
- Südportal des Hochdorfer Tunnels
- Bahnhof Hochdorf

Spurensuche

- elektrische Meterspurbahn Pforzheim–Ittersbach, stillgelegt und abgebaut (siehe auch Albtalbahn in Kap. 1)
- württembergische Schwarzwaldbahn von Calw nach Weil der Stadt, stillgelegt aber nicht abgebaut, Museumsbetrieb im Gespräch, in naher Zukunft aber unwahrscheinlich
- stillgelegte und abgebaute Schmalspurbahn (1000 mm) Nagold–Altensteig

Bahnbetrieb

Recht eintönig zeigt sich das Betriebsgeschehen auf diesen beiden Strecken. Fast ausschließlich Triebwagen der BR 628.2 kommen zum Einsatz. Ganz vereinzelt verirren sich noch Loks der BR 212 und 218 hierher.

Adressen

Fremdenverkehrsverband Schwarzwald e.V., Bertoldstr. 45, 79098 Freiburg im Breisgau, Tel. (07 61) 3 13 17, Fax (07 61) 3 60 21
Gebietsgemeinschaft Nördlicher Schwarzwald e.V., Postfach 666, 75106 Pforzheim, Tel. (0 72 31) 1 79 29, Fax (0 72 31) 35 76 91
Bad Liebenzell, Kurverwaltung Bad Liebenzell, 75378 Bad Liebenzell, Tel. (0 70 52) 40 80, Fax (0 70 52) 40 81 08
Bad Teinach-Zavelstein, Kurverwaltung Bad Teinach-Zavelstein, Otto-Neidhardt-Allee 6, 75385 Bad Teinach-Zavelstein, Tel. (0 70 53) 84 44, Fax (0 70 53) 21 54
Bad Wildbad, Verkehrsbüro Wildbad GmbH, Postfach 10 03 26, 75314 Bad Wildbad, Tel. (0 70 81) 1 02 80, Fax (07081) 1 02 90
Calw: Verkehrsamt Calw, Aureliusplatz 10, 75365 Calw, Tel. (0 70 51) 56 71, Fax (0 70 51) 5 16 08
Höfen a.d. Enz, Verkehrsamt Höfen, Wildbader Str. 1 75339 Höfen an der Enz, Tel. (0 70 81) 7 84 23, Fax (0 70 81) 7 84 50
Horb am Neckar, Verkehrsbüro Horb am Neckar, Marktplatz 12, 72160 Horb am Neckar, Tel. (0 74 51) 90 12 24, Fax (0 74 51) 90 12 90
Nagold, Verkehrsamt Nagold, Marktstr. 27, 72202 Nagold, Tel. (0 74 52) 68 10, Fax (0 74 52) 68 11 22
Neuenbürg/Enz, Verkehrsamt Neuenbürg, 75305 Neuenbürg/Enz, Tel. (0 70 82) 79 70, Fax (0 70 82) 7 97 95
Pforzheim, Stadtinformation Pforzheim, Marktplatz 1, 75116 Pforzheim, Tel. (0 72 31) 39 90-0, Fax (0 72 31) 39 90 30
Wildberg, Städtisches Verkehrsamt, 72218 Wildberg, Tel. (0 70 54) 2 01 22, Fax (0 70 54) 2 01 26

Bahn-Angebotsdichte

Zugart	Abschnitt	Angebot	Zwischenhalte
RB	Pforzheim–Bad Wildbad	stündlich	alle Bahnhöfe
RB	Pforzheim–Horb	mo-fr stündlich, sa+so 2-stündl.	alle Bahnhöfe

3. Im Kraichgau

3.1 Von Karlsruhe nach Heilbronn (KBS 710.4) mit dem Abzweig Eppingen–Sinsheim-Steinsfurt (KBS 714)

Streckengeschichte

Die Kraichgaubahn (KBS 710.4) und Eppingen–Sinsheim-Steinsfurt (KBS 714)
Eine interessante Entstehungsgeschichte hat die Kraichgaubahn Karlsruhe–Eppingen–Heilbronn. Ihr Bau wurde im Staatsvertrag zwischen Baden und Württemberg vom 29. Dezember 1873 beschlossen und sollte ursprünglich den Transitverkehr zwischen Karlsruhe und Nürnberg intensivieren. In der Folgezeit zeigten aber weder Baden noch Württemberg ein gesteigertes Interesse am Bau dieser Verbindung. Württemberg bevorzugte eine Transitverbindung Nürnberg–Hessental–Backnang–Bietigheim–Bretten, um den Verkehr auf württembergischem Boden zu halten (siehe auch Kapitel 10 und 11). Damit war die Rentabilität von badischer Seite in Frage gestellt. Die Stadt Karlsruhe hatte aber weiterhin ein erhebliches Interesse an dieser Verbindung. So beantragte der damalige Oberbürgermeister Lauter namens der Stadt Karlsruhe die Konzession für den Abschnitt Grötzingen–Eppingen, welche diese dann auch am 15. November 1876 erhielt. Nach langsamem Baufortschritt wurde die Privatbahn Grötzingen–Bretten–Eppingen schließlich am 15. Oktober 1879 eröffnet. Mit Datum der Eröffnung ging die Privatbahn in Staatseigentum über, da sich auch für den württembergischen Teil die Realisierung abzeichnete. Der erste württembergische Streckenabschnitt Heilbronn–Schwaigern war schon am 10. Oktober 1878 in Betrieb gegangen. Der Lückenschluß Schwaigern–Eppingen wurde von Württemberg so lange hinausgezögert, bis die eigene Transitstrecke Hessental–Backnang–Bietigheim vollendet war. Genau fünf Monate später, am 8. August 1880, konnte endlich auch auf der Kraichgaubahn der durchgehende Verkehr aufgenommen werden, der auf der gesamten Strecke dann durch die Badische Staatsbahn abgewickelt wurde.
Für bundesweites Aufsehen sorgte ab 1992 die Kraichgaubahn, als die erste Zweisystem-Stadtbahnstrecke zwischen Karlsruhe und Bretten-Gölshausen in Betrieb ging. Hierfür wurde die Bundesbahnstrecke Bretten-Gölshausen–Karlsruhe-Grötzingen mit 15 kv / 16,7 Hertz elektrifiziert. Mit Zweisystem-Stadtbahntriebwagen kommen seither die Fahrgäste bequem von der Karlsruher Innenstadt in den Kraichgau. Fahrgastzuwächse von bis zu 400 % forcierten die Verlängerung der als S 4 bezeichneten Relation Karlsruhe–Gölshausen. 1997 erreichten die Stadtbahn-Triebwagen Eppingen, nachdem die Strecke Gölshausen–Eppingen elektrifiziert worden war. Die Weiterführung Eppingen–Heilbronn Hbf geht zum Fahrplanwechsel 1999/2000 in Betrieb. Die Bauarbeiten zur Führung der S 4 durch die Heilbronner

Durch eines der bekanntesten Weinbaugebiete Württembergs führt die KBS 710.4. Zwischen Schwaigern und Stetten am Heuchelberg ist im Sommer 1998 ein 628.2 unterwegs.

Innenstadt sind in vollem Gange. Zu einem späteren Zeitpunkt soll der Stadtbahnbetrieb über Heilbronn hinaus bis nach Öhringen (KBS 783) verlängert werden.
Als Netzergänzung und zur Verknüpfung der Kraichgaubahn mit der Strecke Meckesheim–Heilbronn wurde im Badischen Gesetz vom 25. Februar 1898 die knapp 13 km langen Strecke Eppingen–Sinsheim-Steinsfurt (KBS 714) beschlossen. Unproblematisch im Bau wurde die durchs Elsenztal führende Verbindung nach gut zweieinhalb Jahren am 15. November 1900 eröffnet.

Streckenverlauf (Topographie)

Karlsruhe–Heilbronn (KBS 710.4)

Gemeinsam mit der alten Badischen Hauptbahn nach Heidelberg verließ ursprünglich die Kraichgaubahn Karlsruhe Hbf und führte nach Karlsruhe-Durlach. Heute beginnen die Stadtbahnzüge der Kraichgaubahn auf dem Karlsruher Bahnhofsvorplatz und fahren über die Innenstadt nach Durlach auf Straßenbahnschienen. Im Bahnhof Durlach kommen links über eine Rampe die Gleise der Stadtbahn herunter, die bis zum Bahnhof Grötzingen parallel zur Bundesbahnstrecke verlaufen. Hinter dem neu eingerichteten Haltepunkt Grötzingen-Oberausstraße geht die Stadtbahntrasse auf die Bundesbahnstrecke über und die Bahnlinie nach Pforzheim bleibt rechts zurück. Vorbei am ebenfalls neu eingerichteten Haltepunkt Grötzingen-Hummelberg durchquert die Trasse wenig später einen kurzen Tunnel und erreicht über Jöhlingen West (neu) den Bahnhof Jöhlingen (der Ort links). Weiter führt die Kraichgaubahn über Wössingen und Dürrenbüchig (beide Orte rechts der Bahn) zum neu eingerichteten Haltepunkt Rinklingen hinunter. Kurz dahinter wird die einstige württembergische Westbahn Bietigheim–Bruchsal überquert und die Strecke erreicht den Bahnknoten Bretten.
Nach Ausfahrt aus dem Bahnhof Bretten schwenkt die Kraichgaubahn nach links

Schön gleichmäßig sind die beiden jüngsten Farbvarianten des DB-Nahverkehrs bei dieser RegionalBahn verteilt, die am 6. August 1998 den Verkehr auf der KBS 714 Eppingen–Sinsheim-Steinsfurt bei Ittlingen versieht.

ab, die Gleise der Westbahn bleiben rechts zurück. In kurzer Folge werden die neuen Haltepunkte Bretten-Stadtmitte, Bretten-Wannenweg, Bretten-Schulzentrum und Bretten-Kupferhälde passiert, dazwischen ein kurzer Tunnel. Hinter Gölshausen wird die Kraichgaulandschaft unberührter und ein Tunnel leitet in den Forst »Hochwald« über, der die Strecke bis kurz vor Bauerbach begleitet. Unter der großen Talbrücke Bauerbach der Neubaustrecke Stuttgart–Mannheim hindurch gelangt die Bahn zum neuen Haltepunkt Oberderdingen Industriegebiet, dem kurz darauf der Bahnhof Flehingen folgt. Über Zaisenhausen folgt die Trasse bis Sulzfeld (Baden) dem Kohlbach-Tal. Gleich hinter Sulzfeld wird der Übergang ins Elsenztal mit Hilfe zweier Tunnels bewältigt. Kurz nach dem neuen Haltepunkt Eppingen West ist die Kraichgaustrecke im Bahnhof Eppingen angelangt.

Rund drei Kilometer verläuft nach der Ausfahrt aus Eppingen die Strecke nach Steinsfurt parallel, um dann nach links abzuschwenken. Die Kraichgaubahn führt nun über Gemmingen in eines der bekanntesten Weinbaugebiete Württembergs. Bei Stetten am Heuchelberg tritt die Trasse ins Leintal ein, links grüßt der namensgebende Höhenzug Heuchelberg herüber. Weinberge säumen die Strecke bis Schwaigern/Württ. (der Ort links). Vorbei an den Bahnhöfen Leingarten West (früher Schluchtern) und Leingarten (früher Großgartach) lassen sich nach dem neuen Haltepunkt Böckingen-Berufsschulzentrum rechts die traditionsreichen Anlagen des ehemaligen Bahnbetriebswerks Heilbronn erkennen. Nach dem Bahnbetriebswerk mündet rechts die einstige Nordbahn von Stuttgart ein. Beide Strecken überqueren gleich darauf den Neckar und sind in Heilbronn Hauptbahnhof angelangt.

Eppingen–Sinsheim-Steinsfurt (KBS 714)
Gemeinsam mit der Kraichgaubahn verläßt die Steinsfurter Strecke den Bahnhof Eppingen, um mit ihr noch rund drei Kilometer parallel zu verlaufen. Die Kraichgaubahn schwenkt dann rechts ab, während die Bahnlinie nach Steinsfurt weiter dem Tal der Elsenz folgt, der Fluß in Fahrtrichtung links. Kurz hinter der Streckentrennung wird der ehemalige Haltepunkt Stebbach passiert und kurz vor Richen (bei Eppingen) führt die Trasse zum ersten Mal über die Elsenz. Ab Richen ist der Talverlauf deutlicher ausgeprägt und die sanften Talhänge rücken näher an die Trasse heran. Erneut wird kurz vor Ittlingen die Elsenz überquert, der alte Ortskern bietet am linken Talhang nach dem Bahnhof eine nette Ansicht. Dem Flußlauf folgend und vorbei an Reihen – auch hier links der alte Ortskern – wird kurz vor Steinsfurt die Autobahn A 6 unterquert. Von rechts kommt die Strecke von Bad Friedrichshall heran. Beide Trassen überqueren kurz vor dem Bahnhof Steinsfurt die Elsenz und die Eppinger Strecke hat ihren Endpunkt erreicht.

Allg. Reiseziele

Radwanderwege Baden-Württemberg
Kraichgau-Weg im Abschnitt Eppingen–Heilbronn (Kartenmaterial erhältlich beim Landesvermessungsamt Baden-Württemberg sowie bei den Fremdenverkehrsverbänden und Touristik-Gemeinschaften)

Karlsruhe, Durlach siehe Kapitel 1

Grötzingen
Mit dem reich gestalteten Rathaus, vollendet 1688, findet der Besucher in Grötzingen eines der schönsten Fachwerkhäuser der Gegend. Im Ortskern sind etliche alte Bauernhäuser beachtenswert. Ein technisches Kulturdenkmal ersten Ranges ist die sogenannte Diedelsheimer Mühle aus dem 17. Jahrhundert mit Wasserrad, Ölschlag und Hanfreibe. Ursprünglich stand diese Mühle in Bretten und wurde 1973 an die Pfinz versetzt. Das ehemals markgräfliche Schloß Augustenburg (15./16. Jahrhundert) und die spätgotische evangelische Pfarrkirche (15. Jahrhundert) bilden ein sehenswertes Ensemble.

Bretten
Bekannt ist Bretten als Geburtsstadt des Reformators und Theologen Philipp Melanchthon. Das an der Stelle des 1689 zerstörten Geburtshauses ab 1897 im neugotischen Stil errichtete Melanchthonhaus birgt eine bemerkenswerte Ausstellung über den großen Sohn der Stadt. Sehenswert auch das Rathaus aus dem späten 18. Jahrhundert und der Marktbrunnen mit der Statue des Pfalzgrafen Friedrich II. von 1555. Von der mittelalterlichen Stadtbefestigung sind einzelne, malerisch aus dem Stadtbild herausragende Türme erhalten, so z.B. der Pfeiferturm (Anfang 16. Jahrhundert) und der Simmelturm (14. Jahrhundert). Verschiedene Baustile sind in der evangelischen Stadtkirche St. Lorenz zu finden. Der romanische Turm ist der Überrest einer alten Burg. Das gotische Langhaus datiert aus dem 14. Jahrhundert, die Bachkapelle um 1510 und der Chor ist ein Neubau von 1778. Äußerlich schlicht, doch im Innern mit wohlerhaltener volkstümlich-barocker Ausstattung präsentiert sich die Kreuzkirche (Ende 17. Jahrhundert).

Flehingen
Ein ehemaliges Wasserschloß mit vier Ecktürmen kann in Flehingen gefallen. Die Ursprünge datieren aus dem 14. Jahrhundert, doch im Laufe der Jahrhunderte wurde es mehrmals umgebaut. In der St. Martins-Kir-

che von 1825 können zahlreiche Grabdenkmäler (vorwiegend aus dem 16. Jahrhundert) der ehemaligen Ortsherren besichtigt werden. Das benachbarte Sickingen ist seit 1936 mit Flehingen zu einer Gemeinde zusammengeschlossen. Die spätgotische St. Magdalenen-Kirche von 1523 bietet im Innern und an den Außenwänden sehenswerte Grabmäler und Denksteine aus dem 14. bis 18. Jahrhundert.

Sulzfeld (Baden)

Die reichhaltigen Überreste von Burg Ravensburg, deren älteste Teile aus dem 13. Jahrhundert datieren, und auch Schloß Amalienhof lohnen eine Besichtigung. Alt und neu vereinigt die moderne evanglische Pfarrkirche mit ihrem Turm aus dem 14. Jahrhundert. Mit zahlreichen Grabdenkmälern (15. bis 18. Jahrhundert) wird dort auch die Erinnerung an die vormaligen Burgherren, die Freiherren von Göler, wachgehalten.

Eppingen

Mit der Alten Ratsschenke von 1388 steht in Eppingen eines der ältesten Holzhäuser Südwestdeutschlands. Das malerische Bild der Altstadt ergänzen das Baumannsche Haus von 1582, die Alte Post von 1586 und das klassizistische Rathaus von 1824. Besonders die St.-Peters-Gasse strahlt einen altertümlichen Reiz aus. Auch die Alte Universität von 1497 mit ihrem Fachwerk sollte nicht vergessen werden. In ihr befindet sich heute das Heimatmuseum. Die katholische Pfarrkirche Unserer Lieben Frau (1435–1445) mußte in der Neuzeit mehrere Umbauten über sich ergehen lassen. Beachtlich sind im Innern die alten Wandmalereien aus dem 14. und 15. Jahrhundert. Der ungefüge, trutzige Pfeifenturm ist ein Überbleibsel der alten Stadtbefestigung.

Sinsheim

Vom ehemaligen Benediktinerkloster, dem späteren Ritterstift, sind nach diversen Kriegszerstörungen nur noch Fragmente vorhanden, welche die einstige Größe erahnen lassen. Ein Teil der noch erhaltenen Gebäude werden als Jugendstift genutzt. Romanische Grundlagen hat der Torbau. Das Mittelschiff der romanischen Stiftskirche (heute Werkstattraum), ihr spätgotischer Lettner sowie ein Turm (1524–1533) sind ebenfalls erhalten. Ihr heutiges Äußeres erhielt die evangelische Stadtkirche im frühen 18. Jahrhundert. Bis zum Bau der katholischen Pfarrkirche St. Jakobus d.Ä. in den Jahren 1964 bis 1966 diente die Stadtkirche beiden großen Konfessionen. Die neue katholische Kirche ist ein sehenswertes Stück moderner Kirchenarchitektur. Ein weiterer Anziehungspunkt ist das Alte Rathaus von 1712 mit seinem Fachwerk an den Obergeschossen. Das Heimatmuseum u.a. mit interessanter Zinn- und Puppensammlung des 19. Jahrhundert ist hier untergebracht. Neben Lokomotiven bietet das Auto- und Technik-Museum in Sinsheim noch viele andere Attraktionen: U.a. sind hier Europas größte Formel I-Ausstellung, über 300 Oldtimer, über 60 Flugzeuge, Traktoren, Motorräder und militärisches Gerät zu finden. Außerdem wird auf dem Museumsgelände das erste IMAX-3D-Kino Deutschlands betrieben, auf dessen Riesenleinwand den Zuschauern die Filme dreidimensional nahe gebracht werden.

Schwaigern (Württemberg)

Bei einem Großbrand im Jahr 1904 wurde der schöne alte Stadtkern weitestgehend zerstört. Übriggeblieben sind ein schönes Fachwerkhaus (Altes Rentamt aus dem 17. Jahrhundert), Reste der Stadtmauer mit dem Hexenturm und die evangelische Stadtkirche. Diese ist ein spätgotischer Bau von 1514, in dem Teile der ersten Kirche aus dem 12. Jahrhundert aufgegangen sind. Im Innern findet man eine sehenswerte spätgotische Ausstattung. Barocken Urprungs von 1702 sind noch Teile des Schlosses, das Mitte des 19. Jahrhunderts erweitert worden ist.

Heilbronn

Dem fiktiven »Käthchen von Heilbronn« aus Kleists Roman ist es zu verdanken, daß der Name der Stadt weit über Deutschlands Grenzen hinaus bekannt ist. Die Romanfigur ohne historischen Hintergrund wird denn auch mit dem Käthchenhaus am Marktplatz entsprechend gewürdigt. Eine der größten Sehenswürdigkeiten Heilbronns ist jedoch die prächtige astronomische Kunstuhr (1580) am Renaissance-Rathaus. Erwähnenswert sind noch das Haus Zehender von 1726 am Markt, das Schießhaus von 1770/71 mit seinem prunkvollen Rokokosaal und der Renaissance-Bau des Gerichts- und Fleischhauses (1598–1600), in dem das historische Museum untergebracht ist.

Kulturelles Herz der Stadt ist der Deutschhof, die ehemalige Landkomturei des Deutschen Ordens mit seiner Barockfassade von 1711. Er beherbergt u.a. die Städtischen Museen, die Städtische Galerie und das Stadtarchiv. Ältestes Bauwerk der Stadt ist heute der romanische Kirchturm (um 1240) der Deutschhauskirche, die 1720/21 aus einer spätgotischen Anlage entstanden ist. Der Bau der Kilianskirche begann in der 2. Hälfte des 13. Jahrhunderts und wurde 1529 mit der Fertigstellung des 62 m hohen Turms beendet. Die Kirche selbst ist weitgehend spätgotisch. Der bemerkenswerte, wuchtige Kirchturm bietet allerdings die Formensprache der frühen deutschen Renaissance. Der mächtige, geschnitzte Hochaltar (1498) von Hans Seyffer im Innern zählt zu den bedeutendsten schwäbischen Kunstwerken. Die frühgotische Nikolaikirche aus dem 14. Jahrhundert diente im Laufe ihrer Geschichte den verschiedensten Zwecken, ist aber seit 1851 wieder Gotteshaus. Von der zerstörten Franziskanerkirche ist der Hafenmarktturm von 1698 erhalten. Diverse sehenswerte Brunnen lockern das Stadtbild auf, so der sagenumwobene Siebenröhrenbrunnen, der Fleinertorbrunnen, der Käthchenbrunnen und der Sankt-Georgs-Brunnen.

Von der ehemaligen Stadtbefestigung sind Götzenturm und Bollwerksturm erhalten. Nicht wie der Name vermuten läßt im ersteren, sondern im letzteren wurde Götz von Berlichingen im Jahre 1519 eine Nacht lang gefangengehalten. Der Wein-Panorama-Weg am Wartberg bietet nicht nur einen hervorragenden Blick auf die Stadt, sondern vermittelt auch einen Einblick in den heutigen und historischen Weinbau. Eine hervorragende Ergänzung hierzu ist die Weinbau-Ausstellung in den Arkadenhallen, welche die Geschichte des Weinbaus in einer der größten Weinbaugemeinden Deutschlands (550 ha Rebfläche) dokumentiert.

Reiseziele für Eisenbahnfreunde

- Auto- und Technik-Museum in Sinsheim mit eigenem Haltepunkt Sinsheim-Museum (KBS 706 und 714) und interessanten Lokomotiven, u.a. sind die badische IVh (18 314) sowie ein schweizer Krokodil (Ce 6/8 II 19282) zu sehen
- in Heilbronn-Neckargartach, Sachsenäcker, steht die zweiachsige Werkdampflok 36/2 der Heilbronner Kalichemie als Denkmal

Fototips

Karlsruhe–Heilbronn (KBS 710.4)

- zwischen Grötzingen und Jöhlingen
- Bahnhof Wössingen
- zwischen Dürrenbüchig und Rinklingen
- um Bauerbach mit Talbrücke der Neubaustrecke
- Ortsansicht von Flehingen und Sickingen
- Bahnhof Sulzfeld
- Tunnels bei Sulzfeld
- Bahnhof Eppingen
- zweigleisige Streckenführung hinter Eppingen
- zwischen Gemmingen und Schwaigern
- Bahnhof Schwaigern
- bei Heilbronn-Böckingen

Eppingen–Sinsheim-Steinsfurt (KBS 714)

- Bahnhof Eppingen
- bei Eppingen (gemeinsamer Verlauf mit der Kraichgaubahn)
- zwischen Richen und Ittlingen
- Ortsbild von Reihen (vormittags)
- Bahnhof Steinsfurt

Spurensuche

- unvollendete Nebenbahn Bretten–Knittlingen–Kürnbach

Bahnbetrieb

Ausschließlich Zweisystem-Stadtbahntriebwagen der Albtalbahn verkehren zwischen Karlsruhe und Eppingen, ab Fahrplanwechsel 1999/2000 auch zwischen Eppingen und Heilbronn. Bis dahin sind auf der KBS 714 vorwiegend Dieseltriebwagen der BR 628.2 zu sehen. Lokbespannte Züge mit 218 und selten auch 212 sowie Triebwagen der BR 628.2 teilen sich zwischen Sinsheim und Eppingen die Arbeit. Bei den Wendezügen steht die Lok in der Regel in Richtung Sinsheim am Zug.

Bahn-Angebotsdichte

Zugart	Abschnitt	Angebot	Zwischenhalte
RB	Eppingen–Sinsheim	zweistündlich (mo-sa)	alle Bahnhöfe
RB	Eppingen–Steinsfurt	zweistündlich	alle Bahnhöfe
RB	Eppingen–Heilbronn	zweistündlich (mo-fr stündlich)	alle Bahnhöfe bis auf Böckingen-Berufsschulzentrum
Express-S-Bahn	Karlsruhe–Eppingen	zweistündlich (mo-fr stündlich)	hält nicht in Grötzingen, Oberaustr., Hummelberg, Jöhlingen, Dürrenbüchig, Rinklingen, Bretten Wannenweg, Bretten Kupferhälde, Eppingen West
S-Bahn	Karlsruhe–Gölshausen	stündlich	alle Bahnhöfe
S-Bahn	Karlsruhe–Eppingen	stündlich	alle Bahnhöfe

Adressen

Tourismusverband Neckarland-Schwaben, Lohtorstr. 21, 74072 Heilbronn, Tel. (0 71 31) 7 85 20, Fax (0 71 31) 78 52 30
Bretten, Stadtinformation Bretten, Im Alten Rathaus, 75015 Bretten, Tel. (0 72 52) 957-620
Heilbronn, Verkehrsamt Heilbronn, Marktplatz, 74072 Heilbronn, Tel. (0 71 31) 56 22 70, Fax (0 71 31) 56 31 40
Karlsruhe, Verkehrsverein Karlsruhe e.V., Bahnhofplatz 6, 76137 Karlsruhe, Tel. (07 21) 35 53 36

3.2 Heilbronn–Sinsheim–Neckargemünd/ Heidelberg (KBS 706); Meckesheim–Aglasterhausen/Hüffenhardt (KBS 707)

Streckengeschichte

Heilbronn–Sinsheim–Meckesheim–Neckargemünd–Heidelberg (KBS 706) und Meckesheim–Aglasterhausen (KBS 707)

Die ursprünglichen Intentionen beim Streckenbau beider Linien sind in den heutigen Kursbuchtabellen nicht mehr zu erkennen. Anfangs bildete die heute von der SWEG betriebene Strecke Meckesheim–Aglasterhausen mit dem Abschnitt Heidelberg–Meckesheim eine Einheit und war einst Teil der Badischen Odenwaldbahn Heidelberg–Würzburg, dem dritten großen Bahnbau Badens.

Einig waren sich Bayern und Baden über den Bahnbau schon früh, um eine Verbindung des nördlichen Badens mit Unterfranken zu schaffen. Baden erschloß sich den Transitverkehr und Bayern bekam bei Mannheim/Ludwigshafen einen Anschluß an die zu Bayern gehörige aber isoliert liegende linksrheinische Rheinpfalz. Das Badische Gesetz zum Bahnbau datiert vom 27. April 1860. Das erste Teilstück der Badischen Odenwaldbahn zwischen Heidelberg und Mosbach ging zweieinhalb Jahre später am 23. Oktober 1862 in Betrieb, nachdem eine Vielzahl von Trassenvarianten Planung und Bau hinausgezögert hatten. Von Heidelberg führte die neue Strecke logischerweise durchs Neckartal, allerdings nur bis Neckargemünd. Ab dort gings durchs Elsenztal bis Meckesheim und weiter durchs Schwarzbachtal bis Aglasterhausen. Über Aspach und Obrigheim folgte mit Hilfe zweier Tunnel der Abstieg ins Neckartal. Diese schwierige Trassenführung wurde nur in Kauf genommen, um das »feindliche« Hessen zu umfahren. 17 Jahre später war die Hauptbahn-Herrlichkeit zwischen Meckesheim und Neckarelz vorbei, da ab 1879 der Durchgangsverkehr auf der kürzeren und topographisch unproblematischen Neckarstrecke Neckargemünd–Eberbach–Neckarelz abgewickelt werden konnte.

Im oben genannten Gesetz von 1860 war auch der Bau einer Zweigbahn von Meckesheim über Sinsheim, Steinsfurt, Bad Rappenau, Bad Wimpfen zum Anschluß an die württembergischen Staatseisenbahnen in Jagstfeld festgelegt worden. Der Staatsvertrag vom 21. März 1864 zwischen Baden, Württemberg und Hessen (Bad Wimpfen war damals hessische Enklave) schuf die Rahmenbedingungen für den Bahnbau. Württemberg verlängerte die Nordbahn von Heilbronn bis Jagstfeld (heute Bad Friedrichshall-Jagstfeld) und nahm dieses kurze Teilstück am 11. September 1866 in Betrieb. Auf badischer Seite wurde ab dem 25. Juni 1868 der planmäßige Zugverkehr zwischen Meckesheim und Bad Rappenau aufgenommen. Der Lückenschluß von Bad Rappenau über das hessischen Bad Wimpfen nach Jagstfeld stand schließlich ab dem 5. August 1869 dem Durchgangsverkehr zur Verfügung.

Auf der ab 1879 zur Nebenbahn degradierten Verbindung Meckesheim–Neckarelz endete der durchgehende Verkehr mit der Sprengung der Neckarbrücke bei Neckarelz im März 1945. Sie wurde nicht wieder aufgebaut, der Verkehr endete bis 1971 in Obrigheim. Am 25. September 1971 wurde der mit zwei Tunnels unterhaltungsintensive Abschnitt Aglasterhausen–Obrigheim aufgegeben. In den Folgejahren stellte die Bundesbahn auch die Reststrecke zur Disposition. Eine Stillegung hätte jedoch auch das Aus für die SWEG-Nebenbahn Neckarbischofsheim Nord–Hüffenhardt bedeutet. Um die drohende Stillegung und die Abkopplung der SWEG-Strecke abzuwenden, fanden das Land Baden-Württemberg und die landeseigene SWEG eine für damalige Verhältnisse unkonventionelle Lösung: Mit Wirkung vom 1. Januar 1982 wurde die Strecke Meckesheim–Aglasterhausen von der Bundesbahn an die SWEG verpachtet, die seither für Betriebsführung und Unterhaltung der Anlagen zuständig ist. Mit umfangreichen Investitionen zur Rationalisierung und Modernisierung des Betriebes, dem Kauf neuer Fahrzeuge und einem deutlich verbesserten Angebot gelang es innerhalb kurzer Zeit, die Fahrgastzahlen deutlich zu steigern. Mit dieser ersten Regionalisierung einer Bundesbahnstrecke konnte überzeugend bewiesen werden, daß angeblich unwirtschaftliche Nebenstrecken noch lange nicht am Ende sind.

Neckarbischofsheim Nord–Hüffenhardt (KBS 707)

Die Badische Odenwaldbahn führte ab 1862 drei Kilometer entfernt an Neckarbischofsheim vorbei. Um sowohl für Neckarbischofsheim als auch die zwischen Helmhof und Obergimpern ansässigen Kalkbrüche einen Bahnanschluß zu bekommen, gründete sich in den 80er Jahren des 19. Jahrhundert ein Bahnkomitee und trat mit dem Projekt einer Nebenbahn vom Staatsbahnhof Neckarbischofsheim Nord über Neckarbischofsheim und Siegelsbach nach Hüffenhardt auf die Bühne. Mit einer Petition an die Badische Staatsregierung erreichte das Bahnkomitee einen Baukostenzuschuß und mit der Fa. Lenz & Co. aus Berlin konnte ein interessiertes Unternehmen für Bau und Betrieb gewonnen werden. Schließlich waren die gesetzlichen Grundlagen mit dem Gesetz vom 4. Juli 1900 und der Konzessionserteilung vom 12. Oktober 1901 geschaffen. Im Frühjahr 1901 begannen die Bauarbeiten, wobei vor allem im Abschnitt Neckarbischofsheim Nord–Obergimpern erhebliche Erd-, Fels- und Böschungsarbeiten notwendig waren. Rund eineinhalb Jahre später war das Werk vollendet und die Bahn nahm am 16. Oktober 1902 ihren Betrieb auf.

Streckenverlauf (Topographie)

Heilbronn–Sinsheim–Meckesheim–Neckargemünd–Heidelberg (KBS 706)

Kurz nach Verlassen des Heilbronner Hauptbahnhofs wird der Neckar überquert, anschließend biegen die Gleise der Strecke nach Schwäbisch Hall rechts ab. Ebenfalls rechts kommen nun die rebflurbereinigten Hänge des Heilbronner Wartbergs ins Blickfeld. Bis hinter Neckarsulm führt die Strecke durch bebautes Gebiet, die Grenze zwischen Heilbronn und Neckarsulm ist durch das Unterqueren der Autobahn A 8 markiert. Hinter Neckarsulm kommt nun links wieder der Neckar auf Sichtweite heran. Beim Haltepunkt Bad Friedrichshall-Kochendorf ragen links die Anlagen des ehemaligen Salzbergwerks auf. Nach Überqueren des Kocher sind das Gleisvorfeld des Abzweigbahnhofs Bad F'hall-Jagstfeld erreicht, von rechts mündet das Gleis der ehemaligen WEG-Strecke nach Ohrnberg ein. Nach dem Bahnhof verschwinden rechts die Schienen der Neckartalbahn und der Strecke Osterburken.

Eine 611-Doppelgarnitur eilt am 14. August 1998 bei Bad Wimpfen Hohenstadt (KBS 706) durch die bereits abgeernteten Felder.

Die Strecke überquert nun den Neckar und beginnt am linken Talrand zum Bahnhof Bad Wimpfen hochzusteigen, dessen neugotisches Bahnhofsgebäude (links) einen Blick lohnt. Die Trasse führt weiter aus dem Neckartal heraus und schwenkt nach Westen ab. Vorbei am Haltepunkt Bad Wimpfen-Hohenstadt führt die Bahnlinie durch freies Feld auf Bad Rappenau zu. Vorbei an Babstadt (der Ort rechts) tritt die Strecke bei Grombach (ebenfalls rechts) in ein Seitental des Elsenztales ein. Hinter Grombach tritt rechts kurz Schloß Neuhaus ins Blickfeld, ansonsten säumen Wälder das stille Tal. Kurz vor dem Bahnhof Steinsfurt schwenkt links das Gleis der Bahn von Eppingen ein. Die Trasse hat das Elsenztal erreicht, an dessen Verlauf sie sich nun bis Neckargemünd orientiert. Beim neu eingerichteten Haltepunkt Sinsheim-Museum dominieren links die üppig dimensionierten Anlagen des Auto- und Technik-Museums. Nach Sinsheim (Elsenz) passiert die Strecke am linken Talrand die Orte Hoffenheim und Zusenhausen (beide rechts) und trifft kurz vor dem Bahnhof Meckesheim auf die rechts einmündenden Schienen der alten Badischen Odenwaldbahn. Hinter Meckesheim weitet sich das Tal, der Fluß schlängelt sich rechts der Trasse entlang und durch die liebliche Talaue führt die Bahnlinie nach Mauer (bei Heidelberg). Das riedähnliche Landschaftsbild bleibt bis Reilsheim erhalten, wo die Strecke vor und hinter dem Bahnhof über die Elsenz wechselt. Nach dem kurz darauf folgenden Bahnhof Bammental verengt sich das Elsenztal zusehends. Vorbei am aufgelassenen Haltepunkt Waldhilsbach säumen rechts und links die Ausläufer des Odenwaldes die Trasse.

Kurz vor Einfahrt in den Bahnhof Neckargemünd kommen rechts die Gleise der Neckartalbahn heran. Nach Neckargemünd passiert die Strecke ein malerisches Bahnwärterhaus (links) und führt in Sichtweite des Neckars (rechts) vorbei an Schlierbach, mit Blick auf Ziegelhausen am

Reichlich ausgeblichen ist der Lack von 212 176, die am 6. August 1998 in Sinsheim-Steinsfurt einfährt

Im Gegensatz zum vorigen Bild glänzt 611 542 im Bahnhof Meckesheim am 14. August 1998 in makellosem Verkehrsrot. Der Zug ist auf dem Weg nach Mannheim.

In einem weiten Bogen umfährt die Badische Odenwaldbahn Helmstadt (Baden). Ein NE-81 der SWEG stört im Sommer 1998 nur kurz das ländliche Idyll.

rechten Ufer, zum Bahnhof Heidelberg-Karlstor. Der folgende, lange Schloßtunnel verhindert die weitere Sicht auf die romantischen Gemäuer Heidelbergs. Wieder am Tageslicht endet die Strecke kurze Zeit später im neuen Heidelberger Hauptbahnhof, der mit dem Charme der fünfziger Jahre den Reisenden begrüßt.

Meckesheim–Aglasterhausen (KBS 707)

Die heutige Nebenbahn verläßt den Bahnhof Meckesheim und das Elsenztal in einer weiten Linkskurve. Die Bahnlinie nach Bad Friedrichshall bleibt rechts zurück, die Bundesstraße B 45 wird unterquert, die Elsenz überbrückt und die Strecke folgt dem Tal des Schwarzbaches, das Flüßchen zunächst in Fahrtrichtung links. Bald darauf wechselt die Trasse auch über den Schwarzenbach und erreicht den Bahnhof Eschelbronn, das Bahnhofsgebäude existiert hier nicht mehr. Bei Neidenstein grüßt rechts die gleichnamige Burg herüber. Die Bahn führt am nördlichen Talrand weiter nach Waibstadt, wo sich im großen Bahnhofsgebäude die Betriebsleitzentrale befindet. Kurz vor dem Bahnhof Neckarbischofsheim Nord überquert die Strecke auf einer Trägerbrücke die Bundesstraße B 292. Rechts zweigt nach dem Bahnhof das Gleis der Nebenbahn nach Hüffenhardt ab und verschwindet hinter den Betriebsanlagen der SWEG (ebenfalls rechts). Die Trasse wechselt noch einmal über den Schwarzbach und läuft jetzt am südlichen Talrand auf Helmstadt (Baden) zu, das in einem weiten Bogen umfahren wird, der Ort in Fahrtrichtung rechts. Weiter dem Südhang des Schwarzbachtales entlang erreicht die Bahn bald darauf ihren hoch am Hang liegenden Endbahnhof Aglasterhausen.

Ein echter Oldtimer ist der MAN-Schienenbus der SWEG, der am 14. August 1998 bei Neckarbischoffsheim auf der Fahrt nach Hüffenhardt ist.

Neckarbischofsheim Nord–Hüffenhardt (KBS 707)

Nach Ausfahrt aus dem Bahnhof Neckarbischofsheim Nord werden links die Betriebsanlagen der SWEG passiert, dahinter verschwindet die Strecke nach Aglasterhausen. Anschließend überquert die Trasse den Schwarzenbach und tritt in das Krebsbachtal ein. Bis zum Bahnhof Neckarbischofsheim Stadt folgt der landschaftlich schönste Abschnitt der Nebenbahn. Hoch am Nordhang des Tales, zum Teil durch Felseneinschnitte, zieht sich die Bahnlinie entlang. Nach dem Stadtbahnhof verlaufen die Straße nach Obergimpern und die Strecke weitgehend parallel durchs Krebsbachtal, die Straße zunächst rechts der Bahn. Vor Helmhof wird die Straße gekreuzt, gleich dahinter die ehemaligen Verladeanlagen für den Kalksteinverkehr (links). Nach Helmhof wird die Straße erneut gekreuzt. Die Bahn passiert die reizvolle Durchfahrt von Untergimpern. Vorbei an den aufgegebenen Anlagen des Portland-Zementwerks Obergimpern (links) mit seinem einstigen Haltepunkt erreicht die Bahn am nördlichen Talrand entlang führend den Bahnhof Obergimpern.

Die Trasse schwenkt nun nach Norden ab und verläuft zunächst durch freies Feld auf den Bauernwald zu (links). Kurz vor dem Bedarfshaltepunkt Siegelsbach Wald zweigte früher links ein Anschlußgleis ab, das im Zweiten Weltkrieg ein im Wald gelegenes Munitionsdepot der Wehrmacht anband. Nach Kriegsende übernahm die Bundeswehr diese Anlage als Gerätelager und nutzt sie noch heute. Deshalb sind im Bahnhof Siegelsbach augenscheinlich völlig überdimensionierte Gleisanlagen vorhanden, das Anschlußgleis zum Gerätelager zweigt links an der Bahnhofseinfahrt ab. Unspektakulär führt die Bahn dann weiter durch freies Feld zu ihrem Endpunkt Hüffenhardt.

Allg. Reiseziele

Radwanderwege Baden-Württemberg
Alb-Neckar-Weg im Abschnitt Heilbronn–Bad Wimpfen (Kartenmaterial erhältlich beim Landesvermessungsamt Baden-Württemberg sowie bei den Fremdenverkehrsverbänden und Touristik-Gemeinschaften)

Heilbronn siehe Kapitel 3.1

Neckarsulm
Das deutsche Zweiradmuseum befindet sich im ehemaligen Deutschordensschloß. Mit rund 250 Exponaten wird die Entwicklung von Fahr- und Motorrädern dokumentiert. Familienspaß wird im Erlebnisbad AQUAtoll garantiert, das mit Wasserfall, Riesenrutsche, mehreren Becken, Sauna und noch mehr die Besucher lockt.

Bad Friedrichshall-Kochendorf
Das erste Steinsalz Mitteleuropas wurde 1816 in Bad Friedrichshall gefunden. Einen guten Einblick in den Salzbergbau gibt das Besucherbergwerk in Kochendorf mit dem Schacht »König Wilhelm II«. Zum Verweilen laden ferner drei Schlösser ein: das Obere Schloß von 1606, das Untere Schloß, ein Wasserschloß aus dem 16. Jahrhundert und das Schlößchen der Herren von St. André (1710). Die hoch auf einer Terasse gelegene Pfarrkirche (1595) mit ihrem romanischen Chorturm und das Rathaus von 1597 sollten auch nicht vergessen werden.

Bad Wimpfen
Die auf eine staufische Kaiserpfalz aus dem 12. Jahrhundert zurückgehende Bergstadt (Wimpfen am Berg) ist der jüngere aber heute dominierende Stadtteil und liegt über dem steilen Talrand. Die einstige Pfalz (befestigter Königshof) erstreckte sich zwischen dem massigen Roten Turm (12. Jahrhundert) und dem 55 m hohen Blauen Turm. Weitere Überbleibsel der Pfalz sind die Pfalzkapelle mit einer kirchengeschichtlichen Sammlung, der Palas, das stattliche Steinhaus mit dem Steinhaus-Museum zur Lokalgeschichte sowie das Schwibbogentor. Die schönen Fachwerkhäuser in der Bergstadt stammen überwiegend aus dem 16. und 17. Jahrhundert. Besonders erwähnenswert sind das Badhaus (1534), das Stadthaus der Herren von Ehrenburg (1451), das stattliche Riesenhaus (1532) und die Häusergruppe um den Adlerbrunnen von 1576. Die ersten Bauten der 1516 vollendeten evangelischen Stadtpfarrkirche datieren aus dem 13. Jahrhundert. Im Innern lohnen vor allem die Glasgemälde, die Wandbilder, die Kanzel und der Hochaltar mehr als nur einen Blick. Die bedeutende Kreuzigungsgruppe von Hans Backoffen aus dem frühen 16. Jahrhundert ist auf dem nahegelegenen aufgelassenen Friedhof zu finden. Auch die katholische Pfarrkirche (ehemalige Dominikanerkirche) birgt im Innern Sehenswertes. Ihre Ursprünge stammen aus dem frühen 14. Jahrhundert, sie ist aber im 18. Jahrhundert erheblich umgebaut worden. Von den ehemaligen Klosterbauten kann vor allem der schöne spätgotische Kreuzgang gefallen. Im Wormser Hof ist ein Puppenmuseum mit Puppen ab 1860 untergebracht. Das originelle Glücksschweinmuseum mit rund 2500 Ausstellungsstücken ist im Kronengäßchen 2 zu finden.
Die Talstadt (Wimpfen im Tal) war schon zu Römerzeiten Sitz eines Kastells. Im Mittelalter steht an gleicher Stelle ein Ritterstift, dessen Mauern, heute noch weitgehend erhalten, der Mauerlinie des römischen Kastells folgen. Eine frühe Schöpfung der deutschen Gotik ist die monumentale und prächtige Stiftskirche St. Peter und Paul (13. bis 15. Jahrhundert), deren älteste Tei-

le aus dem frühen 11. Jahrhundert stammen. Auch die zum Teil frühgotische Ausstattung im Innern lohnt mehr als nur einen Blick. Von den Klostergebäuden ist der Kreuzgang, die Stiftskellerei, die Stiftsdechantei und die Kustorei erwähnenswert. Seit 1947 beherbergt das Kloster aus Schlesien vertriebene Benediktinermönche. Nicht versäumt werden sollten auch die im wesentlichen barocken Häuserfassaden der Hauptstraße mit einem barocken Brunnen von 1667.

Bad Rappenau
Die Kurstadt glänzt mit einem modernen Therapiezentrum, einem Solewellenbad und einem großen Kurpark.

Sinsheim (Elsenz)
siehe Kapitel 3.1

Neckargemünd
Am Ortseingang grüßt das sogenannte Triumphtor (1788) für Kurfürst Karl Theodor. Im alten Stadtkern lassen sich hübsche Fachwerkhäuser und reizende Winkel entdecken. Die sehr schöne spätgotische evangelische Pfarrkirche mag einen Besuch des Altstadtensembles abschließen.

Heidelberg siehe Kapitel 1

Neidenstein
Die gleichnamige Burg dominiert die kleine Ortschaft. Die Gebäude der geräumigen Vorburg stammen aus dem 16. Jahrhundert, die Ursprünge der Hauptburg mit ihren Zwingermauern und dem überragenden Bergfried datieren aus dem 14. Jahrhundert. Im Rittersaal und in der Kapelle können die Wandmalereien gefallen. Sehenswerte Grabdenkmäler der Burgherren befinden sich bei der evangelischen Kirche aus der zweiten Hälfte des 18. Jahrhunderts.

Neckarbischofsheim
Große Teile der alten Ortsanlage sind durch einen Brand im Jahre 1859 vernichtet worden. Übrig geblieben sind u.a. das sogenannte »Steinerne Haus«, Teil einer ehemaligen Wasserburg aus dem 15. Jahrhundert. Die Zehntscheuer stammt von 1570. Im Park mit einem schönen Sandsteintor von 1590 sind noch Reste des alten Schlosses zu finden. Die evangelische Stadtkirche mit ihrem stattlichen Chorturm (15./16. Jahrhundert) birgt im Innern eine sehenswerte Kanzel. Von der alten Stadtbefestigung des 14./15. Jahrhunderts sind noch diverse Reste erhalten, darunter der »Fünfseitige Turm« von 1448.

Reiseziele für Eisenbahnfreunde

siehe Kap. 3.1

Fototips

Heilbronn–Meckesheim–Heidelberg (KBS 706)

- Salzbergwerk bei Bad Friedrichshall-Kochendorf (vormittags)
- Neckarbrücke in Bad Friedrichshall-Jagstfeld
- Bahnhof Bad Wimpfen mit Kaiserpfalz (vormittags)
- um Bad Wimpfen-Hohenstadt
- Bahnhof Grombach
- Bahnhof Sinsheim-Steinsfurt (auch mit Stadtansicht) und Flügelsignalen
- Elsenztal um Hoffenheim
- Bahnhof Meckesheim mit Flügelsignalen
- altes Bahnwärterhaus bei Neckargemünd
- Stadtansicht Heidelberg und Neckar bei Heidelberg-Karlstor

Meckesheim–Aglasterhausen (KBS 707)

- Bahnhof Meckesheim
- um Neidenstein
- Bahnhof Waibstadt
- Bahnhof Neckarbischofsheim Nord
- um Helmstadt

Neckarbischofsheim Nord–Hüffenhardt (KBS 707)

- Bahnhof Neckarbischofsheim Nord
- Felseinschnitt bei Neckarbischofsheim
- zwischen Neckarbischofsheim und Helmhof
- Bahnhof und Durchfahrt Untergimpern mit Kirche
- Durchfahrt Obergimpern
- zwischen Siegelsbach und Hüffenhardt

Spurensuche

- ehemalige Nebenbahn Bad Friedrichshall-Jagstfeld–Ohrnberg ist stillgelegt und (zum Teil) abgebaut
- die Teilstrecke Aglasterhausen–Neckarelz der Badischen Odenwaldbahn ist stillgelegt und abgebaut
- die SWEG-Nebenbahn Meckesheim–Schatthausen–Dielheim–Wiesloch ist stillgelegt und abgebaut

Bahnbetrieb

Die zweistündlich verkehrenden RE zwischen Heilbronn und Heidelberg sollten theoretisch von Neigetriebwagen der BR 611 gefahren werden. Lokbespannte Züge mit 218 und selten auch 212 sowie Triebwagen der BR 628.2 teilen sich bei den RegionalBahnen die Arbeit. Bei den Wendezügen steht die Lok in der Regel in Richtung Heidelberg am Zug.
Die SWEG-Bahnlinie Meckesheim–Aglasterhausen ist eine Domäne der NE 81-Triebwagen. Ein Refugium der alten MAN-Triebwagen und (noch) der alten Esslinger-Triebwagen ist die SWEG-Strecke Neckarbischofsheim Nord–Hüffenhardt. Zwischen Meckesheim und Aglasterhausen kommen diese Triebwagen nur als Verstärker oder bei Ausfällen zum Einsatz.

Adressen

Tourismusverband Neckarland-Schwaben, Lohtorstr. 21, 74072 Heilbronn, Tel. (0 71 31) 7 85 20, Fax (0 71 31) 78 52 30
SWEG - Verkehrsbetrieb Meckesheim-Aglasterhausen-Hüffenhardt, Neidensteiner Str. 2, 74915 Waibstadt
Bad Friedrichshall: Touristinfo unter Tel. (0 71 36) 8 32 91
Heidelberg: Verkehrsverein Heidelberg, Postfach 10 58 60, 69048 Heidelberg, Tel. (0 62 21) 14 22 11, Fax (0 62 21) 14 22 22
Heilbronn: Verkehrsamt Heilbronn, Marktplatz, 74072 Heilbronn, Tel. (0 71 31) 56 22 70, Fax (0 71 31) 56 31 40

Bahn-Angebotsdichte

Zugart	Abschnitt	Angebot	Zwischenhalte
RE	Heilbronn - Heidelberg	zweistündlich	Neckarsulm, Bad F'hall-Jagstfeld, Bad Wimpfen, Bad Rappenau, Sinsheim, Meckesheim
RB	Heilbronn - Heidelberg	zweistündlich	alle Bahnhöfe bis auf Schlierbach-Ziegelhausen
RB	(Eppingen -) Steinsfurt - Heidelberg	mo-sa zweistündlich	alle Bahnhöfe bis auf Schlierbach-Ziegelhausen
SWEG	Meckesheim - Aglasterhausen	zweistündlich (mo-sa stündlich)	alle Bahnhöfe
SWEG	Neckarbischofsheim Nord - Hüffenhardt	gering und nur mo-fr	alle Bahnhöfe

4. Vom Neckar zum Rhein – alte und neue Magistralen

4.1 Entlang der Strecken Stuttgart–Karlsruhe (KBS 770)/Bruchsal (KBS 771)

Streckengeschichte

Die Westbahn (Stuttgart–) Bietigheim–Mühlacker–Bruchsal (KBS 771) und ihre Abzweigung Mühlacker–Pforzheim–Karlsruhe (KBS 770)

Schon das erste württembergische Eisenbahngesetz vom 18. April 1843 sah eine Verbindung der Landeshauptstadt mit Baden an der westlichen Landesgrenze vor. Allerdings war von einer genauen Streckenführung noch nicht die Rede. Tatsächlich dauerte es bei der Westbahn besonders lange, bis eine geeignete Trassenführung gefunden war und Einigkeit zwischen Württemberg und Baden hergestellt werden konnte. Nach zähen Verhandlungen zwischen Württemberg und Baden kam es am 5. Dezember 1850 zum ersten Staatsvertrag zwischen den beiden Ländern. Württemberg durfte die Strecke von Bietigheim über Bretten nach Bruchsal bauen, sogar als württembergische Bahn von der Grenze kurz vor Bretten bis Bruchsal auf badischem Gebiet. Baden erhielt im Vertrag für den auf badischem Gebiet liegenden Abschnitt ein Rückkaufsrecht zugesichert. Die Verbindung über Pforzheim nach Durlach wurde im Vertrag zurückgestellt, ein Abzweigepunkt, der spätere Bahnhof Mühlacker jedoch festgelegt. Mit dem Bahnbau wurde unter Etzel unverzüglich begonnen. Nennenswerte Probleme gab es kaum, einzig im Salbachtal bei Heidelsheim mußten in einem Einschnitt Rutschungen stabilisiert werden. Mit dem Bietigheimer Enzviadukt, 240 m lang und 33 m hoch, setzte sich Etzel ein bleibendes Denkmal. Diese steinerne Gewölbebrücke ist heute noch in ihrer weitgehend ursprünglichen Form erhalten und gilt als eine der schönsten Eisenbahnbrücken Deutschlands. Mit der feierlichen Eröffnung der kompletten Strecke am 27. September 1853 war der erste Anschluß an Baden hergestellt. Allerdings mußte In Bruchsal zunächst noch umgestiegen werden, da die Badische Staatsbahn bis 1854 hier breitspurig (1600 mm) fuhr.

Für die vor allem von Baden gewünschte Zweigbahn von Mühlacker Richtung Pforzheim wurden noch zwei weitere Staatsverträge benötigt: Im Staatsvertrag vom 17. Dezember 1857 zwischen Baden und Württemberg war neben Anschluß von Enzbahn und Nagoldtalbahn im badischen Pforzheim auch die Verbindung Pforzheim–Mühlacker geregelt. Da Baden aber schon weitreichende Zugeständnisse bei der württembergischen Westbahn gemacht hatte, genehmigte die badische Erste Kammer diesen Vertrag im Hinblick auf die Anschlüsse der württembergischen Enzbahn und Nagoldtalbahn in Pforzheim nicht.

Somit wurde im Badischen Gesetz vom 7. Mai 1858 nur der Streckenbau zwischen Durlach und Pforzheim beschlossen.

Der erste Abschnitt Durlach–Wilferdingen ging schon am 10. August 1859 in Betrieb, das Reststück Wilferdingen–Pforzheim folgte am 4. Juli 1861. Mit dem Staatsvertrag vom 6. November 1860 war zwischenzeitlich auch für die Weiterführung der Durchbruch gelungen: Baden hatte bei der Anlage des Bahnhofs Pforzheim die Belange der württembergischen Zweigstrecken doch berücksichtigt, so daß Württemberg im Gegenzug den badischen Anschluß in Mühlacker zuließ. Die badische Bahn Mühlacker–Pforzheim konnte nun gebaut werden. Fast zehn Jahre nach der ersten Verbindung des badischen und württembergischen Eisenbahnnetzes war mit der Fertigstellung dieses Abschnitts am 1. Juni 1863 der zweite Anschluß hergestellt.
Sehr schnell übernahm die Westbahn im Transitverkehr die führende Rolle in Württemberg und reichte, hoch rentabel, wie ein Pfahl tief ins badische Gebiet. Erst mit dem Bau der Kraichgaubahn Karlsruhe–Bretten–Eppingen besann sich die badische Regierung 1874 auf das ihr im Staatsvertrag von 1850 garantierte Rückkaufsrecht für den Abschnitt Bruchsal–Landesgrenze. Am 15. November 1878 war nach längeren Verhandlungen ein Staatsvertrag mit Württemberg über den Rückkauf der Strecke Bretten–Bruchsal perfekt. Damit konnte eine unzumutbare Situation gerade noch vermieden werden: Die Kraichgaubahn, ausschließlich auf badischem Gebiet verlaufend, hätte in Bretten auf badischem Boden eine württembergische Bahn gekreuzt.
Bis zur Inbetriebnahme der Neubaustrecke Stuttgart–Mannheim behielt die Westbahn ihre herausragende Bedeutung im Transitverkehr und gehörte zu den am höchsten belasteten Strecken der Deutschen Bundesbahn. Immerhin war sie auch als eine der ersten Strecken nach dem Zweiten Weltkrieg elektrifiziert worden, 1951 reichte der Fahrdraht bis Mühlacker, 1954 war Bruchsal erreicht. Obwohl hochwertige Reisezüge heute weitgehend von der Westbahn verschwunden sind, sorgen der Güterverkehr und dichter Regionalverkehr immer noch für hohe Zugfolgen.
1994 begann der Stadtbahnbetrieb mit Zweisystem-Triebwagen der rührigen AVG auf der Strecke Bruchsal–Bretten. Die heutige S 9 fährt ab Sommerfahrplan 1999 bis nach Mühlacker. Ab Sommerfahrplan 1999 wird die S 5 von Pforzheim über Mühlacker (Anschluß an S 9), Vaihingen/Enz nach Bietigheim verlängert. Dort können zukünftig Stuttgarter und Karlsruher S 5 gemeinsam abgelichtet werden.

Maulbronn West–Maulbronn Stadt (KBS 772)

Am Vorabend der Mobilmachung zum 1. Weltkrieg erhielt am 1. August 1914 das durch seine Zisterzienserabtei bekannte Maulbronn Anschluß an die große Eisenbahnwelt. Die gerade einmal 2,35 km lange Stichstrecke stellte einen direkten Anschluß an die württembergische Magistrale Stuttgart–Mühlacker–Bruchsal her, die einige Kilometer westlich an Maulbronn vorbeiführt. Ein Damm und ein Einschnitt waren die größten Kunstbauten der kurzen Nebenbahn, die bis zu ihrer Stillegung im Personenverkehr am 3. Juni 1973 ein sehr geringes Verkehrsaufkommen besaß. Damit wäre das Schicksal dieser unauffälligen Nebenbahn besiegelt gewesen, wenn nicht die Besucherströme in das zwischenzeitlich zum Weltkulturerbe der UNESCO aufgestiegene Kloster Maulbronn ein Umdenken gebracht hätten. In Zusammenarbeit mit dem Land Baden-Württemberg, der Stadt Maulbronn und dem Verkehrsclub Deutschland (VCD) bietet die DB seit 1997 in den Sommermonaten an Sonn- und Feiertagen den sogenannten VCD-Klosterstadt-Express nach Maulbronn Stadt an. Im Zusammenhang mit der Aufnahme des AVG-Stadtbahnbetriebes zwischen Mühlacker und Bretten wird die Stichbahn nach Maulbronn Stadt ebenfalls 1999 von der AVG übernommen. Die Weiterfahrt des Klosterstadt-Express ist damit sichergestellt. Bei der Innovationsfreudigkeit der AVG kann auch eine zukünftige Elektrifizierung und Integration ins Karlsruher S-Bahn-Netz nicht ausgeschlossen werden.

Stuttgart-Zuffenhausen–Weil der Stadt (KBS 790.6)

Nachdem die Stammlinien fertiggestellt waren, rückte auch der Schwarzwald ins Blickfeld der Bahnbauer. Für den Anschluß von Stuttgart aus kristallisierten sich bald zwei Trassenvarianten heraus, einmal über Böblingen nach Calw, zum anderen von Zuffenhausen über Leonberg und Weil der Stadt nach Calw. Letztendlich wurde durch das Gesetz vom 13. August 1865 der Bau der Württembergischen Schwarzwaldbahn Zuffenhausen–Weil der Stadt–Calw–Nagold beschlossen. Daß der Wohnsitz des für das Eisenbahnwesen zuständigen Ministers, Freiherr von Varnbüler, in Hemmingen bei Leonberg lag, trug möglicherweise zur Entscheidungsfindung bei. Ab 1865 wurde an der Württembergischen Schwarzwaldbahn gebaut. Ohne größere Schwierigkeiten und Kunstbauten konnte bis zum 23. September 1868 der Abschnitt Zuffenhausen–Ditzingen fertiggestellt werden. Am 1. Dezember 1869 war ebenso problemlos Weil der Stadt erreicht. Um dem erwarteten Holzverkehr gerecht zu werden, wurde der Abschnitt Weil der Stadt–Calw mit mäßigen Steigungen und großzügigen Kurvenradien geplant. Die starken Höhenunterschiede mußten durch weite Schleifen, gewaltige Dammaufschüttungen und Einschnitte sowie zwei Tunnels bewältigt werden. Beträgt die direkte Entfernung Weil der Stadt–Calw nur 14 km, waren auf der Schiene 23 km zurückzulegen. Diese aufwendige Trassierung sowie der deutsch-französische Krieg 1870/71 ließen den weiteren Bahnbau nur langsam fortschreiten, so daß der Abschnitt Weil der Stadt–Calw–Nagold erst am 20. Juni 1872 seiner Bestimmung übergeben werden konnte. Schon bald zeigte sich, daß das Verkehrsaufkommen auf der Württembergischen Schwarzwaldbahn, speziell im Abschnitt Weil der Stadt–Calw weit hinter den Erwartungen zurückblieb. Hingegen entwickelte sich von Stuttgart bis Weil der Stadt ein zunehmend bedeutender Pendlerverkehr. Schon 1935 wurde daher der zweigleisige Ausbau Zuffenhausen–Renningen sowie die Elektrifizierung bis Weil der Stadt beschlossen. Der elektrische Vorortverkehr konnte noch am 18. Dezember 1939, nach Beginn des Zweiten Weltkrieges, aufgenommen werden. Während der Abschnitt Zuffenhausen–Weil der Stadt ab 29. September 1978 als S 6 ins Stuttgarter S-Bahn-Netz integriert ist, gingen am 28. Mai 1983 zwischen Weil der Stadt und Calw die Lichter aus. Die künstliche Längenentwicklung und die damit verbundenen unattraktiven Fahrzeiten gaben dem direkten Weg des Bahnbusses den Vorzug.

Die Strohgäubahn Korntal–Weissach (KBS 790.7)

Die fruchtbaren Gefilde des Strohgäu waren lange Zeit eisenbahnmäßig vernachlässigt worden. Der Staat hatte an einer Erschließung des Strohgäus kein Interesse, so daß letztlich nur eine Privatbahn in Frage kam. Ein potentieller Betreiber wurde mit der Westdeutschen Eisenbahn-Gesellschaft (WeEG) gefunden. Im Spätherbst 1899 begannen die ersten Vorarbeiten, doch kurz darauf auch die ersten Schwierigkeiten. Zum einen zog die Staatsregierung den zugesagten Zuschuß zurück, da ein Konkurrenzierung der Staatsbahnstrecke Stuttgart–Mühlacker–Pforzheim befürchtet wurde, zum anderen stockte der Geländeerwerb im Raum Zuffenhausen/Münchingen wegen überhöhter Forderungen. Als Alternative sprang die Gemeinde Korntal in die Bresche, bot hier den Anschluß an die Staatsbahn an und sicherte konstengünstigen Geländeerwerb für die geänderte Streckenführung zu. Schließlich wurde am 4. Mai 1901 die Konzession für eine Bahnlinie Korntal–Weissach erteilt, die Weiterführung nach Niefern sollte zu einem späteren Zeitpunkt erfolgen. MIt der feierlichen Eröffnung am 13. August 1906 war der 1902 begonne Bahnbau abgeschlossen, nachdem zwischenzeitlich die Konzession auf die zwar zur WeEG gehörende aber in Stuttgart ansässige Württembergische Nebenbahnen AG (WÜNA) übergegangen war.

Die Güterumgehungsbahn Kornwestheim–Untertürkheim (KBS 790.8)

Die beengten Verhältnisse im Stuttgarter Hauptbahnhof waren schon zu Beginn der sechziger Jahre des vorigen Jahrhunderts ein Problem. Kopfzerbrechen bereitete vor allem der zunehmende Durchgangsgüterverkehr, dessen Schwerpunkt damals wie heute in der Relation Bruchsal–Stuttgart–Ulm lag. Infolgedessen begann man im letzten Viertel des 19. Jahrhunderts mit Planungen zur Umgehung des Hauptbahnhofes und strebte eine direkte Verbindung zwischen der Nordbahn bei Zuffenhausen und der Ostbahn bei Untertürkheim an. Mit hohem Aufwand wurde die sogenannte Umgehungsbahn bis zum 1. Oktober 1895 verwirklicht. Zwei große Talbrücken, darunter der 661 m lange König-Wilhelm-Viadukt über den Neckar (längster Viadukt Württembergs bis zur Inbetriebnahme der NBS Stuttgart–Mannheim), sowie ein Tunnel waren für den Bau der 11,5 km langen Strecke erforderlich. In Untertürkheim mußte ein neuer Rangierbahnhof erstellt werden. Entsprechend ihrer Bedeutung war die Umgehungsbahn mit der ersten Elektrifizierungswelle im Jahre 1933 auch unter Draht.

Die »Stadtbahn« Vaihingen/Enz Nord–Enzweihingen (KBS 773)

Die alte Oberamtsstadt Vaihingen/Enz war beim Bau der Westbahn Bietigheim–Bruchsal im Jahr 1853 im wahrsten Sinne des Wortes links liegengeblieben. Die Westbahn führte in rund drei Kilometer Entfernung nördlich der Stadt vorbei und sogar der nächstgelegene Bahnhof beim heutigen Ortsteil Kleinglattbach ignorierte ursprünglich die Oberamtsstadt, er erhielt nämlich die Bezeichnung Sersheim. Erst einige Zeit später wurde er wenigstens in »Vaihingen-Sersheim« umbenannt. Aber auch die neue Namensgebung verhinderte nicht die Abwanderung von Arbeitskräften und die Neuansiedlung von Gewerbebetrieben. Schließlich bildete sich im November 1889 ein Eisenbahnkomitee, das einen Anschluß Vaihingens ans Schienennetz forcieren sollte. Nach verschiedenen Varianten blieb zunächst eine Verbindungsbahn vom Bahnhof Vaihingen-Sersheim nach Vaihingen Stadt übrig, für deren Realisierung die Fa. Artur Koppel aus Berlin gewonnen werden konnte. Diese schlug in Abstimmung mit dem Bahnkomitee eine Verlängerung nach Enzweihingen vor. Nach Gründung der Württembergischen Eisenbahngesellschaft AG (WEG) am 13. Mai 1899 unter der Leitung der Fa. Artur Koppel wurden dieser in der Folgezeit sämtliche Vereinbarungen zwischen der Fa. Koppel und dem Bahnkomitee übertragen. Am 15. Dezember 1900 schloß die WEG mit den Gemeinden Vaihingen/Enz und Enzweihingen einen Vertrag, welcher

Eine der schönsten Eisenbahnbrücken Deutschlands ist der von Karl Etzel gebaute Bietigheimer Enzviadukt (KBS 770). Die steinerne Gewölbebrücke ist bis heute in weitgehend ursprünglicher Form erhalten geblieben. Im Spätherbst 1998 rollt eine 110 mit einem Regionalexpreß in Richtung Stuttgart über das markante Bauwerk.

eine bestimmte Kostenbeteiligung der Gemeinden vorsah. Im Gegenzug übernahm die WEG den Bau und Betrieb der zukünftigen Nebenbahn. Die Konzession erhielt die WEG am 20. Juli 1902, doch erst am 20. Oktober 1903 erfolgte der erste Spatenstich. Die Arbeiten schritten dann schnell voran, so daß schon ein Jahr später am 15. Oktober 1904 die neue Strecke mit großen Feierlichkeiten eröffnet werden konnte.

Streckenverlauf (Topographie)

Westbahn (Stuttgart–) Bietigheim–Mühlacker–Bruchsal (KBS 771)

Noch im Gleisvorfeld des Stuttgarter Hauptbahnhofes beginnt die Bahn Richtung Bietigheim ihren Anstieg aus dem Stuttgarter Talkessel. Historisch richtig wäre für diesen Abschitt die Bezeichnung Nordbahn bzw. Centralbahn bis Ludwigsburg. Rechts unten liegen die Abstellanlagen des Wagenbetriebswerks, dem sich der Betriebshof für die Lokomotiven anschließt. Vorbei an der S-Bahn-Station Stuttgart-Nord führt die Trasse durch den 680 m langen Pragtunnel mit seinen beiden jeweils zweigleisigen Röhren zum Bahnhof Stgt.-Feuerbach. Die Strecke passiert links das nicht mehr genutzte, unter Denkmalschutz stehende württembergische Stellwerk von Feuerbach, rechts kommt anschließend die hier vierspurig ausgebaute Bundesstraße B 27 direkt an die Bahn heran. Am S-Bahnhof Stgt.-Zuffenhausen mit seinen Überführungsbauwerken für die kreuzungsfreie Ausfädelung der S-Bahnlinie nach Weil der Stadt verschwindet diese links. Hinter Zuffenhausen unterquert die Strecke beim Abzweig Salzweg die Verzweigung der Bundesstraßen B 10 und B 27, um gleichzeitig selbst in die Überführungsbauwerke von S-Bahn- und Fernverkehrstrassen einzutauchen. Links verschwindet die Neubaustrecke Stuttgart–Mannheim im Tunnel »Langes Feld«, die Centralbahn unterquert anschließend die Güterbahn Kornwestheim–Untertürkheim. Am Personenbahnhof Kornwestheim fallen links die traditionsreichen Fabrikgebäude der bekannten Schuhfabrik Salamander ins Auge. Hinter dem Bahnhof Ludwigsburg zweigt zunächst rechts die S-Bahn nach Marbach ab und links verschwindet wenig später die nur noch im Güterverkehr betriebene Strecke nach Markgröningen. Bei Asperg dominiert links auf der Bergkegel über der Ortschaft die Festung Hohenasperg. Vorbei an Tamm (Württ.) läßt sich schon im Weichbild von Bietigheim rechts ein tiefer Einschnitt mit einem Abstellgleis erkennen.

Spurensuche: Durch den neu gebauten Bahnhof an der NBS wurde der Bahnhof Vaihingen Enz-Nord (fast) überflüssig. Die DB-Gleisanlagen sind verschwunden, die WEG-»Stadtbahn« (KBS 773) verkehrt aber nach wie vor. Im August 1989 hatten die WEG-Fahrgäste noch Anschluß zum DB-Eilzug nach Mühlacker.

Hier mündete früher die Strecke von Backnang ein, die nach Kriegsende nicht mehr in Betrieb genommen wurde.
Die Westbahn nimmt mit der Ausfahrt aus dem Bahnhof Bietigheim-Bissingen ihren Anfang. Die Nordbahn nach Heilbronn bleibt rechts zurück. Die Westbahn schwenkt in einer Linkskurve ab, um anschließend auf dem bekannten, 214 m langen Enzviadukt das gleichnamige Tal zu überqueren. Am Südrand des Mettertals führt die Bahn nun über Metterzimmern und Sachsenheim (ehemals Großsachsenheim) nach Sersheim. Hinter dem Bahnhof Sersheim verläßt die Westbahn das Mettertal und ihre alte Trasse, die rechts gut sichtbar abzweigt und mit einem Gütergleis bis zum Bahnhof Vaihingen/Enz Nord noch genutzt wird. Die neue Streckenführung verläuft zunächst im Einschnitt, um dann durch den 1078 m langen Nebenweg-Tunnel in die NBS Stuttgart–Mannheim und den neuen, futuristisch anmutenden Bahnhof Vaihingen/Enz einzumünden. Nach Ausfahrt aus dem Bahnhof Vaihingen/Enz fädelt die Westbahn wieder aus dem Bahnkörper der NBS aus, um bei Illingen (Württ.) wieder auf die alte Trasse zu gelangen. Vor Mühlacker ragt rechts der 315 m hohe, bewaldete Hochberg auf. Hinter Mühlacker zweigt links die Strecke nach Pforzheim ab, die dem Enztal folgt. Die Westbahn führt weiter über Ötisheim zum mitten in einem ausgedehnten Waldgebiet liegenden Bahnhof Maulbronn West. Hier zweigt die Nebenbahn nach Maulbronn Stadt ab, die nach dem Bahnhof rechts im Wald verschwindet. Die Trasse umkurvt nun den 332 m hohen Aschberg (links). Bei Ölbronn erhebt sich im Hintergrund ebenfalls links der 370 m hohe Eichelberg. Ab Klein-Villars (rechts) folgt die Westbahn dem Salzachtal. Vorbei an Ruit (rechts) bietet sich kurz vor Bretten rechts ein schöner Blick auf die Silhouette der Stadt mit ihren Türmen. Vor der Einfahrt in den Bahnhof kommt von rechts die Kraichgaubahn aus Eppingen heran.
Nach der Ausfahrt aus dem Bahnhof führt rechts die Kraichgaubahn nach Karlsruhe

Bei Diedelsheim an der Strecke Bretten–Bruchsal (KBS 771) rollt eine grüne 150 mit einem langen Güterzug durch die schneebedeckte Landschaft.

Das Bahnhofsgebäude von Maulbronn Stadt paßt mit seiner Spitzbogenarchitektur bestens zum nahegelegenen Zisterzienserkloster. In den Sommermonaten verkehrt regelmäßig der »VCD-Klosterstadt-Expreß« über die (noch) stillgelegte Strecke, bald fährt auch hier die Albtalbahn. Der Museums-VT 95 der DB allerdings kam als Sonderzug nach Maulbronn Stadt. Foto: C. Honzera

auf eine Rampe, um anschließend über die Westbahn hinwegzuführen und links zu verschwinden. Die Westbahn verläuft nun im Salbach-Tal und gleich darauf folgt der neu eingerichtete Haltepunkt Diedelsheim, rechts die schöne Ortsansicht. Die Trasse wechselt über den Saalbach, das Flüßchen fließt jetzt links direkt neben der Bahn. In Gondelsheim (Baden) lohnt rechts ein Blick aufs Schloß, dann wird der neu eingerichtete Haltepunkt Gondelsheim Schloßstadion passiert. Über Helmsheim (der Ort rechts) und Heidelsheim wird nach dem neuen Haltepunkt Heidelsheim Nord wieder der Saalbach überquert. Beim Haltepunkt Bruchsal Schlachthof fallen rechts die schönen alten Schlachthofgebäude ins Auge. Vor dem neuen Haltepunkt Bruchsal Tunnelstraße wird die Barockkirche St. Peter in einem kleinen Tunnel unterfahren. Dann folgt der große Bruchsaler Stadttunnel, nach dessen Ausfahrt die Westbahn in die alte Badische Hauptbahn einschwenkt und kurz darauf im Bahnhof Bruchsal endet.

Maulbronn West–Maulbronn Stadt (KBS 772)

Die Strecke zweigt im Bahnhof Maulbronn West von der Westbahn ab, führt noch ein kurzes Stück neben ihr her und schwenkt dann nach rechts ab. Die Westbahn nach Bruchsal bleibt links zurück. Die Maulbronner Trasse verläuft nun im Wald, den sie erst kurz vor dem Stadtbahnhof wieder verläßt. Vor dem sehenswerten Empfangsgebäude am südlichen Stadtrand endet die unspektakuläre Nebenbahn.

Mühlacker–Pforzheim–Karlsruhe (KBS 770 und 710.5)

Hinter dem Bahnhof Mühlacker läßt die Strecke nach Pforzheim die Westbahn rechts liegen und folgt dem Enztal am nördlichen Talrand. Bis Enzberg bietet sich links ein schöner Blick zurück auf den Mühlacker Teilort Dürrmenz. Vorbei an Niefern überquert die Trasse kurz vor Eutingen (Baden) die Autobahn A 8. Weiter am Talhang des Enztales entlang erreicht die Strecke wenig später Pforzheim. Nach der Ausfahrt aus dem Bahnhof zweigen links die Strecken nach Wildbad und Calw ab. Kurz dahinter unterquert die Karlsruher Bahn in einem Tunnel den nördlichen Talhang, um ins Kämpfelbach-Tal überzuwechseln. Gleich nach der Tunnelausfahrt führt die Bahnlinie unter der hohen Talbrücke der Autobahn A 8 hindurch. In Ispringen lohnt rechts ein Blick auf den malerischen alten Ortskern mit seinen Fachwerkhäusern und der Kirche. Über den neu angelegten S-Bahn-Haltepunkt Ispringen West gelangt die Trasse zum Bahnhof Ersingen. Dahinter folgt der 180 m lange Ersinger Tunnel, anschließend der neue Haltepunkt Ersingen West. Vorbei an Bilfingen und Königsbach (Baden) wird der Bahnhof Wilferdingen-Singen erreicht. Die Trasse wechselt ins Pfinztal über, der kleine Fluß wird zum ersten Mal kurz nach dem Bahnhof Wilferdingen-Singen überquert und befindet sich zunächst rechts der Strecke. Hinter Kleinsteinbach wechselt die Bahnlinie wieder das Ufer der Pfinz. Ab dem neuen Haltepunkt Söllingen-Kapellenstraße ist die Strecke dreigleisig ausgebaut, ein Gleis ist ausschließlich für die S-Bahn vorgesehen. Nach dem Bahnhof Söllingen folgen die neuen Haltepunkte Söllingen Reetzstraße und Berghausen Stadion. Vorbei am Bahnhof Berghausen sowie den neuen Halte-

Ein echtes Erfolgsmodell sind die Zweisystem-Stadtbahnwagen der AVG, die den Karlsruher S-Bahn-Betrieb bestreiten. Am 29. Februar 1992 ist ein Einzel-TW bei Ersingen (KBS 710.5) unterwegs.

punkten Berghausen Pfinzbrücke und Grötzingen Krappmühlenweg kommt bei Grötzingen Oberausstraße von rechts die Kraichgaubahn heran. Hinter Grötzingen tritt links mit dem Turmberg der Karlsruher Hausberg ins Blickfeld. Vor dem Bahnhof Karlsruhe-Durlach münden rechts die Schienen der alten Badischen Hauptbahn aus Heidelberg ein. Die S-Bahn geht im Bahnhof Durlach mit Hilfe einer Rampe auf das Karlsruher Straßenbahnnetz über und fährt in die Innenstadt, während die DB-Strecke kurze Zeit später den Karlsruher Hauptbahnhof mit seinen schönen Bahnhofshallen erreicht.

Stuttgart-Zuffenhausen–Weil der Stadt (KBS 790.6)

Im Bahnhof Stgt.-Zuffenhausen zweigt die zweigleisige Trasse der württembergischen Schwarzwaldbahn von der viergleisigen Centralbahn nach Ludwigsburg in einem Linksbogen ab. Beim Haltepunkt Neuwirtshaus zieht sich links der Trasse ein bewaldeter Ausläufer des Lembergs entlang. Nach dem Haltepunkt mündet von rechts die eingleisige, elektrifizierte Güterverbindungsbahn vom Kornwestheimer Rangierbahnhof ein, welche zusammen mit der Rankbachbahn Renningen–Böblingen eine direkte Verbindung zur Gäubahn herstellt. Bei der Ausfahrt des Bahnhof Korntal zweigt rechts die WEG-Nebenbahn nach Weissach ab, anschließend rechts ein kleiner Fahrzeugschuppen der WEG. Von rechts grüßt anschließend der aus Bauaushub künstlich geschaffene Aussichtsberg »Grüner Heiner« herüber, während links für einen kurzen Moment auf der bewaldeten Höhe im Hintergrund Schloß Solitude ins Blickfeld gerät. Vorbei am neugeschaffenen Haltepunkt Weilimdorf unterquert die Strecke mit der links parallel verlaufenden Bundesstraße B 295 die Autobahn A 81. Hinter Ditzingen tritt die Bahn ins Glemstal ein und überquert den Fluß erstmals vor Höfingen. Dahinter grüßt der Engelberg mit seinem 1928 erbauten Aussichtsturm herüber. Malerisch liegt der Haltepunkt Höfingen unterhalb der Gemeinde an einem Felshang (rechts). Links passiert die Strecke nach dem Haltepunkt die Tilghäuslesmühle und führt dann auf einem 11 m hohen Damm durch das hier idyllische Glemstal. Nach dem rechts auf der Höhe gelegenen Leonberger Berufsschulzentrum wechselt die Bahn wieder über die Glems und erreicht den Bahnhof Leonberg. Vorbei am Leonberger Stadtteil Eltingen (links) verläßt die Trasse das Glemstal und führt unter der Autobahn A 8 hindurch zum Haltepunkt Rutesheim. Rechts der Strecke befindet sich die Siedlung Heuweg, Rutesheim selbst liegt in einiger Entfernung rechts auf der Höhe. Durch Wald hindurch verläuft die Bahn nach Renningen. Hinter dem Bahnhof zweigt links die derzeit nur im Güterverkehr betriebene Rankbachbahn nach Böblingen ab, die Trasse ist nun eingleisig. Gleich hinter dem Bahnhof Malmsheim wird der Rankbach überquert und die Strecke fällt nun leicht ins Würmtal ab. Links lohnt ein Blick auf die Silhouette von Weil der Stadt. Nach Passieren des Blammerbergs (links) überbrückt die Bahn die Würm und endet kurz darauf im Bahnhof Weil der Stadt.

Strohgäubahn Korntal–Weissach (KBS 790.7)

Gleich hinter der Bahnhofsausfahrt Korntal schwenkt die Strohgäubahn in einer großen Rechtskurve von der S-Bahn-Strecke nach Weil der Stadt ab. Diese bleibt links hinter dem kleinen WEG-Lokschupppen zurück. Langsam ansteigend führt die Trasse am Westrand von Korntal entlang zum Haltepunkt Korntal Gymnasium. Rechts fällt anschließend der Blick auf den Seewald, während links der aus Bauaushub künstlich

In den Verkehrs- und Tarifverbund Stuttgart integriert ist die Strohgäubahn Korntal–Weissach (KBS 790.7). Den Verkehr versehen NE-81-Triebwagen und RegioShuttle, als Reserve ist noch eine MAN-Schienenbusgarnitur vorhanden. VT 416 ist im Herbst 1998 bei Schwieberdingen auf dem Weg nach Hemmingen.

geschaffene Aussichtsberg »Grüner Heiner« herübergrüßt. Die Trasse unterquert die Autobahn A 81 und führt durch Felder und Wiesen nach Münchingen. Entlang des schmalen Fischbaches windet sich die Strecke am Fuß des Hühnerbergs und der Esslinger Höhe mit einem Gefälle von 1:53 nach Schwieberdingen hinunter. Hinter dem Bahnhof wird auf einer Eisenbrücke die Glems überquert. Entlang des Heimbergs (rechts) steigt die Trasse wieder aus dem Glemstal auf (maximale Steigung 1:50), links lohnen ein Blick auf die Domäne Schloß Nippenburg am anderen Talrand und auf die alte Hagmühle im Talgrund. Nach Hemmingen steigt die Strecke weiter an und führt mit einer S-Kurve durch Wald am Eulerberg auf Heimerdingen zu. Über eine weitere S-Kurve erreicht die Bahn nach der Ausfahrt aus Heimerdingen ihren höchsten Punkt (398 m ü. NN) beim Bahnübergang der Landstraße nach Rutesheim. Über zwei große Schleifen, zum Teil durch den Bonlander Wald hindurch, nimmt die Trasse den Weg ins deutlich tiefer gelegene Weissach hinunter. Kurz vor der Kreuzung mit der Landesstraße Heimerdingen–Weissach wird links ein aufgelassener Steinbruch passiert, die Trasse verläuft nun am Südhang des Strudelbachtales. Rechts voraus bietet sich ein schöner Blick auf das Städtchen Weissach und kurz darauf endet die Strecke im Weissacher Bahnhof, wo bei der Einfahrt links die Betriebsanlagen der Strohgäubahn passiert werden.

Güterumgehungsbahn Kornwestheim–Untertürkheim (KBS 790.8)

Nach der Ausfahrt aus Kornwestheim Pbf zweigt die Güterumgehungsbahn nach links von der Centralbahn ab, diese bleibt rechts zurück. Von links kommen die Zuführungsgleise zum Kornwestheimer Rangierbahnhof heran, in welche das Gleis vom Personenbahnhof einschwenkt. Die

Trasse unterquert anschließend die hier großzügig ausgebaute Bundesstraße B 27 und verschwindet in einem kleinen Einschnitt. Mit Hilfe des 202 m langen Zazenhäuser Viadukt wird das Feuerbach-Tal und der tief im Tal liegende Ort Zazenhausen (links) überquert. Vorbei am Haltepunkt Stgt.-Zazenhausen bietet sich dann links ein schöner Blick auf die Hochhäuser von Stuttgart-Freiberg (auch Klein Manhattan genannt) und ins Neckartal. Im 272 m langen Schnarrenberg-Tunnel wird der gleichnamige Berg unterfahren. Nach der Tunnelausfahrt lohnt links nochmal ein Blick ins Neckartal, rechts ziehen sich Weinberge den Hang entlang. Vorbei am Bahnhof Stgt.-Münster folgt mit der Querung des Neckartales das zweite spektakuläre Brückenbauwerk, der 661 m lange König-Wilhelm-Viadukt, bis zum Bau der Neubaustrecke Stuttgart–Mannheim längster Viadukt Baden-Württembergs. Rechts befindet sich direkt unterhalb die große Stuttgarter Müllverbrennungsanlage mit ihrem hohen Schornstein und den futuristisch anmutenden Filteranlagen, im Hintergrund das Weichbild von Bad Cannstatt. Links thront über dem Steilufer des Neckars der Teilort Steinhaldenfeld. Ab dem Haltepunkt Stgt.-Ebitzweg begleiten links die Gleise der Stadtbahnlinie U13 die Trasse, welche kurz darauf die Remsbahn unterquert. Rechts nehmen die weitläufigen Anlagen des Untertürkheimer Rangierbahnhofes ihren Anfang, während links das Verbindungsgleis von der Remsbahn herankommt. Gleich darauf sind im Bahnhof Stgt.-Untertürkheim wieder die Gleise der Centralbahn erreicht.

Seit 1895 können Güterzüge den Knoten Stuttgart auf der Umgehungsbahn Kornwestheim–Untertürkheim (KBS 790.8) umfahren. Im Frühjahr 1985 lag der spärliche Personenverkehr noch in den Händen der Reihe 427, aufgenommen oberhalb des Neckars bei Stuttgart-Münster, im Hintergrund die Hochhäuser des Stadtteils Neugereut.

Vaihingen/Enz Nord–Enzweihingen (»Stadtbahn«, KBS 773)

Die »Stadtbahn« beginnt wie eh und je am Hausbahnsteig vor dem einstigen DB-Bahnhofsgebäude Vaihingen/Enz Nord, dessen Bahnhofsanlagen heute verwaist und zurückgebaut sind. Die Gleise der »Stadtbahn« lassen die einstige Trasse der Westbahn rechts liegen, schwenken in einem Linksbogen ab und führen entlang einer Schrebergartenkolonie und einem Neubaugebiet zum Haltepunkt Kleinglattbach mit seinem hübschen, allerdings aufgegebenen Dienstgebäude. Kurze Zeit später ragt am neuen Haltepunkt Vaihingen WEG voraus der hohe Damm der Neubaustrecke Stuttgart–Mannheim mit dem futuristischen Gebäude des neuen Bahnhofes Vaihingen/Enz auf, zu dem am Haltepunkt links eine Treppe hochführt und so den Übergang zwischen beiden Strecken sicherstellt. Bahn und Straße unterfahren anschließend gemeinsam den Damm der Neubaustrecke in einem kleinen Tunnel, in diesem Bereich mußte die »Stadtbahn« im Zuge des Baus der NBS neu trassiert werden. Die Trasse läuft nun zunächst durch einen Einschnitt, dann über einen hohen Damm auf den Abzweig zum Vaihinger Industriegebiet zu (links). Rechts bietet sich zunächst von der hochgelegenen Strecke ein schöner Blick ins Tal und am folgenden Haltepunkt Schloßberg rückt ebenfalls rechts der gleichnamige Berg mit Schloß Kaltenstein ins Blickfeld. Nach dem Bahnhof Vaihingen Stadt mit seinem schönen Empfangsgebäude und dem hohen Siloturm der WLZ (beide rechts) fällt die Strecke durch Wiesen und Felder ins Enztal hinunter. Kurz vor Enzweihingen wird die Enz überquert, rechts dicht daneben, aber auf einer zweiten Brücke, quert die Bundesstraße B 10 ebenfalls die Enz. Nach der Brücke schwenkt die Strecke nach links von der Straße ab und erreicht wenig später den Endbahnhof Enzweihingen mit dem sehenswerten, aber fremdgenutzten Bahnhofsgebäude und den Betriebsanlagen für Bahn und Bus.

Allg. Reiseziele

Radwanderwege Baden-Württemberg

Stromberg-Enztal-Weg von Marbach nach Karlsruhe (Kartenmaterial erhältlich beim Landesvermessungsamt Baden-Württemberg sowie bei den Fremdenverkehrsverbänden und Touristik-Gemeinschaften)

Westbahn Stuttgart–Bietigheim–Mühlacker–Bruchsal (KBS 771)

Stuttgart

Die baden-württembergische Landeshauptstadt gilt bei vielen wegen ihrer einmaligen Talkessellage, umrahmt von Wäldern, Obstgärten und Weinbergen, als Deutschlands schönstgelegene Großstadt. Die Geburtsstadt des Automobils ist heute ein innovativer Wirtschaftsstandort, kultureller Mittelpunkt des Landes, Universitätsstadt und Sportstadt. Daneben ist Stuttgart mit 440 ha Rebfläche Deutschlands größte Weinbaugemeinde. Die stärksten Mineralquellen Westeuropas sprudeln insbesondere im Stadtteil Bad Cannstatt.

Zu den »alten« Sehenswürdigkeiten zählen das »Neue Schloß« (heute Sitz verschiedener Ministerien) und der »Königsbau« am Schloßplatz, das »Alte Schloß« (Sitz des Württ. Landesmuseums), der Schillerplatz mit der »Alten Kanzlei«, dem Prinzenbau und dem Fruchtkasten, die ins 12. Jahrhundert zurückreichende Stiftskirche (Hauptkirche der Evangelischen Landeskirche in Württemberg), das Schloß Rosenstein, Schloß Solitude, der Kursaal in Bad Cannstatt sowie in Stuttgart-Rotenberg

die Grabkapelle der württembergischen Könige auf dem Württemberg. Von den Treppen des klassizistischen Kuppelbaus bietet sich eine fantastische Aussicht ins Neckartal und die umgebenden Weinberge.
Unter den modernen Bauten sind insbesondere die Weißenhofsiedlung der Bauhausarchitekten, die Neue Staatsgalerie von Stirling, das neue Naturkundemuseum am Löwentor und natürlich der 217 m hohe Fernsehturm, der »Vater« aller modernen Fernsehtürme zu nennen.
Mehrere Tage benötigt man für einen Streifzug durch Stuttgarts außergewöhnliche Museen wie Alte und Neue Staatsgalerie mit einer weltbekannten Abteilung der Malerei des 20. Jahrhunderts, das Württembergische Landesmuseum im Alten Schloß, das Linden-Museum mit seiner bedeutenden völkerkundlichen Sammlung, das Naturkundemuseum sowie für Autofreaks das Mercedes-Benz-Museum in Untertürkheim und das Porsche-Museum in Zuffenhausen. Großzügige Parkanlagen laden zur Flucht aus dem Großstadtgewühl ein. Auf keinen Fall sollte ein Besuch im zoologisch-botanischen Garten »Wilhelma« und im Höhenpark »Killesberg« versäumt werden. Theater- und Musikfreunden sei das weltberühmte Stuttgarter Ballett am Staatstheater oder die Musical Halls im »Freizeit- und Erlebniscentrum Stuttgart International« ans Herz gelegt. Viele Großveranstaltungen wie z.B. das Frühlingsfest und das »Cannstatter Volksfest«, das Weindorf und der Weihnachtsmarkt bieten immer wieder neue Anreize, Stuttgart zu besuchen.

Kornwestheim

Sehenswerte moderne Architektur bietet das 1935 vom bekannten Architekten Paul Bonatz (Erbauer des Stuttgarter Hauptbahnhofes) errichtete Rathaus, in das ein Wasserturm integriert wurde. Ein bemerkenswert stattliches Fachwerkhaus aus dem 15. Jahrhundert ist der ehemalige Schafhof. Der prächtige Chorbau und der massige Turm der evangelischen Stadtkirche St. Martin (1516) sollten ebenfalls nicht versäumt werden.

Ludwigsburg

Eine junge Stadt mit großer Vergangenheit und prächtige Schlösser inmitten grüner Alleen sowie die farbfunkelnden Gärten des »Blühenden Barock« charakterisieren treffend die Reize des »Schwäbischen Versailles«. Ihren Namen verdankt die Stadt dem Herzog Eberhard Ludwig von Württemberg, der hier ab 1704 nicht nur seine Residenz sondern eine ganze, auf dem Reißbrett entworfene Stadtanlage errichten ließ.
Das Residenzschloß (1704– 1733) ist die größte erhaltene Barockanlage Deutschlands, das auch im Innern mit seinen reich im Barock-, Rokoko- und Empire-Stil ausgestatteten Räumen besticht. Im Neuen Corps de Logis zeigt das Württembergische Landesmuseum die sehenswerte ständige Ausstellung »Höfische Kunst des Barock«. Auch die traditionsreiche Ludwigsburger Porzellanmanufaktur, gegründet 1758 von Herzog Karl Eugen hat im Schloß ihre Verkaufsausstellung. Weitbekannt als »Blühendes Barock« sind die das Schloß umgebenden Gärten. Diese abwechslungsreiche Gartenschau fasziniert Groß und Klein mit den Barockgärten, den englischen Landschaftsgärten und natürlich dem Märchengarten. Gegenüber dem Schloß hebt sich aus den barocken Wohnbauten würdevoll das Palais Grävenitz heraus, das als Sitz der berühmten herzoglichen Mätresse Wilhelmine von Grävenitz 1728 vollendet wurde. Nördlich der Residenz ist in den weitläufigen Parkanlagen das aparte, zierliche Jagd- und Lustschlößchen Favorite (Rokoko,

1718– 1723) zu finden. Über die Seeschloßallee gelangt man von hier nach einem halbstündigen Spaziergang zum Seeschloß Monrepos (1760–1764), wo sich im schön angelegten Gewässer eine erholsame Bootsfahrt anbietet.
Das Zentrum der barocken Stadtanlage ist der stolze, arkadengesäumte Marktplatz mit dem Denkmalbrunnen des Stadtgründers. Hier dominieren die majestätische, zweitürmige evangelische Stadtkirche (1718–1726) sowie ihr gegenüber die nüchterne katholische Stadtpfarrkirche (1727–1732). Ludwigsburgs Ruf als »Poetenwiege« wird durch die Geburtshäuser von Justinus Kerner, Eduard Mörike, Friedrich-Theodor Vischer und Daniel-Friedrich Strauß dokumentiert, die am und um den Marktplatz zu finden sind. Der Obelisk auf dem nahegelegenen Holzmarkt wurde zu Ehren dieser vier Männer errichtet. Aber auch Friedrich Schiller verlebte in Ludwigsburg seine Kindheit und Christoph-Daniel Schubart, Friedrich Silcher sowie Carl Maria von Weber wirkten hier.

Asperg

Auf dem abgeplatteten Bergkegel über der Ortschaft Asperg erhebt sich die Festung Hohenasperg, die ihre heutige Gestalt im wesentlichen durch den Neubau von Herzog Ulrich erhielt (1535). Doch schon zu vorgeschichtlicher Zeit wurde die strategische Bedeutung des Berges erkannt und zum Sitz eines Hallstatt-Fürstengeschlechtes auserkoren. Die fundreichen Grabhügel dieser Keltenfürsten liegen am Fuße des Berges. Unter Herzog Karl Eugen wurde die Festung als Gefängnis für politische Häftlinge genutzt. So durfte u.a. auch der Dichter Christoph-Daniel Schubart zehn lange Jahre hier absitzen. Ein Rundgang um die Festungsanlage bietet eine phantastische Aussicht auf das württembergische Unterland. In der Ortschaft selbst kann die evangelische Stadtkirche gefallen, ein Bauwerk der späten Renaissance von 1614.

Bietigheim-Bissingen

Das gute altschwäbische Stadtbild von Bietigheim mit seinen Gassen und (Fachwerk-)Bürgerhäusern hat sich bis heute im Kern erhalten und ist vorbildlich restauriert. Mit dem Unteren Tor und dem Pulverturm sind noch Reste der Stadtbefestigung aus der zweiten Hälfte des 14. Jahrhunderts vorhanden.
Schmuckstücke der Altstadt sind das hochgiebelige Rathaus von 1507, das 1608 eine Kunstuhr erhielt, und das Hornmoldhaus (1536/36), in dem das Stadtmuseum untergebracht ist. Sehenswert sind auch der Marktbrunnen von 1549 und der Fräuleinbrunnen von 1557. Die evangelische Stadtkirche datiert aus dem ersten Jahrzehnt des 15. Jahrhunderts, die Friedhofskirche ist noch rund 30 Jahre älter. In ihr finden sich erwähnenswerte Wandmalereien.

Vaihingen (Enz)

Auf dem Schloßberg thront Schloß Kaltenstein, dessen Hauptgebäude im 16. Jahrhundert auf mittelalterlichen Grundlagen aufgebaut wurde. Vom Fuße des Schloßbergs aus nahm die Siedlungsentwicklung der Stadt ihren Anfang. Der mächtige Pulverturm von 1493 und der Haspelturm sind letzte Zeugen der Stadtbefestigung. Die evangelische Stadtkirche ist eine stattliche Basilika aus dem 13. Jahrhundert. Ihr Erscheinungsbild wurde 1513 gründlich verändert.

Maulbronn

Bekanntestes Bauwerk Maulbronns ist sein Kloster, welches von der UNESCO inzwischen in den Rang eines Weltkulturdenkmals erhoben worden ist. Das ehemalige

Zisterzienserkloster gilt als eine der wenigen vollständig erhaltenen Klosteranlagen Deutschlands und zeigt heute noch im wesentlichen sein mittelalterliches Gesicht. Der weitläufige, von einer turmbewehrten Mauer umgebene Klosterkomplex vermittelt mit seinen Klausur- und Wirtschaftsgebäuden ein lebendiges Bild vom Alltagsleben und der Organisation einer zisterziensischen Klostergemeinschaft.

Bretten siehe Kapitel 3.1

Heidelsheim
Die Altstadt glänzt mit einer größeren Zahl schöner Fachwerkhäuser. Schmückender Eingang zum Marktplatz ist das Rathaustor von 1774. Weitere Attraktionen des Marktplatzes sind ein Brunnen von 1699 sowie eine Kreuzigungsgruppe von 1777. An die wehrhafte Stadtbefestigung erinnern Mauerreste mit zwei Rundtürmen, der Katzenturm und der Diebsturm aus dem späteren 16. Jahrhundert. In der Pfarrkirche St. Nikolaus (1540–1543) lohnt ein Blick in den spätestgotischen Chor mit einem Barockaltar vom Ende des 17. Jahrhundert.

Bruchsal siehe Kapitel 1

Mühlacker–Pforzheim–Karlsruhe (KBS 770 und 710.5)

Niefern
Die Niefernburg von 1555 gefällt mit ihrem Staffelgiebel und ihrem achteckigen Treppenturm. Ihr rückwärtiger, schmalerer Teil entstand schon um 1500. Im Chor der evangelischen Pfarrkirche sind Wandmalereien aus dem 15. Jahrhundert.

Pforzheim siehe Kapitel 2.2

Königsbach (Baden)
Ein origineller Fachwerkbau mit Laubengang aus dem 17. Jahrhundert ist das Rathaus. Das Renaissanceschloß aus der zweiten Hälfte des 16. Jahrhunderts wurde nach Zerstörung im Jahr 1623 zwischen 1624 und 1650 in seiner heutigen Form als dreiflügeliger Putzbau mit Ecktürmen wiederaufgebaut. Im Innern sind einige schöne Einrichtungsgegenstände und Gemälde aus dem 17. und 18. Jahrhundert zu sehen. Erwähnenswert sind auch das Torhaus und die Kelter aus der zweiten Hälfte des 16. Jahrhunderts. Am Berghang über der Ortschaft thront die evangelische Pfarrkirche mit ihrer wehrhaften Kirchhofmauer. Ältester Teil der Kirche ist der Kirchturm, ein ehemaliger frühgotischer Wehrturm, an den im späten 15. Jahrhundert Schiff und Chor angebaut wurden. Im Innern befinden sich zwei stattliche Grabdenkmäler, von denen das eine durch seinen prunkenden Renaissanceaufbau und das andere durch seine barocke Formgebung besticht.

Grötzingen
siehe Kapitel 3.1

Karlsruhe, Durlach
siehe Kapitel 1

Stuttgart-Zuffenhausen–Weil der Stadt (KBS 790.6)

Ditzingen
Einst war die durch Ditzingen fließende Glems die weltliche Grenze zwischen den Herzogtümern Schwaben und Franken und die kirchliche Grenze zwischen den Bistümern Konstanz und Speyer. Daran erinnern die beiden evangelischen Pfarrkirchen rechts und links der Glems. In der sogenannten Konstanzer Kirche (um 1477) gefallen der Chor mit seinem geschnitzten Chorgestühl, ein spätgotisches Kruzifix, Wandmalereien und die Reste von Glasmalereien. In der sogenannten Speyerer

Kirche (heute Friedhofskirche) sind der steinerne Altarbaldachin sowie die Wanderker-Kanzel erwähnenswert. Zu den diversen historischen Bauten, u.a. Fachwerkhäuser beim Rathaus, bildet das katholische Gemeindezentrum mit der Kirche St. Maria einen interessanten Kontrast. Zeitgenössische Architektur manifestiert sich in der asymetrischen Anlage mit dem freistehenden Turm, erbaut in den Jahren 1962 bis 1965.

Leonberg

Zu den ältesten Städten Württembergs zählt Leonberg, das 1248/49 vom Grafen Ulrich I. von Württemberg, dem »Stifter«, gegründet wurde. Die Altstadt hat mit den steilen, unregelmäßigen Gassen, ihren malerischen Winkeln und ihren schönen Fachwerkhäusern auch heute noch nicht ihr altertümliches Gepräge verloren. Besonders erwähnenswert sind der historische Markplatz mit dem schönen Renaissance-Brunnen, das alte Rathaus von 1482, ein mächtiger Fachwerkbau mit Rundbogenhalle (heute Stadtmuseum), das Geburtshaus des bedeutenden deutschen Philosophen Friedrich Wilhelm Joseph Schelling, das Steinhaus am oberen Tor, ältestes Gebäude (hochgotischer Wohnturm) Leonbergs von 1350 und die evangelische Stadtpfarrkirche St. Johannes Baptist, eine stattliche Pfeilerbasilika aus dem frühen 14. Jahrhundert. Beachtenswert sind auch das Schloß von Herzog Christoph (1560–1562), in dem heute Finanzamt und Amtsgericht untergebracht sind und vor allem der dazu gehörige Pomeranzengarten, der nach seiner Restaurierung wieder ein Kleinod unter den Renaissance-Gärten Europas darstellt. In der ehemaligen Lateinschule, die im 16. Jahrhundert auch der bekannte Astronom Johannes Kepler besuchte, ist heute das Museum für Vor- und Frühgeschichte untergebracht. Mit dem Kreuzgang im Spitalhof sind die Reste eines ehemaligen Franziskanerklosters (15. Jhdt.) zu sehen, Rudimente der Stadtmauern finden sich entlang des Törlensweges.

Im Stadtteil Eltingen zählt die Carl-Schmincke-Straße mit ihrem prächtigen Fachwerk-Ensemble auf jeden Fall zu den schönsten Dorfstraßen Württembergs. Auch ein Schmuckstück ist die im 16. Jahrhundert erbaute Michaelskirche mit dem Kirchplatz.

Weil der Stadt

Das malerische, altertümliche Stadtbild mit den engen Gassen und hochgiebeligen Häusern, oft mit Fachwerk, ist seit dem 30jährigen Krieg fast unverändert geblieben. Wesentlich trägt dazu auch die zum einem großen Teil erhaltene Stadtbefestigung mit ihren Türmen bei. In der Altstadt sind besonders erwähnenswert das Rathaus von 1582 mit seinem Laubengang, das Schützsche Haus mit dem Stadtmuseum und das Geburtshaus des bekannten Astronomen Johannes Kepler mit dem Keplermuseum, in dem Leben und Werk des Astronomen hervorragend dokumentiert werden. Aufgelockert wird das Straßenbild durch die beiden Marktbrunnen, den Gassenbrunnen und das Kepler-Denkmal auf dem Marktplatz, das die Erinnerung an den berühmtesten Sohn der Stadt wachhält. Überragt wird das ganze von dem mächtigen Turm der katholischen Pfarrkirche St. Peter und Paul (1492–1519), deren monumentaler Quaderbau ein weitgehend einheitliches Werk des ausgehenden 15. Jahrhunderts ist. An die spätere barocke Innenausstattung (heute wieder entfernt) erinnern noch der raumbeherrschende Hochaltar von 1680 sowie die schmuckreiche Kanzel von 1743. In der 1364 geweihten und 1648 umgebauten Spitalkirche sind im Verband mit den barocken Seitenaltären sehenswerte Schnitzfiguren des 15. und 16. Jahrhunderts zu finden. Das Narrenmuseum erinnert daran, daß Weil der Stadt einer der wichtigsten Orte der schwäbisch-alemannischen Fastnacht ist.

Strohgäubahn Korntal–Weissach (KBS 790.7)

Schwieberdingen

Zur evangelischen Pfarrkirche St. Georg führt wirkungsvoll eine barocke, doppelläufige Treppe von 1745. Die Entstehung der Kirche hinter den wehrhaften Friedhofsmauern reicht ins 13. Jahrhunderte zurück. Um 1500 erhielt sie ihr heutiges Erscheinungsbild mit dem Bau eines neuen Kirchturms. Im Innern sind das turmartige Sakramentshaus, die Kreuzigungsgruppe des Altars am Choreingang (um 1510) sowie schöne Grabdenkmäler des 14. bis 16. Jahrhunderts beachtenswert.

Hemmingen

Die Ursprünge des Schlosses derer v. Varnbühler sind zum Teil mittelalterlich, zum Teil frühklassizistisch. Die romantischen Veränderungen mit englischer Gotik datieren aus dem Jahr 1852. Die ältesten Teile der evangelischen Pfarrkirche St. Laurentius stammen aus der Frühgotik (um 1300). Im Innern können die Wand- und Gewölbebemalung aus dem 15. und 16. Jahrhundert sowie die Grabdenkmäler gefallen.

Reiseziele für Eisenbahnfreunde

- historische Dampfsonderzüge »Feuriger Elias« der GES auf der WEG-Strecke Korntal–Weissach an ausgewählten Tagen

Fototips

Reizvolle Fotomotive Westbahn (Stuttgart–) Bietigheim–Mühlacker–Bruchsal (KBS 771)

- bei Stuttgart Nord
- beide Ausfahrten des Pragtunnels
- württembergisches Stellwerk in Feuerbach
- bei Asperg mit Hohenasperg im Hintergrund
- Enzviadukt in Bietigheim
- Metterzimmern mit Ortsansicht
- Einschnitt beim Nebenwegtunnel
- zwischen Mühlacker und Ötisheim
- Bahnhof Maulbronn West
- Kurve bei Ölbronn mit Aschberg als Hintergrund
- Ortsdurchfahrt Ruit
- bei Diedelsheim mit Ortsansicht
- Schloß bei Gondelsheim
- Ortsansicht Heidelsheim
- Schlachthof Bruchsal
- Barockkirche St. Peter in Bruchsal
- Bahnhöfe Maulbronn West und Maulbronn Stadt

Mühlacker–Pforzheim–Karlsruhe (KBS 770 und 710.5)

- bei Enzberg
- Südausfahrt des Pforzheimer Stadtunnels
- Ispringen (mit Ortsbild)
- Stadtbild von Ersingen mit Tunnel vom Berghang herunter
- bei Bilfingen
- bei Königsbach
- zwischen Söllingen und Berghausen

Stuttgart-Zuffenhausen–Weil der Stadt (KBS 790.6)

- zwischen Ditzingen und Höfingen
- bei Höfingen mit Stadtansicht
- Glemstal zwischen Höfingen und Leonberg vom Talrand herunter (nachmittags)

- zwischen Malmsheim und Weil der Stadt

Strohgäubahn Korntal–Weissach (KBS 790.7)
- schöne Bahnhofsgebäude in allen Unterwegsbahnhöfen
- vom »Grünen Heiner« auf die Strecke (Teleobjektiv)
- im Fischbachtal zwischen Münchingen und Schwieberdingen
- Aufstieg aus dem Glemstal zwischen Schwieberdingen und Hemmingen
- Hufeisenkurven zwischen Heimerdingen und Weissach
- vor Weissach mit Ortsansicht

Güterumgehungsbahn Kornwestheim–Untertürkheim (KBS 790.8)
- Brücke über die Strecke Stuttgart–Ludwigsburg
- bei Zazenhausen
- bei Stuttgart-Rot mit Stuttgart-Freiberg im Hintergrund
- beide Ausfahrten des Schnarrenberg-Tunnels
- aus den Weinbergen des Schnarrenbergs auf Strecke und Neckartal
- Bahnhof Stuttgart-Münster
- König-Wilhelm-Viadukt
- Einschnitt zwischen Viadukt und Hp Stgt.-Ebitzweg
- Untertürkheim Rbf vom Eszet-Steg aus

Vaihingen/Enz Nord–Enzweihingen (»Stadtbahn«, KBS 773)
- Bahnhöfe Vaihingen Stadt und Enzweihingen
- Tunnel unter der NBS und anschließender Einschnitt
- Damm zwischen Hp Vaihingen WEG und Hp Schloßberg
- Bedienung der Industriegleise in Vaihingen/Enz

Spurensuche

- Rankbachbahn Renningen–Sindelfingen (–Böblingen)
- Stillgelegte Strecke Weil der Stadt–Calw (siehe auch Kap. 2. 2)
- ehemalige Nebenbahn Ludwigsburg–Markgröningen, derzeit nur Güterverkehr, aber Wiederaufnahme des Personenverkehr im Gespräch
- ehemalige Hauptbahn Bietigheim–Beihingen-Heutigsheim (heute Freiberg am Neckar) ist stillgelegt und abgebaut
- durch Neutrassierung im Zuge der Neubaustrecke Stuttgart–Mannheim wurde der Westbahn-Abschnitt Vaihingen/Enz Nord–Ensingen überflüssig und abgebaut, der noch im Güterverkehr betriebene Anschluß zum Bf Vaihingen/Enz Nord aus Richtung Sersheim ist eingleisig zurückgebaut und deelektrifiziert
- unvollendete Nebenbahn Bretten–Knittlingen–Kürnbach

Bahnbetrieb

Die InterRegios zwischen Stuttgart und Karlsruhe sind nach wie vor eine Domäne von Elloks der BR 120, während bei den RE´s nach Bruchsal und Karlsruhe vorwiegend die BR 110 zum Zuge kommt.
Den S-Bahn-Verkehr in den Relationen Karlsruhe–Pforzheim–Mühlacker–Vaihingen/Enz–Bietigheim (S 5) und Bruchsal–Bretten–Mühlacker (S 9) bestreiten die Zweisystem-Stadtbahntriebwagen der AVG. Die Stuttgarter S-Bahn-Strecken nach Weil der Stadt und nach Bietigheim werden von den S-Bahn-Triebwagen der Baureihe 420 bedient. Zukünftig sind hier eventuell auch vereinzelt die neuen Triebwagen der BR 423/433 zu sehen.

Bahn-Angebotsdichte

Zugart	Abschnitt	Angebot	Zwischenhalte
IR	Stuttgart–Karlsruhe	zweistündlich	Vaihingen/Enz, Mühlacker, Pforzheim
RE	Stuttgart–Bruchsal (- Heidelberg)	zweistündlich	Ludwigsburg, Bietigheim-Bissingen, Sachsenheim, Vaihingen/Enz, Mühlacker, Bretten
RE	Stuttgart–Karlsruhe	zweistündlich	Ludwigsburg, Bietigheim-Bissingen, Sachsenheim, Sersheim, Vaihingen/Enz, Mühlacker, Wilferdingen-Singen, KA-Durlach, Pforzheim
RB	Vaihingen/Enz–Pforzheim	zweistündlich	alle Bahnhöfe
RB	Kornwestheim–Untertürkheim	mo-fr 4 Zugpaare	alle Bahnhöfe
RB	Mühlacker–Maulbronn Stadt	4 Zugpaare, nur so im Sommer	Maulbronn West
S-Bahn	Bretten–Bruchsal	stündlich (mo-fr halbstündlich)	alle Bahnhöfe
S-Bahn	Pforzheim–Karlsruhe	stündlich (mo-fr halbstündlich)	alle Bahnhöfe
S-Bahn	Stuttgart–Weil der Stadt	halbstündlich	alle Bahnhöfe
WEG	Korntal–Hemmingen	mo-fr halbstündlich, sa bis 16 h stündlich	alle Bahnhöfe
WEG	Hemmingen–Weissach	mo-sa unregelmäßig	alle Bahnhöfe
WEG	Vaihingen/Enz Nord–Enzweihingen	mo-fr unregelmäßig	alle Bahnhöfe

Der sonntags in den Sommermonaten verkehrende Klosterstadt-Expreß zwischen Bretten und Maulbronn wird von Triebwagen der BR 628.2 gefahren.
Auf den Strecken nach Bruchsal und Karlsruhe sowie auf der Güterumgehungsbahn bestimmen vor Güterzügen vor allem Elloks der Baureihen 150 und 140 das Bild. Neben Autoreise- und Sonderzügen sorgen die ICE-Sprinter zwischen München und Frankfurt sowie die Arbeiterzüge (Salamander-Express, Daimler-Zug) für Abwechslung auf der Güterumgehungsbahn.
Die Strohgäubahn ist zwischenzeitlich auch eine Domäne der RegioShuttles RS 1. Unterstützung leisten hier Dieseltriebwagen der Bauart NE 81. Einziges Triebfahrzeug auf der »Stadtbahn« Vaihingen Enz Nord–Enzweihingen ist im Regelfall der Oldtimer-Dieseltriebwagen T 04, hinter dem sich der ehemalige VT 70 900 der Deutschen Bundesbahn verbirgt.

Adressen

WEG-Betriebsleitung Korntal–Weissach »Strohgäubahn«, Bahnhofstr. 2, 71282 Hemmingen

WEG-Betriebsleitung Vaihingen–Enzweihingen »Stadtbahn«, Hans-Krieg-Str. 13, 71665 Vaihingen (Enz)

Gesellschaft zur Erhaltung von Schienenfahrzeugen e.V. (GES), Postfach 71 01 16, 70607 Stuttgart, Auskunft zu den Museums-Dampfzügen »Feuriger Elias« auf der Strohgäubahn unter Tel. (07 11) 44 67 06, Fax (0 71 27) 36 89

Bretten, Stadtinformation Bretten, Im Alten Rathaus, 75015 Bretten, Tel. (0 72 52) 957-620

Karlsruhe, Verkehrsverein Karlsruhe e.V., Bahnhofplatz 6, 76137 Karlsruhe, Tel. (07 21) 35 53 36

Leonberg, Verkehrsverein Leonberg e.V., Postfach 18 30, 71208 Leonberg, Tel. (0 71 52) 7 30 22, Fax (0 71 52) 97 55 97

Ludwigsburg, Ludwigsburg Information, Wilhelmstr. 10, 71638 Ludwigsburg, Tel. (0 71 41) 910-252, Fax (0 71 41) 910-774

Pforzheim, Stadtinformation Pforzheim, Marktplatz 1, 75116 Pforzheim, Tel. (0 72 31) 39 90-0, Fax (0 72 31) 39 90 30

4.2 Die Neubaustrecke Stuttgart–Mannheim (KBS 771)

Streckengeschichte

Mit Ende des 2. Weltkriegs und der daraus resultierenden Grenzziehung trat eine Verlagerung der Verkehrsströme von Ost-West- in Nord-Süd-Richtung ein. Der Verkehrskorridor Mannheim–Stuttgart wurde in der Folgezeit zu einem der am stärksten belasteten in der Bundesrepublik. Schon ab Mitte der sechziger Jahre gab es Planungen, die besonders stark überlastete und teilweise ungünstig trassierte Strecke Stuttgart–Bietigheim–Mühlacker–Bretten–Bruchsal–Heidelberg–Mannheim auszubauen oder durch eine Neubaustrecke zu ersetzen. Erste Vorschläge zur Streckenführung einer Neubaustrecke datieren vom August 1970. Bis 1973 kristallisierte sich nach diversen Untersuchungen eine rund 100 km lange, sogenannte »Raumordnungstrasse« mit einem Tunnelanteil von rund 20 % heraus. Die ersten Planfeststellungsverfahren konnten dann 1975 eingeleitet werden, im August 1996 löste der Bundesminister für Verkehr den ersten Rammschlag für die Neubaustrecke (NBS) aus. Bald zeigte sich jedoch, daß die Planfeststellung in eine Zeit fiel, wo einerseits die Sensibilisierung der Bevölkerung gegenüber Großprojekten einen ersten Höhepunkt erreichte und andererseits daraus resultierend, bestimmte Ziele des Umweltschutzes zu Naherholung, Freiraumerhaltung und großräumigen Naturparks erst noch bestimmt und formuliert werden mußten. Eine Vielzahl von Änderungsvorschlägen, Einsprüchen und Klagen folgte, so daß die ursprüngliche geplante Fertigstellung im Jahr 1984 nicht realisiert werden konnte. Die meisten Einsprüche konnten in den folgenden Jahren einvernehmlich beigelegt werden, nur in wenigen Fällen mußten die Gerichte entscheiden. Letztendlich bewirkten die Einsprüche u.a. eine Erhöhung des Tunnelanteils auf 30 %. Insgesamt verlaufen rund 30 km der NBS im Tunnel, weitere 38 km in Einschnitten. Über Brücken führen 5 km der Trasse, über Dämme 22 km. Lediglich 4 km der insgesamt 99 km langen NBS liegen auf ebener Erde. Die NBS ist 26 km kürzer als die alte Streckenführung, die Fahrzeit zwischen Stuttgart und Mannheim verringerte sich nach der Inbetriebnahme von 84 auf 40 Minuten. Eröffnet wurde die NBS in zwei Abschnitten: Im Mai 1987 ging der weniger aufwendige Streckenneubau im Rheintal zwischen Graben-Neudorf und Mannheim in Betrieb, der durch die Mittelgebirgslandschaft von Kraichgau, Stromberg und Strohgäu führende Teil folgte im Mai 1991.

Streckenverlauf (Topographie)

Die Neubaustrecke Stuttgart–Mannheim beginnt hinter Stuttgart-Zuffenhausen. Bis zum Abzweig Salzweg benutzen Züge für die Neubaustrecke die Ferngleise der viergleisigen Centralbahn Stuttgart Hbf–Ludwigsburg. Nach der kreuzungsfreien Ausfädelung verschwindet die Neubaustrecke im 4.442 m langen Tunnel »Langes Feld«, um anschließend den restlichen Abschnitt des Langen Feldes weitgehend im Einschnitt zu durchqueren. Das Glemstal überquert die Trasse auf einer 348 m langen Brücke, um dann im 1.878 km langen Pulverdinger Tunnel zu verschwinden. Mit

Bei Ubstadt kreuzt die NBS Stuttgart–Mannheim (KBS 771) die Altbaustrecke Heidelberg–Bruchsal und die Kraichtalbahn. Eine ICE-1-Garnitur ist am 26. August 1998 auf dem Weg nach Stuttgart.

1.044 m folgt die längste Brücke der Neubaustrecke, die Enztalbrücke. In Fahrtrichtung links ist für einen Moment Enzweihingen sichtbar, Endpunkt der WEG-Strecke vom Bahnhof Vaihingen/Enz Nord. Unmittelbar darauf folgt der 2.782 m lange Marksteintunnel. Nach der Tunnelausfahrt läßt sich rechts ein Blick auf den Tunnelmund des Nebenwegtunnels der in diesem Abschnitt neutrassierten Strecke Bietigheim–Mühlacker erhaschen. Der neue Bahnhof Vaihingen/Enz blitzt auf. An der nördlichen Bahnhofsausfahrt wird die Strecke Bietigheim–Mühlacker linkerhand wieder auf ihre alte Trasse ausgefädelt, die Gemeinde Illingen fliegt links vorbei. Einschnitte und Tunnel wechseln nun in schneller Folge ab. Durchfahren werden Saubucktunnel (350 m), Burgbergtunnel (1.115 m), der mit 6.800 m längste Tunnel der NBS, der Freudensteintunnel und der Wilfenbergtunnel (1.006 m). Weiter gehts über die mitten im Wald liegende, 660 m lange Talbrücke Zigeunergraben und durch den nächsten Einschnitt auf die 748 m lange Talbrücke Bauerbach, der Ort kann linkerhand gesichtet werden. Hier wird auch die heute von der AVG mit Stadtbahnwagen betriebene Strecke Bretten–Eppingen überquert. Direkt nach der Talbrücke folgt der Überholungsbahnhof Kraichtal. Weiter geht es durch die nächsten Einschnitte zum 420 m langen Tunnel »Simonsweingarten«. Dahinter überquert die NBS die 704 m lange Talbrücke Frauenwald. In schneller Folge werden der 762 m lange Neuenbergtunnel und der 220 m lange Altenbergtunnel durchrast. Die 264 m lange Talbrücke Oderbruch kündigt den Abstieg in die Rheinebene durch den 3.303 m langen Rollenbergtunnel an. Nach der Tunnelausfahrt verlassen die NBS rechts und links Gleise, welche auf die Strecke Karlsruhe–Heidelberg hinunterführen, welche die NBS einen Moment später zusammen mit der AVG-Strecke Bruchsal–Menzingen/Odenheim überquert. Zunächst noch auf einem Damm senkt sich die Trasse sanft in den 1.727 m langen Forster Tunnel hinab. Weitgehend

Bahn-Angebotsdichte

Zugart	Abschnitt	Angebot	Zwischenhalte
ICE	Stuttgart–Mannheim	stündlich	keine
ICE	Stuttgart (–Heidelberg)	zweistündlich	keine
IC/EC	Stuttgart (–Heidelberg–Mannheim)	stündlich	keine
IR	Stuttgart (–Pforzheim)	zweistündlich	Vaihingen/Enz
IR	Stuttgart–Mannheim	zweistündlich	Vaihingen/Enz
IR	Stuttgart (–Bruchsal–Karlsruhe)	zweistündlich	keine

durch Wald nähern sich die Schienen der Überführung über die Rheintalbahn Mannheim–Karlsruhe. Auch hier lassen sich rechts und links Verbindungsgleise erkennen. Auf einem fast 5 km langen Damm durchfährt die Bahn das Oberhausen-Rheinhausener Seengebiet, das erst mit Bau der NBS in die heutige reizvolle Naherholungslandschaft umgestaltet worden ist. Kurz vor dem etwas futuristisch anmutenden Bf Neulußheim nähert sich von rechts die Rheintalbahn, die uns bis hinter den ebenfalls neu erbauten Bf Hockenheim begleitet. Die NBS unterquert nun die Autobahnen A 61 und A 6. Dem Verlauf letzterer immer in Sichtweite (links) folgend, fährt der Zug nach wenigen Kilometern in den 5.380 m langen Pfingstbergtunnel ein. Nach Verlassen des Tunnels werden rechterhand die weitläufigen Anlagen des Mannheimer Rangierbahnhofes sowie des Betriebshofes Mannheim sichtbar. Über das 1.100 m lange Überführungsbauwerk über den Containerbahnhof fädeln sich die Schienen ins Gleisvorfeld des Mannheimer Hauptbahnhofs ein, der kurz darauf erreicht wird.

Fototips

- Ausfädelung der NBS am Abzweig Salzweg bei Zuffenhausen
- Einschnitt zwischen Pulverdinger Tunnel und Enztalbrücke
- Enztalbrücke
- Bf Vaihingen/Enz
- Einschnitt zwischen Saubuck- und Burgbergtunnel
- Talbrücke Bauerbach
- Talbrücke Frauenwald
- Überführung über und Ausfädelung auf die Strecke Karlsruhe–Heidelberg bei Ubstadt
- Bf Neulußheim
- Bf Hockenheim
- Überführungsbauwerk Containerbahnhof Mannheim

Bahnbetrieb

Der Betrieb wird natürlich durch ICE und die neubaustreckentauglichen Elektroloks der BR 101, 103 und 120 bestimmt, die vor den IC/EC- und IR-Zügen laufen. Der Anteil an mit den BR 103 und 120 bespannten Zügen geht zugunsten der BR 101 kontinuierlich zurück. Vor den EC Stuttgart–Straßburg kann die BR 181.2 abgelichtet werden. Ein Großteil der IC und IR wird zwischenzeitlich als Wendezüge gefahren, die Loks sind in Richtung Mannheim am Zug.

5. Neckarabwärts von Stuttgart nach Heidelberg (KBS 780 und 705)

Streckengeschichte

Die Nordbahn Stuttgart–Heilbronn (–Bad Friedrichshall-Jagstfeld) (KBS 780)

Keimzelle des Eisenbahnzeitalters in Württemberg ist wie die ehem. Ostbahn auch die vormalige Nordbahn Stuttgart–Heilbronn. Erstes Teilstück der Nordbahn war der Abschnitt Stuttgart–Ludwigsburg als Teil der Centralbahn Esslingen–Stuttgart–Ludwigsburg. Sogar der erste Spatenstich des Eisenbahnbaus in Württemberg erfolgte in dieser Sektion, denn am 26. Juni 1844 wurde der Pragtunnel bei Feuerbach angeschlagen. Projektiert wurde die Centralbahn wie auch die Nordbahn vonOberbaurat Karl Etzel, der auch die Bauleitung innehatte.
Zwischen Ludwigsburg und Feuerbach war die Trassierung problemlos, bei Feuerbach versperrte jedoch der Höhenzug der Feuerbacher Heide und der Prag den Weg in den Stuttgarter Kessel. Dieses Problem wurde durch den Bau des oben erwähnten, 828,7 m langen Pragtunnels gelöst, der für die nächsten 16 Jahre auch der längste der Württembergischen Staatseisenbahnen war. Der Abstieg in den Talkessel erforderte schließlich noch die Anlage einer Rampe zum Hauptbahnhof hinunter. Durch den aufwendigen Tunnelbau ging der Abschnitt Cannstatt–Stuttgart–Ludwigsburg schließlich als letztes Teilstück der Centralbahn erst am 15. Oktober 1846 in Betrieb.
Unproblematisch verlief der Weiterbau Richtung Heilbronn. Die Teilstrecke Ludwigsburg–Bietigheim konnte schon ein knappes Jahr später am 11. Oktober 1847 eröffnet werden. Mit der Einweihung des Abschnitts Bietigheim–Heilbronn am 25. Juli 1848 war die Nordbahn durchgehend befahrbar.
Mit dem Bau des ersten kurzen Teilstücks der Unteren Jagstbahn (Heilbronn–Osterburken) zwischen Heilbronn und Jagstfeld (heute Bad Friedrichshall-Jagstfeld) war der Grundstein für die weitere bahnmäßige Erschließung des unteren Neckartales gelegt. Die Eröffnung fand am 11. September 1866 statt.

Die Neckartalbahn (Heilbronn–) Bad F'hall-Jagstfeld–Heidelberg (KBS 705)

Als Teilstück der Badischen Odenwaldbahn Heidelberg–Würzburg wurde am 23. Oktober 1862 der Abschnitt Neckargemünd–Heidelberg eröffnet. Grundlage war das Gesetz vom 27. April 1860. Durchs Neckartal wäre der Weg nach Neckarelz bedeutend einfacher gewesen – aber bei Neckarsteinach und Hirschhorn gehörte das Neckartal zu Hessen. Daher entschied man sich für eine deutlich unvorteilhaftere Streckenführung. So blieb das Neckartal zwischen Neckarelz und Neckargemünd ohne Bahnanschluß, da die Odenwaldbahn in Neckargemünd das Neckartal verließ und über Meckesheim, Aglasterhausen und Obrigheim nach

Neckarelz gelangte. Dieser Fehler beim Bau der Odenwaldbahn wurde erst 13 Jahre später korrigiert. Staatsverträge mit Hessen und Württemberg sowie das Gesetz vom 16. April 1870 legten den Grundstein zum Bau der trassierungsmäßig günstigeren und kürzeren Neckartalbahn Jagstfeld–Neckarelz–Eberbach–Neckargemünd, die am 24. Mai 1879 eröffnet wurde und sofort den Durchgangsverkehr in der Relation Heidelberg–Würzburg aufnahm. In Jagstfeld war mit dieser Bahn ein weiterer Anschluß an das württembergische Netz hergestellt. In Eberbach erfolgte schließlich 1882 der Anschluß durch die hessische »Mümlingbahn« in Richtung Hanau.

Ludwigsburg–Marbach–Backnang (KBS 790.4 und 790.5)

Per Gesetz vom 22. März 1873 wurde der Bau der sogenannten Murrbahn Bietigheim–Backnang–Schwäbisch Hall-Hessental sowie einer Zweigstrecke Backnang–Waiblingen beschlossen. Die genannten Strecken wurden zwischen 1876 und 1880 abschnittsweise eröffnet, die hier relevante Teilstrecke Bietigheim–Backnang ging als vorletzte am 8. Dezember 1879 in Betrieb. Dem Nahverkehr aus der Marbacher Gegend nach Stuttgart trug der Bau einer gut 5 km langen Zweigbahn Beihingen-Heutingsheim (heute Freiberg/-Neckar)–Ludwigsburg Rechnung, welche ab 15. Oktober 1881 die Murrbahn Backnang–Bietigheim mit der Nordbahn in Richtung Stuttgart verband. Der Zweite Weltkrieg brachte für den Abschnitt Bietigheim–Beihingen-Heutingsheim ein jähes Ende, da die Eisenbahnbrücke über die Autobahn A 8 in den letzten Kriegstagen gesprengt worden war und nicht wieder aufgebaut wurde. Während Marbach–Ludwigsburg seit dem 27. September 1980 ins Stuttgarter S-Bahn-Netz integriert ist, führt die Restrecke Marbach–Backnang nach wie vor ein Schattendasein. Seit Sommerfahrplan 1996 wird zwar auch hier elektrisch gefahren, ein »S-Bahn-Lückenschluß« zwischen Marbach und Backnang ist aber nicht in Sicht.

Streckenverlauf (Topographie)

Stuttgart–Heilbronn–Eberbach–Heidelberg (KBS 780 und 705)

Der Streckenverlauf bis Bietigheim ist in Kapitel 9.1 beschrieben. Hinter dem Bahnhof Bietigheim schwenken die Gleise der Westbahn nach Mühlacker links ab, während sich die Nordbahn am westlichen Stadtrand von Bietigheim vorbei langsam ins Enztal hinuntersenkt. Vorbei an der ehemaligen Blockstelle Forst (in Fahrtrichtung rechts) kommen rechts die steilen Hanglagen der Besigheimer Weinberge ins Blickfeld. Auf einer 213 m langen Blechträgerbrücke überqueren die Gleise die Enz, rechterhand rückt das malerische Bild von Besigheim ins Blickfeld und der Bahnhof Besigheim ist erreicht. Bei der Ausfahrt aus Besigheim befindet sich linkerhand ein altes württembergisches Stellwerk. Entlang der Weinbergsteillagen (links) und der Enz (rechts) münden Trasse und Enz ins Neckartal. Hinter Walheim verlaufen die Gleise bis Kirchheim direkt am Neckar (in Fahrtrichtung rechts). Am gegenüberliegenden Neckarufer (rechts) sieht man die Ortschaft Gemmrigheim inmitten ihrer Weinberge. Hinter dem Bahnhof Kirchheim wird mit dem 584 m langen Kirchheimer Tunnel (zwei Tunnelröhren) eine Neckarschleife abgekürzt. Kurz vor Lauffen mündet links das Gleis der ehemaligen Zabergäubahn ein. Hinter dem Bahnhof Lauffen erreicht die Trasse wieder den Fluß (rechts), ein kurzer Blick auf die Neckarinsel mit den Resten der Lauffener Burg ist möglich. Immer dem

Aus den Weinbergen zwischen Bietigheim und Besigheim schweift der Blick durch das malerische Enztal. Der Zug hat soeben die Enzbrücke auf der Fahrt in Richtung Stuttgart verlassen und strebt nun Bietigheim entgegen.

In Gundelsheim an der Strecke Heilbronn–Heidelberg (KBS 705) thront malerisch Schloß Horneck über den Gleisanlagen. Im September 1998 hat 110 345 mit einem RegionalExpreß den Bahnhof erreicht.

Neckar in Sichtweite folgend erreicht die Strecke nach Passieren von Nordheim bei Böckingen das Weichbild von Heilbronn. Kurz vor Überqueren der Neckarbrücke (Neckar-Kanal) werden links die Anlagen des ehemaligen Heilbronner Bahnbetriebswerks sichtbar. Nach der Brücke zweigen links die Gleise zum Heilbronner Neckarhafen ab, Heilbronn Hauptbahnhof ist erreicht.

Kurz nach Verlassen des Hauptbahnhofs wird der eigentliche Flußlauf des Neckar überquert, anschließend biegen die Gleise der Strecke nach Schwäbisch Hall rechts ab. Ebenfalls rechts kommen nun die rebflurbereinigten Hänge des Heilbronner Wartbergs ins Blickfeld. Bis hinter Neckarsulm führt die Strecke durch bebautes Gebiet, die Grenze zwischen Heilbronn und Neckarsulm ist durch das Unterqueren der Autobahn A 8 markiert. Hinter Neckarsulm kommt nun links wieder der Neckar auf Sichtweite heran. Beim Haltepunkt Bad Friedrichshall-Kochendorf ragen links die Anlagen des ehemaligen Salzbergwerks auf. Nach Überqueren des Kocher sind das Gleisvorfeld des Abwzeigebahnhofs Bad Friedrichshall-Jagstfeld erreicht, von rechts mündet das Gleis der ehemaligen WEG-Strecke nach Ohrnberg ein. Nach dem Bahnhof verschwinden links die Schienen der Sinsheimer Strecke, anschließend rechts die Osterburker Strecke. Nach der Jagstbrücke grüßen am linken Talrand die Gemäuer der ehemaligen Kaiserpfalz Bad Wimpfen. Hinter Offenau kommt der Neckar wieder in Sichtweite (links) und mit der Stauferruine Ehrenberg am gegenüberliegenden Ufer die erste einer ganzen Reihe von nun folgenden Burgen. Das malerische Gundelsheim mit Schloß Horneck (rechts) und ein kurzer Blick auf Burg Guttenberg (links) folgen als nächstes, bevor die Trasse im Tunnel unter dem Michelsberg verschwindet, der die Böttigheimer Neckarschleife abkürzt. Nach der Tunnelausfahrt sieht man am linken Neckarufer den alten Schifferort Haßmersheim, bei Neckarzimmern rechts oberhalb der Weinberge die alte Götzenburg Hornberg. Im nun breiteren Neckartal rückt die Trasse vom Neckar. Die von rechts einmündenden Gleise der Badischen Odenwaldbahn signalisieren den Abzweigebahnhof Neckarelz. Weit drüben, hoch über dem linken Neckarufer grüßt Schloß Neuburg herüber. Die Strecke ist wieder für kurze Zeit nahe dem Flußlauf (links), am linken Flußufer Obrigheim mit seinem Kernkraftwerk. Nach dem Bahnhof Binau wird die Binau-

Das »Märchenschloß im Neckartal«: Die Burg Zwingenberg dominiert die Szenerie, der NeiTech der Reihe 611, der am 31. Juli 1998 auf dem Weg nach Heidelberg ist, wirkt angesichts des mächtigen Bauwerks fast wie Spielzeug.

Ein bekanntes Fotomotiv ist die Neckarbrücke von Neckargemünd. Oben fährt die Eisenbahn, unten promenieren Spaziergänger. Die Regionalbahn spiegelt den Farbwirrwarr der Deutschen Bahn in den neunziger Jahren wieder.

er Neckarschleife durch einen Tunnel ausgelassen. Weiter dem Tal und Fluß folgend geht es über Neckargerach, Zwingenberg mit gleichnamiger Burg (rechts), Lindach nach Eberbach. Bei Lindach kann man am linken Ufer die zwischen Bäumen versteckten Gemäuer der Ruine Stolzeneck ausmachen. Kurz vor Eberbach verschwinden die Gleise im Tunnel, bei der Einfahrt in den Bahnhof grüßen links die Türme der Stadtkirche. Bei der Bahnhofsausfahrt verschwinden rechts die Gleise der hessischen Mümlingbahn nach Hanau. Die Abkürzung einer weiteren Neckarschleife läßt vor Hirschhorn den nächsten Tunnel folgen. Nach der Tunnelausfahrt sieht man links das hessische Städtchen Hirschhorn mit seiner darüber thronenden Burg liegen, unter der kurze Zeit später die Gleise im Tunnel durchführen. Im Bahnhof Hirschhorn lohnt noch einmal der Blick zurück zur Burg (Fahrtrichtung links). Über Neckarhausen erreicht die Strecke das ebenfalls hessische Vierburgenstädtchen Neckarsteinach. Zwei davon, Vorderburg und Mittelburg, lassen sich kurz vor Einfahrt in den Bahnhof linkerhand erspähen. Nach dem Bahnhof zweigt rechts das Gleis der ehemaligen Stichbahn nach Schönau ab und die Strecke verschwindet im Hinterburg-Tunnel. Rechts oben am Talhang thront die vierte der Steinacher Burgen, die Ruine Schadeck oder »Schwalbennest«, am anderen Ufer ziehen bis zur Neckarbrücke in Neckargemünd die hoch auf einem Bergkegel gelegenen Reste der Festung Dilsberg mit dem gleichnamigen Ort die Blicke auf sich. Unmittelbar nach der Brücke verschwinden die Schienen im 147 m langen Reichenstein-Tunnel. Von links kommen kurz vor Einfahrt in den Bahnhof Neckargemünd die Gleise der alten Badischen Odenwaldbahn aus Meckesheim heran. Nach Neckargemünd passiert die Strecke ein malerisches Bahnwärterhaus (links) und führt in Sichtweite des Neckars (nun rechts) vorbei an Schlierbach, mit Blick auf Ziegelhausen am rechten Ufer, zum Bahnhof Heidelberg-Karlstor. Der folgende, lange Schloßtunnel verhindert die weitere Sicht auf die romantischen Gemäuer Heidelbergs. Wieder am Tageslicht endet die Strecke kurze Zeit später im neuen Heidelberger Hauptbahnhof, der mit dem Charme der fünfziger Jahre den Reisenden begrüßt.

Ludwigsburg–Marbach–Backnang (KBS 790.4 und 790.5)

Hinter dem Bahnhof Ludwigsburg läßt die heute zweigleisige Trasse die Nordbahn links liegen, überquert die B 27 und führt nach dem Haltepunkt Favoritepark durch Felder und Wiesen zum Bahnhof Freiberg/Neckar. Rechts erinnert ein altes württembergisches Stellwerk mit dem alten Bahnhofsnamen Beihingen-Heutingsheim an die einstige Abzweigestation. Größtenteils im Einschnitt verlaufen die Schienen bis Benningen, dort endet der zweigleisige Ausbau. Auf dem 335 m langen Marbacher Viadukt überquert die Strecke nun das Neckartal. Kurz vor Erreichen der Marbacher Seite kann man im Tal die Gleise der Anschlußbahn zum Kraftwerk erkennen (siehe auch Spurensuche). Wenig später kommt links aus den Weinbergen genau dieses Anschlußgleis an die Trasse heran, rechterhand die Marbacher Alexanderkirche. Hinter Marbach senkt sich die Trasse zunächst im Einschnitt, dann auf einem kleinen Damm ins Murrtal hinunter, das beim Haltepunkt Erdmannhausen-Rielinghausen erreicht wird. In Hanglage und meist im Wald folgt die Strecke dem Murrtal über Kirchberg nach Burgstall. Einzelne Lichtungen lassen links einen Blick auf den Fluß zu. Weiter in Hanglage wechseln hinter Burgstall Wald und offene Landschaft ab, bis sich kurz vor Backnang rechts die Gleise der Stuttgarter Strecke (heutige Murrbahn) annähern, um gemeinsam in den Bahnhof zu führen.

Zwischen Benningen und Marbach (Neckar) überquert die KBS 790.4 das Neckartal auf einem 335 m langen Viadukt. Die 420-Doppelgarnitur hat am 25. September 1998 den S-Bahn-Endpunkt Marbach fast erreicht.

Spurensuche: Längst Stillgelegt ist die Strecke Neckarsteinach–Schönau. Im Bahnhof Schönau sollte einst ein Straßenbahnmuseum entstehen, weswegen dort zahlreiche Straßenbahnfahrzeuge gesammelt wurden. Mittlerweile jedoch wurden die Fahrzeuge abtransportiert. Im April 1984 sonnten sich noch OEG-Triebwagen in Schönau.

Reiseziele

Radwanderwege Baden-Württemberg
Alb-Neckar-Weg von Marbach bis Eberbach und Odenwald-Madonnen-Weg von Eberbach bis Heidelberg (Kartenmaterial erhältlich beim Landesvermessungsamt Baden-Württemberg sowie bei den Fremdenverkehrsverbänden und Touristik-Gemeinschaften)

Nordbahn und Neckartalbahn (KBS 780 und 705)

Stuttgart, Kornwestheim, Ludwigsburg, Asperg, Bietigheim-Bissingen siehe Kapitel 4.1

Besigheim
Auf einem schmalen Bergrücken gelegen bietet Besigheim mit seinen beiden romanischen Rundtürmen und den bunten Dächern ein einzigartiges Stadtbild. Die Rundtürme sind Reste alter Burganlagen aus dem 12. Jahrhundert. Auch von der Stadtmauer mit ihren Türmen sind noch Überbleibsel vorhanden, so z.B. das Pulvertürmle bei der Kelter. Die evangelische Stadtkirche aus dem 14./15. Jahrhundert birgt einen sehenswerten Schnitzaltar (um 1520). Mit dem Marktbrunnen davor bildet das hochgiebelige Rathaus von 1459 ein lohnenswertes Motiv. Bei einer Stadtbesichtigung lassen sich zahlreiche Bauwerke aus dem 16. und 17. Jahrhundert

entdecken, so das alte Dekanat von 1572, das ehemalige Oberamt oder das auf der Stadtmauer thronende vormalige Zeughaus.

Lauffen (Neckar)
Durch eine malerische Stadtanlage besticht auch Lauffen, die Geburtsstadt von Friedrich Hölderin. Am rechten Neckarufer liegt die Stadt, am linken das Dorf und dazwischen auf einer Felseninsel im Neckar die Burg. Von der Burg sind noch der Bergfried und ein Wehrbau erhalten. Eine stattliche Steinbogenbrücke von 1530 verbindet Stadt und Dorf. Reste der Ummauerung, diverse ältere Gemäuer sowie die gotische Nikolauskirche beleben das Bild der Altstadt. Im Dorf sind die Regiswindiskirche mit Teilen aus dem 13. Jahrhundert und reichen Renaissancemalereien im Innern sowie die Reste eines Dominikanerinnenklosters (spätgotischer Kreuzgang) sehenswert.

Heilbronn siehe Kapitel 3.1

Neckarsulm, Bad Friedrichshall-Kochendorf, Bad Friedrichshall-Jagstfeld
siehe Kapitel 3.2

Gundelsheim (Neckar)
Mit seinem Deutschordensschloß Horneck, den Ringmauern mit ihren Rundtürmen und Wehrgängen ist Gundelsheim ein besonders gut erhaltenes Burgstädtchen. Das nach dem Heidelberger Schloß größte von allen Neckarschlössern ist seit 1250 im Besitz des Deutschen Ordens. Das hell leuchtende Schloßgebäude mit seinen vielen Fenstern wurde erst Anfang des 16. Jahrhundert erbaut. Bei einem Spaziergang durch den Ort lassen sich enge Gäßchen mit verträumten Winkeln und schöne Steinhäuser mit Renaissancegiebeln und Erkern entdecken. Die Bauteile der Stadtkirche reichen von der Spätgotik bis ins 20. Jahrhundert.

Neckarzimmern
Oberhalb von Neckarzimmern beherrscht die Burg Hornberg das Tal. Wesentliche Teile der Burg sind erhalten und die Höfe, Tore und Türme können eingehend besichtigt werden. Einst war sie Wohnsitz und Sterbeort des Götz von Berlichingen, der hier auch seine Memoiren verfaßt hat. Seine eiserne Hand ist zwar nicht in der Altertumssammlung zu finden, dafür bildet seine Rüstung das Glanzstück der Sammlung. Den phantastischen Ausblick ins Neckartal sollte man in Ruhe genießen.

Neckarelz
Neben hübschen Fachwerkhäusern bietet Neckarelz das Tempelhaus aus dem 12. Jahrhundert, heute die alte katholische Kirche. Ältester Bauteil des Tempelhauses ist der Rest einer Burganlage aus karolingischer Zeit und auch Spuren aus der Römerzeit sind hier nachgewiesen.

Binau
Durchaus interessant ist die barock veränderte, evangelische Pfarrkirche (14. Jahrhundert) mit ihren gotischen Wandmalereien im Turmchor. Das benachbarte Schloß (heute Altersheim) datiert von 1717. Von der Burgruine Dauchstein sind noch Teile des Bergfrieds und der Schildmauer erhalten.

Neckargerach
Einen sehenswerten Kontrast zwischen barocker und moderner Architektur bietet die katholische Pfarrkirche St. Afra. Der barocke Altbau wurde zwischen 1968 und 1970 durch einen modernen Erweiterungsbau ergänzt. Der spätbarocke Hochaltar (um 1760) ist ein Werk des klassizistisch kühlen, pfälzischen Barock.

Zwingenberg (Baden)

Wie ein Märchenschloß thront Burg Zwingenberg auf einem Bergvorsprung oberhalb der Ortschaft. Die schönste Burg im Neckartal war ursrpünglich eine Raubritterburg aus dem 12. Jahrhundert. Im 14. Jahrhundert deshalb durch Kurfürst Ruprecht I. zerstört, wurde sie im 15. Jahrhundert wiederaufgebaut. Heute ist sie im Besitz der Familie des ehemaligen Großherzogs von Baden. Obwohl bewohnt kann sie besichtigt werden.

Eberbach

Der Stadtkern von Eberbach ist liebevoll restauriert. Von den diversen Fachwerkhäusern gefallen besonders der »Hof« und die Alte Kaserne. Vier Türme der Stadtbefestigung sowie Reste der Stadtmauer sind noch erhalten. Schöne Parkanlagen, unmittelbar am Kurhaus und Neckar gelegen, laden zu einem Spaziergang ein. Auf einer Bergnase oberhalb der Stadt befindet sich die Ruine der Burg Eberbach aus dem 11. Jahrhundert (gute Aussicht auf die Stadt).

Hirschhorn (Neckar)

Das zu Hessen gehörige Städtchen Hirschhorn bietet mit seinem überragendem Burgschloß einen romantischen, fast mittelalterlich anmutenden Anblick. Burg und Schloß, einst Sitz der Herren von Hirschhorn, bilden eine gut erhaltene Anlage. Ältester Teil der Burg ist die starke Schildmauer (um 1200). Der frühgotische Palas wurde im späten 16. Jahrhundert zu einem stattlichen Renaissancebau erweitert. In der ehemaligen Burgkapelle von 1346 finden sich Reste von Wandmalereien. Am Ostabhang zwischen Burg und Stadt steht die gotische Klosterkirche des ehemaligen Karmeliterklosters mit kunstvoller Innenausstattung. Die zum Teil erhaltenen Klostergebäude werden heute als Pfarrhaus genutzt. Die reichverzierten Fachwerkhäuser, die Marktkirche aus dem 17. Jahrhundert und die romantischen Winkel lohnen einen Spaziergang durch die Stadt.

Neckarsteinach

Mit seiner Burgenherrlichkeit glänzt das ebenfalls hessische Neckarsteinach. Insgesamt vier Burgen der Ritter von Steinach liegen aufgereiht wie Perlen an einer Schnur nebeneinander: Dem Städtchen am nächsten die Vorderburg mit nur noch wenig Gebäuden, darauf folgt die stattlich wiederhergestellte, heute noch bewohnte Mittelburg, unweit davon die umfangreiche Ruine der Hinterburg und hoch oben am Hang wie ein Vogelnest, die Ruine der Burg Schadeck, auch »Schwalbennest« genannt. Schöne Fachwerkhäuser und andere sehenswerte Gebäude erfreuen das Auge im Städtchen. In der gotischen Kirche von 1482 (evangelisch) befinden sich die bemerkenswerten Grabmäler der Steinacher Ritter.

Neckargemünd siehe Kapitel 3.2

Heidelberg siehe Kapitel 1

Ludwigsburg–Marbach–Backnang (KBS 790.4 und 790.5)

Freiberg (Neckar)

Die ehemals selbständigen Gemeinden Beihingen, Heutingsheim und Geisingen bilden seit der Gemeindereform die Stadt Freiberg am Neckar. In Beihingen findet der Besucher zwei Schlösser, ein mittelalterliches mit romanischen Resten und ein neueres von 1573. Die Kirche mit ihrem burgartigen Kirchhof bietet ein malerisches Bild. Das Rathaus datiert von 1614. In Heutingsheim lohnen die Kirche von 1487 und das Schloß mit seinem großen Hof von 1696. Geisingen prunkt ebenfalls mit zwei

Schlössern, dem Alten von 1671 und dem Neuen von 1723. Das schöne spätgotische Kirchlein enthält sehenswerte Grabmäler.

Marbach (Neckar)
Die Geburtsstadt Friedrich Schillers erinnert an ihren großen Sohn mit dem Schiller-Nationalmuseum, dem auch das Deutsche Literaturarchiv angeschlossen ist. Zu den zahlreichen Fachwerksbauten in Marbach zählt auch das Geburtshaus des großen Dichters, das als Gedenkstätte eingerichtet ist. Teile der Stadtmauer und ihrer Türme sind noch erhalten. Die evangelische Alexanderkirche, eine spätgotische, dreischiffige Hallenkirche aus dem 15. Jahrhundert, gefällt besonders durch ihre original erhaltene Deckenbemalung. Die spätgotische Stadtkirche ist seit der Niederbrennung der Stadt durch die Franzosen im Jahre 1693 ohne Turm.

Erdmannhausen-Rielingshausen
Die spätgotische Pfarrkirche von Erdmannhausen ist von einem wehrhaften Kirchhof umgeben. Auch ein Blick aufs Rathaus von 1604 sollte nicht versäumt werden.

Backnang
Die Altstadt von Backnang wird vom Schloßberg dominiert. Mit dem Bau des Schlosses wurde 1605 begonnen, er ist aber nie vollendet worden. Die evangelische Stadtkirche auf dem Schloßberg, die ehemalige Stiftskirche St. Pankratius mit romanischen und gotischen Elementen, erinnert an die Bedeutung der Stadt im hohen Mittelalter. Als weiteres wichtiges Denkmal ist der Torso der Michaelskapelle zu nennen. Zweifellos schönster Bau in Backnang ist das monumentale Rathaus am Markt, das mit seinen beiden Fachwerketagen und dem hohen Giebeldach den Besucher fasziniert.

Reiseziele für Eisenbahnfreunde

- Sonderzüge zum Schäferlauf nach Markgröningen auf der nur im Güterverkehr betriebenen Nebenbahn Ludwigsburg–Markgröningen
- 64 094 (mit grünen Wasserkästen) und 86 348 (mit blauen Wasserkästen) stehen in Tamm auf dem Parkplatz des Einkaufszentrum Breuningerland
- 99 651 ist Denkmallok am ehemaligen Bahnhof Steinheim/Murr
- in Heilbronn-Neckargartach, Sachsenäcker, steht die zweiachsige Werkdampflok 36/2 der Heilbronner Kalichemie als Denkmal

Fototips

Ludwigsburg–Marbach–Backnang
- ehemaliges württembergisches Stellwerk in Freiberg am Neckar
- Neckarviadukt bei Marbach
- Bf Kirchberg/Murr

Bietigheim–Heilbronn–Eberbach–Heidelberg
- Enztal rund um Besigheim, Besigheim mit württ. Stellwerk im Bf
- Tunnel und Weinberge bei Kirchheim
- Neckartal bei Lauffen und Nordheim
- Salzbergwerk bei Bad Friedrichshall-Kochendorf (vormittags)
- bei Offenau mit Stadtansicht Bad Wimpfen (vormittags)
- Schloß Horneck in Gundelsheim
- Burg Hornberg bei Neckarzimmern
- Burg Zwingenberg, besonders schön vom gegenüberliegenden Neckarufer
- Bf Eberbach
- Hirschhorn mit Burg und Tunnelausfahrt (nachmittags)

Unterhalb der Schillerstadt Marbach/Neckar liegt das Neckarkraftwerk, das auf der Schiene über eine Anschlußbahn durch die Weinberge erreichbar ist. Das Gleis wird nur noch selten befahren, noch seltener ist der Einsatz eines Personenzuges wie am 20. Mai 1990, als der WEG VT 403 nebst Steuerwagen VS 430 als gut besetzter Sonderzug zum Einsatz kam.

- ❑ Neckarsteinach mit Stadtansicht und Ruine (vormittags)
- ❑ Ruinen bei Neckarsteinach
- ❑ Neckarbrücke bei Neckargemünd
- ❑ altes Bahnwärterhaus bei Neckargemünd
- ❑ Stadtansicht Heidelberg und Neckar bei Heidelberg-Karlstor

Spurensuche

- ❑ ehemalige Hauptbahn Beihingen-Heutigsheim (heute Freiberg am Neckar)–Bietigheim, stillgelegt und abgebaut
- ❑ Bottwartalbahn Marbach–Heilbronn Süd (Schmalspur 750 mm), stillgelegt und abgebaut, normalspuriges Anschlußgleis vom Bahnhof Marbach über eine Spitzkehre zum Kraftwerk ist noch in Betrieb
- ❑ ehemalige »Zabergäubahn« Lauffen–Leonbronn, stillgelegt aber noch nicht abgebaut
- ❑ ehemalige Nebenbahn Bad Friedrichshall-Jagstfeld–Ohrnberg, stillgelegt und (zum größten Teil) abgebaut
- ❑ Teilstrecke Neckarelz–Aglasterhausen der Badischen Odenwaldbahn, stillgelegt und abgebaut
- ❑ ehemalige Nebenbahn Neckarsteinach–Schönau, stillgelegt, aber noch nicht abgebaut

Bahn-Angebotsdichte

Zugart	Abschnitt	Angebot	Zwischenhalte
RE/SE	Stuttgart - Heilbronn	stündlich (mo-fr meistens halbstündlich)	Ludwigsburg, Bietigheim-Bissingen, Besigheim, Walheim, Kirchheim, Lauffen, Nordheim (stündlich)
RE	Heilbronn - Heidelberg	2-stündlich	Neckarsulm, Bad Friedrichshall-Jagstfeld, Neckarelz, Eberbach
SE	Heilbronn - Heidelberg	stündlich	i.d.R. fast alle Bahnhöfe, unregelmäßig in Heilbr.-Sülmertor, Bad Friedrichshall-Kochendorf, Offenau, Haßmersheim, Neckarzimmer, Binau, Lindach, Neckarhausen
RB	Marbach - Backnang	mo-fr und sa bis 14 h stündlich (mo-fr HVZ halbstündlich)	alle Bahnhöfe
S-Bahn	Stuttgart - Bietigheim	halbstündlich	alle Bahnhöfe
S-Bahn	Stuttgart - Marbach	halbstündlich	alle Bahnhöfe

Bahnbetrieb

Als Doppelstockwendezüge werden die SE Stuttgart–Heilbronn gefahren, die mit Mannheimer 143 bespannt sind. Die Loks sind zumindest theoretisch in Richtung Stuttgart am Zug. Mit den zweistündlich verkehrenden RE Heilbronn–Heidelberg sind die Diesel-Neigezüge der BR 611 beschäftigt, sofern diese Fahrzeuge mal nicht ausgefallen oder zwangsstillgelegt sind. Die Hauptlast der dann notwendig werdenden Ersatzzüge sowie die Bespannung der SE Heilbronn–Heidelberg übernehmen vor allem Elloks der BR 110 und 143, selten 141. Den durchgehenden Güterverkehr bewältigen meist Maschinen der Baureihen 140, 143 und 150. Die Bedienung der Gütertarifpunkte Eberbach und Neckarelz erfolgt mit Kornwestheimer 294 von Bad Friedrichshall-Jagstfeld aus.

Der S-Bahnverkehr Stuttgart–Bietigheim/Marbach ist nach wie vor eine Domäne der S-Bahntriebwagen BR 420. Entsprechend der laufenden Auslieferung werden zukünftig auch hier die Triebwagen der Nachfolgegeneration BR 423/433 zu finden sein. Bei den RB-Wendezügen zwischen Marbach und Backnang führen Münchner 111 das Regiment, die Loks sind Richtung Backnang am Zug.

Adressen

Tourismusverband Neckarland-Schwaben, Lohtorstr. 21, 74072 Heilbronn, Tel. (0 71 31) 7 85 20, Fax (0 71 31) 78 52 30

Bad Friedrichshall: Touristinfo unter Tel. (0 71 36) 8 32 91

Heidelberg: Verkehrsverein Heidelberg, Postfach 10 58 60, 69048 Heidelberg, Tel. (0 62 21) 14 22 11, Fax (0 62 21) 14 22 22

Heilbronn: Verkehrsamt Heilbronn, Marktplatz, 74072 Heilbronn, Tel. (0 71 31) 56 22 70, Fax (0 71 31) 56 31 40

Lauffen am Neckar: Touristinfo unter Tel. (0 71 33) 1 06 13

Ludwigsburg: Ludwigsburg Information, Wilhelmstr. 10, 71638 Ludwigsburg, Tel. (0 71 41) 910-252, Fax (0 71 41) 910-774

Stuttgart: Stuttgart-Marketing GmbH, Postfach 10 44 36, 70039 Stuttgart, Tel. (07 11) 22 28-240 /-241, Fax (07 11) 22 28-270

6. Ins Hohenlohische

Stuttgart/Heilbronn–Crailsheim (KBS 784 und 783); Gaildorf–Untergröningen (KBS 785)

Streckengeschichte

Hohenloher Bahn oder Kocherbahn Heilbronn–Crailsheim (KBS 783)

Zu den ersten Erweiterungsbauten der erfolgreichen württembergischen Stammlinie Heilbronn–Stuttgart–Ulm–Friedrichshafen zählt die sogenannte Hohenloher Bahn von Heilbronn über Öhringen und Schwäbisch Hall nach Crailsheim, festgelegt im »Gesetz betreffend die weitere Ausdehnung des Eisenbahnnetzes« vom 17. November 1858. Ein weiteres Gesetz gleichen Datums regelte die Bauausführung des ersten Teilstücks von Heilbronn nach Schwäbisch Hall. Das Auftreten schwieriger Erdbewegungen an diversen Teilen der Strecke brachte anfangs nicht einkalkulierte Probleme mit sich. Im Gegensatz zu den gefährlichen Schwierigkeiten beim Bau des 891 m langen Weinsberger Tunnels unter dem Wartbergsattel hindurch waren sie jedoch vergleichsweise harmlos. Die Tücken des Gipskeupers, der beim Tunnelbau ständig in Bewegung geriet, konnten nur durch kostspielige Sicherungsmaßnahmen bewältigt werden. Erst am 4. August 1862 wurde die Strecke feierlich eröffnet. Ab 1865 wurde es dann Ernst mit dem Weiterbau in Richtung Crailsheim. Im Gegensatz zur gleichzeitig in Angriff genommenen Jagstbahn Goldshöfe–Crailsheim waren mit zwei Viadukten und zwei Tunnels umfangreiche Kunstbauten zu erstellen. Dies hatte zur Folge, daß die Kocherbahn erst als zweite Strecke Crailsheim erreichte. Am 10. Dezember 1867 wurde ohne offizielle Feierlichkeiten der ordentliche Betrieb zwischen Schwäbisch Hall und Crailsheim aufgenommen. Ein gutes Jahr zuvor hatte es zur Eröffnung der Jagstbahn noch umfangreiche Festaktivitäten gegeben.

Murrbahn (Stuttgart–) Waiblingen–Schwäbisch Hall-Hessental (KBS 784)

Um den Nordosten des Königreiches Württemberg besser zu erschließen, den Transitverkehr zwischen Bayern und Baden zu verbessern und länger an Württemberg zu binden sowie um die Relation Stuttgart–Crailsheim abzukürzen, wurde mit dem Gesetz vom 22. März 1873 der Bau der sogenannten Murrbahn Bietigheim–Backnang–Schwäbisch Hall-Hessental sowie einer Zweigstrecke Backnang–Waiblingen beschlossen. Crailsheim war bis dato nur über Aalen oder Heilbronn–Schwäbisch Hall zu erreichen. In Waiblingen war für die Einführung der Murrbahn der Bau eines neuen Bahnhofs erforderlich, welcher als Keilbahnhof zwischen der Rems- und der Murrbahn realisiert wurde. Als erster Streckenabschnitt ging am 26. Oktober 1876 die ursprüngliche Zweiglinie Waiblingen–Backnang (18,5 km) in Betrieb. Von Backnang nach Murrhardt (16 km) fuhr am

11. April 1878 der erste Zug. Gaildorf wurde von Hessental aus, der Abzweigestation von der Kocherbahn, am 1. Dezember 1879 erreicht (11 km). Gut zwei Wochen später konnte der Bietigheimer Ast fertiggestellt werden. Schwierigkeiten am Fichtenberger und am Gaildorfer Tunnel verzögerten die Aufnahme des durchgehenden Verkehrs. Die 14,5 km lange Lücke zwischen Murrhardt und Gaildorf konnte erst am 15. Mai 1880 geschlossen werden. Nach Fertigstellung ging der Transitverkehr aus Richtung Nürnberg und Stuttgart sofort auf die Murrbahn über.

Die gesamte Strecke war zwar von Anfang für einen zweigleisigen Ausbau vorbereitet worden, zunächst aber nur eingleisig ausgeführt. Erst 1965 wurde mit der Elektrifizierung zwischen Waiblingen und Backnang in diesem Abschnitt auch das zweite Gleis eingebaut. Die Einweihung des zweiten Gleises und des elektrischen Betriebes nach Backnang fand am 26. September 1965. Seit dem 26. September 1981 ist dieser Abschnitt ins Stuttgarter S-Bahn-Netz integriert. Nach der durchgehenden Elektrifizierung der Relation Stuttgart–Aalen–Crailsheim–Nürnberg zum Sommerfahrplan 1985 verlor die Murrbahn zwar zunächst den größten Teil ihres Durchgangsverkehrs. Die Aufnahme des elektrischen Betriebes zum Sommerfahrplan 1996 holte aber einen Teil dieses Verkehrs wieder zurück. Zukunftsmusik ist bis jetzt noch der Einsatz elektrischer Neigezüge auf dieser kürzesten Verbindung zwischen Stuttgart und Nürnberg.

Obere Kochertalbahn Gaildorf–Untergröningen (KBS 785)

Schon 1857 gab es erste Bestrebungen, die Holzindustrie im waldreichen oberen Kochertal durch eine Bahnlinie Wasseralfingen–Gaildorf zu erschließen, doch ohne Erfolg. Erst als 1880 die Murrbahn Gaildorf erreicht hatte, flammten die Bestrebungen erneut auf. Im Jahre 1897 wurde schließlich ein Kocherbahn-Komitee gebildet, den Bau einer Schmalspurbahn Gaildorf–Untergröningen und eventuell weiter über Wasseralfingen nach Aalen voranzutreiben. Nachdem vom Staat ein Bahnbau in Eigenregie abgelehnt worden war, zum Bau einer Privatbahn aber ein Zuschuß in Aussicht gestellt wurde, beauftragte das Komitee die Fa. Koppel in Berlin, das Schmalspurprojekt auszuarbeiten. Nach Gründung der WEG im Jahr 1899 übernahm diese die Vereinbarungen mit der Fa. Koppel und erhielt die Konzession zum Bau der Schmalspurbahn am 24. Oktober 1899. Vier Schmalspurlokomotiven waren bereits bestellt, da wurden auf Vorschlag der WEG die Pläne zum Bau einer Regelspurbahn umkonzipiert, da zwischenzeitlich ein Staatszuschuß zum Bahnbau in Aussicht gestellt worden war. Die Konzession zum Bau der Regelspurbahn erfolgte am 28. Dezember 1901, die Schmalspurlokomotiven konnten bei der WEG-Bahn Amstetten–Laichingen verwendet werden.

Von der Topographie her bereitete der Bahnbau keine besonderen Probleme und schritt deshalb zügig voran. Lediglich der Kocher und der Rotbach mußten an einigen Stellen verlegt werden. Große Kunstbauten waren ebenfalls nicht erforderlich, lediglich einige kleinere Brücken zu erstellen. So konnte schon am 1. Oktober 1903 der öffentliche Verkehr aufgenommen werden, nachdem zuvor in großem Rahmen die Einweihung der neuen Strecke gefeiert worden war.

Streckenverlauf (Topographie)

Hohenloher Bahn oder Kocherbahn Heilbronn–Crailsheim (KBS 783)

Zusammen mit der Neckartalbahn über-

An der Hohenloher Bahn Heilbronn–Crailsheim (KBS 783) liegt der Ort Sülzbach, den am 14. August 1998 gerade ein 628.2 passiert. Im Hintergrund grüßt die Burgruine Weibertreu.

quert die Kocherbahn in der Nordausfahrt des Heilbronner Hauptbahnhofes den Neckar und biegt anschließend nach Osten ab. Hinter dem Haltepunkt Karlstor verschwindet rechts das Gütergleis zum Bahnhof Heilbronn Süd, dem ehemaligen Ausgangspunkt der Bottwartalbahn. Bald darauf passiert die Bahn den an beiden Enden mit langen Einschnitten versehenen Weinsberger Tunnel (891 m). Am malerischen Städtchen Weinsberg und seiner Burgruine Weibertreu vorbei (links) verläuft die Trasse ab Ellhofen im Sulmtal. Durch Weinberge leicht ansteigend am Talrand werden die Ortschaften Sülzbach, Willsbach, Affaltrach und Eschenau passiert. In Fahrtrichtung rechts erheben sich in der Ferne die Löwensteiner Berge und der Mainhardter Wald. Dort thront auf einem Bergvorsprung die Stadt Löwenstein. Hinter Eschach verläßt die Trasse das Sulmtal, passiert den kleinen Ort Scheppach (rechts) und die Gemeinde Bretzfeld (links) und steigt weiter durch Felder und Wiesen nach Öhringen an. Kurz vor Öhringen wird auf einer steinernen Brücke die Ohrn überquert, rechts grüßen die Türme der Stiftskirche. Nun beginnt die lange Rampe (1 : 100) auf die Kupferzeller Ebene hinauf bis zum Scheitelpunkt beim ehemaligen Bahnhof Kupfer hinter Waldenburg. Dabei ergeben sich in Fahrtrichtung links schöne Ausblicke auf Schloß Neuenstein und wenig später auf Schloß und Stadt Waldenburg. Nach der Ausfahrt aus dem Bahnhof Waldenburg schwenken links die Gleise der stillgelegten Nebenbahn nach Forchtenberg ab. Ab dem ehemaligen Bahnhof

Auf dem 229 m langen Viadukt bei Tullau quert die Hohenloher Bahn in 41 m Höhe das Kochertal. 1985 konnte man hier noch altrote V 100 mit »echten« Silberlingen im Einsatz erleben, heute fahren hier 218 und 628.2.

Gailenkirchen verläßt die Strecke die Ebene und beginnt den Abstieg ins Kochertal. Nach dem Gottwollshäuser Tunnel (287 m) werden rechts die sehenswerten Gemäuer des Wackershofener Freilandmuseums passiert. Es folgt der kurze Haller Tunnel (72 m) und der Eintritt ins Kochertal mit seinen Muschelkalkwänden. Hoch am Südhang des Kochertales schmiegen sich Bahn und Bahnhof Schwäbisch Hall an die Muschelkalkwände, hier bieten sich links fantastischen Ausblicke auf das prächtige Stadtpanorama. Entlang der felsigen Talwände verläßt die Trasse Hall und überquert bei Tullau auf dem imposanten 229 m langen und 41 m hohen Viadukt das Kochertal. Vom Viadukt aus bietet sich links ein schöner Blick zurück auf das burgartige Kloster Großcomburg. Unmittelbar nach dem Viadukt wird mit dem Tullauer Tunnel (129 m) das Kochertal verlassen, mit langgezogenen Kurven durch den Hessentaler Tunnel (143 m) hindurch und vorbei am ehemaligen Haltepunkt Michelbach (Bilz) der Trennungsbahnhof Hessental erreicht. Kurz vorher kamen von rechts die Gleise der elektrifizierten Murrbahn heran. Unter Fahrdraht und anhaltender Steigung geht es auf die Haller Ebene hinauf, dann mit leichtem Gefälle zum ehemaligen Bahnhof Sulzbach hinunter. Anschließend folgt ein tiefer Einschnitt bis zum 184 m langen und 46 m hohen Bühlertal-Viadukt bei Vellberg. Vorbei an den ehemaligen Haltepunkten Vellberg, Großaltdorf und Gaugshausen endet die leichte Steigung im Bahnhof Eckartshausen-Ilshofen, mit 434,9 m über NN höchster Punkt zwischen Heil-

Ein Glückstreffer: Auf dem Remsviadukt bei Neustadt-Hohenacker an der Murbahn begegnen sich im Januar 1985 zwei D-Züge. Von den insgesamt vier Diesellokomotiven der Reihe 218 sind drei noch im klassischen Rot lackiert.

bronn und Crailsheim. Ab hier verläuft die Strecke fast geradlinig über Maulach nach Crailsheim. In einer langgezogenen Linkskurve, vorbei an den Resten des ehemaligen Bahnbetriebswerks mündet die Trasse in den Crailsheimer Bahnhof.

Murrbahn (Stuttgart–) Waiblingen–Schwäbisch Hall-Hessental (KBS 784)

Noch vor dem Bahnhof Waiblingen zweigt die Murrbahn von der Remsbahn ab. Waiblingen ist ein Keilbahnhof. Bald darauf überqueren die Gleise den 239 m langen und 45 m hohen Remsviadukt. Die Rems hat sich hier tief in den Muschelkalk eingegraben. Rechts oben am Talrand die Häuser vom Waiblinger Ortsteil Neustadt. Vorbei an der S-Bahn-Station Neustadt-Hohenacker führt die Bahn in den 309 m langen Schwaikheimer Tunnel, der im Zuge der Elektrifizierung und des zweigleisigen Ausbaus zwischen 1963 und 1965 neu gebaut worden ist. Gleich dahinter folgt der S-Bahn-Haltepunkt Schwaikheim. Nach dem Bahnhof Winnenden verläuft die Trasse, gesäumt von Äckern und Obstbaumwiesen, über die S-Bahn-Halte Nellmersbach und Maubach nach Backnang. Vor dem Backnanger Bahnhof kommt von links der Marbacher Zweig der Murrbahn heran. Nach Verlassen des Bahnhofs tritt die nun eingleisige Strecke ins Murrtal ein. Vorbei an den aufgelassenen Haltepunkten Backnang-Spinnerei und Backnang-Steinbach wird der schönste Teil des Murrtals passiert, die Murr sucht sich links meist in Sichtweite ihren Weg durchs Tal. Hinter dem Bahnhof Oppenweiler (Württ) grüßt vom in Fahrtrichtung linken Talrand die stolze Burg Reichenberg herüber. Die an den Talhängen sich hochziehenden Wälder zeigen rechts den Murrhardter Wald und links die Löwensteiner Berge an. Nach dem Bahnhof Sulzbach (Murr) und dem aufgelassenen Haltepunkt Schleißweiler überquert die Trasse im Weichbild der Stadt Murrhardt die Murr, welche die Bahn noch bis kurz vor den aufgelassenen Bahnhof Fornsbach begleitet. An Fornsbach vorbei folgt die Strecke bis zum 860 m langen Schanz-Tunnel (Fichtenberger Tunnel) dem Tal des Fornsbaches. Kurz vor dem Bahnhof Fichtenberg wird das kleine Flüßchen Rot überquert, dessen Tal den weiteren Verlauf der Bahnlinie bis hinter den ehemaligen Haltepunkt Mittelrot bestimmt. Hinter Mittelrot bietet links ein bunt gestrichenes ehemaliges Bahnwärterhaus mit markantem Dachaufsatz einen sehenswerten Anblick. Nach Durchfahren des 415 m langen Kappelesberg-Tunnel (Gaildorfer Tunnel) kommt von rechts die WEG-Strecke von Untergröningen heran und der Bahnhof Gaildorf West ist erreicht. Die Murrbahn tritt nun ins Kochertal ein und überquert den Fluß auf einer 60 m langen Brücke kurz vor dem einstigen Haltepunkt Ottendorf (Kocher). Fluß und Ort befinden links der Bahn, dahinter der Mainhardter Wald. Rechts der Strecke ziehen sich die Wälder der Limpurger Berge entlang. Hinter dem aufgelassenen Bahnhof Wilhelmsglück steigt die Strecke allmählich aus dem Kochertal empor. Von links nähert sich die Heilbronner Bahn, rechts voraus kommt der 510 m hohe Einkorn mit seinem Aussichtsturm ins Blickfeld, bis beide Strecken den Trennungsbahnhof Schwäbisch Hall-Hessental erreichen.

Obere Kochertalbahn Gaildorf–Untergröningen (KBS 785)

Die WEG-Strecke beginnt im DB-Bahnhof Gaildorf West am Gleis 1 und verläßt den Bahnhof südwärts parallel zu den DB-Gleisen. Kurz vor dem Tunnelportal der DB-Strecke biegt die Nebenbahn in einer Linkskurve von den DB-Gleisen weg, durchquert den südlichen Stadtteil von Gaildorf und erreicht den Bahnhof Gaildorf Stadt. Nach Verlassen des Bahnhofs führen die Gleise bald darauf fast südwärts hinunter zum Bedarfshaltepunkt ARWA-Unterrot. Anschließend wird die B 298 gekreuzt und kurz darauf der Bach Rot auf einer Stahlbrücke überquert. Die Trasse verläuft nun im hier relativ breiten Kochertal. Nach Passieren der Bahnhöfe Unterrot und Schönberg wird auf einer zweiteiligen Stahlfachwerkbrücke zum ersten Mal der Kocher überschritten. Dessen krümmungsreichen Verlauf folgt die Bahn ab dem Bf Bröckingen. Eingezwängt zwischen Kocher (rechts) und B 19 (links), die Talhänge bis zum Grund hinunter gesäumt von Wäldern, führt die Strecke vorbei am Bedarfshalt Altschmiedelfeld zum Bahnhof Sulzbach (Kocher). Anschließend machen Bahn und Kocher eine weitausholende S-Kurve, um eine Bergnase mit der Ruine Kransberg zu umgehen, deren Ende durch den Bahnhof Laufen (Kocher) signalisiert wird. Erneut verläuft die Trasse zwischen Straße (B 19) und Fluß, vorbei am unscheinbaren Bedarfshalt Wengen. Kurz vor dem Endbahnhof Untergröningen, wo sich auch die Betriebsanlagen befinden, wird auf einer Stahlfachwerkbrücke noch einmal der Kocher überquert.

Allg. Reiseziele

Murrbahn (Stuttgart–) Waiblingen–Schwäbisch Hall-Hessental (KBS 784)

Stuttgart, siehe Kapitel 4.1
Fellbach, Waiblingen siehe Band 1, Kapitel 1.2

Reger Verkehr herrscht nach wie vor auf der WEG-Strecke Gaildorf West_Untergröningen (KBS 785). Im malerischen Endbahnhof warten im Spätsommer 1998 die TWE-Leihlok V 124 und der Stammtriebwagen auf neue Aufgaben. Foto: D. Endisch

Neustadt-Hohenacker
Neustadt ist ein ehemaliges mittelalterliches Burgstädtchen. In der hochgotischen Kirche sind umfangreiche und qualitativ gute Fresken aus dem 14. Jahrhundert zu bewundern. Von der Stadtmauer lassen sich noch Reste entdecken.

Schwaikheim
Die Kirche in Schwaikheim birgt neben Resten ihrer spätgotischen Ausstattung ein figurenreiches Rittergrabmal aus der Spätrenaissance.

Winnenden
In Winnenden gefällt die malerische Altstadt mit ihren engen, geradlinigen Gassenfluchten und dem Torturm am Beginn der Marktstraße. Dort befinden sich beachtenswerte Bürgerhäuser, zum Teil mit spätbarockem Dekor an den Giebelfassaden. Ein Rest der Stadtmauer mit holzüberdachtem Quergang ist erhalten. Diebsturm und evangelische Stadtkirche runden das Altstadtensemble ab. Nicht vergessen werden soll das ehemalige Deutschordensschloß Winnental mit seiner Schloßkirche, die in ihren wesentlichen Teilen zu Anfang des 14. Jahrhunderts entstanden ist.

Backnang siehe Kapitel 5

Oppenweiler (Württemberg)
Das Schloß von 1770 ist ein eigenartiger, achteckiger Bau mit Kapelle und Grabmälern. Es ist von einem See und einem verwilderten Park umgeben. In der spätgotischen Kirche findet man einen Altarschrein mit Gemälden und Schnitzbildern von 1460. Die guterhaltene Burg Reichenberg überragt malerisch am Rande des Murrtals die Gemeinde.

Murrhardt
Schon zu römischen Zeiten war Murrhardt der Sitz eines Kastells. Neue Bedeutung erhielt Murrhardt durch das Anfang des 9. Jahrhundert gegründeten Benediktinerklosters. Die heutige evangelische Stadtpfarrkirche ist die ehemalige Klosterkirche. Ihr Äußeres ist durch die Neugestaltungen des Mittelalters bestimmt, vom ursprünglich romanisch Erscheinungsbild ist nur noch wenig erhalten. Die Walterichskapelle, angelehnt an die Kirche, ist jedoch in ihrer Ganzheit eine der schönsten spätromanischen Schöpfungen. Die wenigen erhaltenen Klosterbauten (Refektorium, Wirtschaftsgebäude und Abtshaus) wurden zu Wohnzwecken verändert. Im Carl-Schweizer-Museum werden u.a. originale Bau- und Skulpturenteile der Kirche gezeigt. Die Ursprünge der gotischen Walterichskirche im Friedhof über der Pfarrkirche reichen ins frühe 14. Jahrhundert zurück. Sehenswert ist auch das Rathaus von 1770. Kunstbeflissene können im Gymnasium die Reinhold-Nägele-Sammlung besichtigen. Neben den Bildern des in Murrhardt geborenen Malers sind auch Werke des Murrhardters Heinrich von Zügel ausgestellt.

Gaildorf
Auf keinen Fall sollte ein Blick aufs Gaildorfer Rathaus versäumt werden, es ist ein prachtvoller Fachwerkbau aus dem 18. Jahrhundert. Das Schloß mit seinen runden Tortürmen, den Treppentürmen und den offenen Galerien erhielt seine heutige Gestalt mit vier Flügeln wohl im 16. Jahrhundert. Die Ursprünge der Stadtkirche liegen in einer 1417 gestifteten spätgotischen Kirche, deren Westturm und Chor noch original erhalten sind. Reste der Stadtmauer sind auch noch vorhanden.

Obere Kochertalbahn Gaildorf–Untergröningen (KBS 785)

Sulzbach (Kocher)
Das Bergschloß Schmiedelfeld ist eine ehemalige Residenz der Schenken von Limpurg. Ursprünge des Schlosses datieren aus der Hohenstaufenzeit. Die Schloßkapelle mit ihren Stuckdecken und -gewölben stammt aus dem Jahr 1594. Die noch erhaltenen Schloßgebäude gehen auf die Zeit der deutschen Renaissance und auf das Barock zurück.

Untergröningen
Über dem Dorf thront ein wohlerhaltenes Fürstenschloß aus dem 18. Jahrhundert, dessen ältere Teile aus dem 16. Jahrhundert stammen. Die Schloßkirche wird heute als katholische Pfarrkirche genutzt, ist aber ursprünglich als evangelische Schloßkapelle um 1600 erbaut worden. In ihrem Innern befinden sich sehenswerte Holzfiguren aus dem Altar der Heerberger Wallfahrtskirche.

Hohenloher Bahn oder Kocherbahn Heilbronn–Crailsheim (KBS 783)

Radwanderwege Baden-Württemberg
Burgen-Weg im Abschnitt Heilbronn–Waldenburg (Kartenmaterial erhältlich beim Landesvermessungsamt Baden-Württemberg sowie bei den Fremdenverkehrsverbänden und Touristik-Gemeinschaften)

Heilbronn siehe Kapitel 3.1

Weinsberg
Überragt wird Weinsberg von seiner Burgruine, die auch gerne als Burg »Weibertreu« bezeichnet wird. Dies in Erinnerung an die verlorene Schlacht der Welfen gegen den Staufer Konrad III. im Jahre 1140, als die Frauen der Burg alles mitnehmen

durften, was sie tragen konnten - und sie schleppten ihre Männer auf dem Rücken von der Burg. Das Stadtbild wird von der spätromanischen Stadtkirche St. Johannes gekrönt. Die Steillage des Markplatzes am Berghang und seine Bebauung zeigen ein malerisches Bild. Das Kernerhaus mit seiner alten Einrichtung erinnert an den bedeutendsten Sohn der Stadt, den Dichter Justinus Kerner. Sein »Wohlauf getrunken den funkelnden Wein« ist ein heißer Tip für den Besucher dieser bedeutenden württembergischen Weinbauregion, sich beim »Viertele schlotzen« (Wein trinken) von den Strapazen der Besichtigungen zu erholen.

Ellhofen

Die stattliche Kirche von Ellhofen ist eine ehemalige Wallfahrtskirche im hoch- und spätgotischen Stil. Im Innern befindet sich ein sehenswerter Schnitzaltar aus dem Anfang des 16. Jahrhunderts.

Eschenau

Ein stattliches Renaissance-Schloß befindet sich in Eschenau. Im Innern gefallen einige Räume in ihrer ursprünglichen Rokokoausstattung. Aus der Zeit vor dem Dreißigjährigen Krieg stammen das Rathaus und zwei Keltern. Sehenswert ist auch der Gasthof zum Ochsen von 1788.

Öhringen

Als ehemalige Residenzstadt besitzt Öhringen ein nettes Renaissance-Schloß, dessen Inneneinrichtung allerdings aus dem Empire datiert. Alte Fachwerkhäuser und Barockfassaden beleben das Stadtbild, hervorzuheben sind das Rathaus von 1504, die Hofapotheke am Marktplatz und das Stiftspredigerhaus. Große Teile der Stadtbefestigung sind bis heute erhalten, die wehrhaften Buckelquadermauern stammen z.T. aus dem 13. Jahrhundert. Überragt wird das Ganze von den Türmen der evangelischen Stadtkirche, der ehemaligen spätgotischen Stiftskirche St. Peter und Paul (1454–1501). In ihr befinden sich vorzügliche Grabdenkmäler der Grafen von Hohenlohe. Eine hochklassige Sammlung von Sport- und Tourenwagen sowie von Motorrädern von 1945 bis 1965 zeigt das kleine Motor-Museum.

Neuenstein

Hauptanziehungspunkt in Neuenstein bildet das Renaissance-Schloß der Fürsten von Hohenlohe, das aus einer Wasserburg des frühen 13. Jahrhunderts entstand. Einen guten Überblick über Kunst und Geschichte der Region Hohenlohe-Franken erhält man im Schloß durch das Hohenlohe-Museum. Die malerische Schloßküche, die gewölbten Säulenhallen, die schönen Wendeltreppen, der Rittersaal mit seiner Kassettendecke und die kostbare Altertumssammlung im Kaisersaal lohnen auf jeden Fall eine Schloßbesichtigung. Das alte Städtchen wird noch größtenteils von seiner Stadtbefestigung umschlossen. Dort sollten vor allem das Rathaus (Rokokounterbau und Aufbau in alemannischem Fachwerk) sowie die Renaissancekirche mit ihrem gotischen Chor nicht versäumt werden.

Waldenburg

In Waldenburg sind die mittelalterlichen Stadtmauern weitgehend erhalten. Einen eindrucksvollen Einblick in die Wehrtechnik des 15. Jahrhunderts vermitteln die Bollwerke, Gräben, Brücken und Türme am Oberen Tor. Erwähnenswert sind auch die Stadtkirche (1589–1594) mit ihrer eindrucksvollen Orgel von 1711 und das Schloß aus dem 16. Jahrhundert mit seiner Schloßkirche. Vom Schloß, dem »Balkon Hohenlohes«, hat man den besten Überblick auf die Hohenloher Ebene. Das Urweltmuseum im Rathaus mit den spektakulären Saurierfunden und das einmalige Siegelmuseum im Schloß mit Siegel und Urkunden aus 1000 Jahren sorgen nach dem Kulturrundgang für Abwechslung.

Schwäbisch Hall
Salzgewinnung aus einer Solequelle am Ufer des Kochers war schon früh die Grundlage des Wohlstandes der ehemaligen Freien Reichsstadt Schwäbisch Hall. Von diesem Wohlstand zeugt heute noch das prächtige Bild der am Kocherufer aufsteigenden Altstadt mit ihren Glocken- und Wehrtürmern sowie den fein herausgeputzten alten Stein- und Fachwerkhäusern. Überragt wird das Ganze von der Michaelskirche, deren Ursprünge ins 12. Jahrhundert zurückreichen. Mehr als nur einen Blick ins Innere lohnt die für eine evangelische Kirche überaus reichhaltige Ausstattung. Weit über die Stadtgrenzen bekannt sind die 54 Stufen der vom Marktplatz zum Kirchportal hinaufführenden Freitreppe, auf denen alljährlich im Sommer die beliebten Schwäbisch Haller Freilichtspiele stattfinden. Am Marktplatz gegenüber der Michaelskirche befindet sich das Rathaus, erbaut 1730–1735 im Stil eines spätbarocken Adelspalais. Zusammen mit den ebenfalls überaus prachtvollen Nebenhäusern, dem gotischen Fischbrunnen und dem gotischen Pranger wird klar, warum der Haller Marktplatz zu den schönsten in Deutschland zählt. Bei einem Spaziergang am Kocher lassen sich alte Steinbrücken, überdachte Balkenstege und Brückentürme entdecken. Weitere Sehenswürdigkeiten sind das große Büchsenhaus von 1527, die Katharinenkirche mit ihren kunstvollen Glasfenstern und in der Vorstadt Unterlimpurg die Kirche St. Urban mit ebenfalls reicher Ausstattung sowie die Reste der Burgruine Limpurg. Im Stadtteil Steinbach dominieren auf einem Bergkegel die ausgedehnten burgartigen Anlagen des ehemaligen Benediktinerklosters Großcomburg. Neben vielen barocken Kunstschätzen verdient der prachtvolle romanische Kronleuchter besondere Aufmerksamkeit.

Crailsheim siehe Band 1, Kapitel 1.2

Reiseziele für Eisenbahnfreunde

- historische Dampfsonderzüge der Dampfbahn Kochertalbahn auf der WEG-Strecke Gaildorf West–Untergröningen an ausgewählten Tagen
- in Seifertshofen, ein paar Kilometer südlich von Sulzbach-Laufen, stehen die Dampflok 50 2613, eine kleine Dieselrangierlok und einige Stuttgarter Straßenbahnwagen
- Im alten Wasserturm des ehemaligen Bahnbetriebswerk Crailsheim, der unter Denkmalschutz steht, lohnt sich ein Besuch der Kneipe und der Ausstellungsräume.
- in Heilbronn-Neckargartach, Sachsenäcker, steht die zweiachsige Werkdampflok 36/2 der Heilbronner Kalichemie als Denkmal

Fototips

Kocherbahn Heilbronn–Crailsheim (KBS 783)
- Burgruine Weibertreu mit Stadtansicht von Weinsberg
- Bahnhof Weinsberg
- bei Waldenburg
- bei Gailenkirchen
- Stadtansicht Schwäbisch Hall
- Kochertalviadukt mit Comburg oder Nordausfahrt des Tullauer Tunnel
- am ehemaligen Block Michelbach
- bei Vellberg

- lange Gerade bei Maulach

Murrbahn Waiblingen–Schwäbisch Hall-Hessental (KBS 784)

- Remsviadukt bei Neustadt
- südliche Ausfahrt des Schwaikheimer Tunnels
- Murrtal bei Backnang-Steinbach
- Burg Reichenberg bei Oppenweiler
- um Fornsbach
- beide Ausfahrten des Fichtenberger Tunnels
- buntes Bahnwärterhaus bei Mittelrot
- Südausfahrt Gaildorfer Tunnel
- Kocherbrücke bei Gaildorf
- Kochertal bei Ottendorf
- Imsglück

Obere Kochertalbahn Gaildorf–Untergröningen (KBS 785)

- schöne Bahnhofsgebäude in Gaildorf Stadt, Sulzbach und Untergröningen
- Kocherbrücken bei Schönberg und bei Untergröningen

Spurensuche

- die normalspurige Güterbahn Heilbronn-Karlstor–Heilbronn Süd ist noch in Betrieb, die dort vormals anschließende schmalspurige Bottwartalbahn (750 mm) nach Marbach aber längst stillgelegt und abgebaut
- ehemalige Nebenbahn Waldenburg–Forchtenberg ist stillgelegt, aber noch nicht abgebaut

Bahnbetrieb

Zwischen Stuttgart und Crailsheim (KBS 784) kommen vor den RB-Zügen Münchner 111 zum Einsatz. Die SE´s werden schwerpunktmäßig mit der BR 143 bespannt, vereinzelt ist hier auch die BR 155 zu finden. Die BR 101 tummelt sich schon vor den einzelnen D-Zügen. Im nicht allzu üppigen Güterverkehr sind auf der Murrbahn 140 (selten), 150, 151 und 155 zu sehen.
Im Raum Gaildorf wird der lokale Güterverkehr auf der DB-Strecke von einer Diesellok der WEG durchgeführt, die natürlich auch für die Güterzüge auf ihrer Hausstrecke Gaildorf–Untergröningen zuständig ist. Bemerkenswert sind die Holz-Hackschnitzelzüge auf der Privatbahn. Für den Personenverkehr stehen auf der KBS 785 drei Fuchs-Dieseltriebwagen aus den fünfziger Jahren zur Verfügung. Ein Konzept

Bahn-Angebotsdichte

Zugart	Abschnitt	Angebot	Zwischenhalte
IR	Stuttgart–Crailsheim	2 Zugpaare	Bad Cannstatt, Backnang, Schw. Hall-Hessental
RE	Heilbronn–Crailsheim	2-stündlich	Weinsberg, Öhringen, Neuenstein, Waldenburg, Schwäbisch Hall, Schw. Hall-Hessental, Eckartshausen-Ilshofen
SE	Stuttgart–Crailsheim	2-stündlich	alle Bahnhöfe
RB	Backnang–Schw. Hall-Hessental	mo-fr annähernd 2-stündlich	alle Bahnhöfe
RB	Heilbronn–Schw. Hall-Hessental	unregelmäßig	i.d.R. alle Bahnhöfe
WEG	Gaildorf West–Untergröningen	mo-sa unregelmäßig	alle Bahnhöfe
S-Bahn	Stuttgart–Backnang	halbstündlich	alle Bahnhöfe

zur Attraktivitätssteigerung sieht zukünftig die Bedienung der Oberen Kochertalbahn im Stundentakt vor. Eventuell soll dann ein LVT/S zum Einsatz kommen.
Ulmer 218 und Karlsruher 628.2 teilen sich den vergleichsweise spärlichen Personenverkehr zwischen Heilbronn und Schwäbisch Hall-Hessental (KBS 783). Neigezüge der BR 611 verirren sich mit einzelnen Leistungen zwischenzeitlich auch auf die Hohenlohebahn.

Adressen

WEG-Betriebsleitung Gaildorf West–Untergröningen, Am Westbahnhof, 74405 Gaildorf, Tel. (0 79 71) 63 10
Dampfbahn Kochertal e.V., Postfach 11 41, 74429 Sulzbach-Laufen, Tel. (0 71 83) 87 00 oder 35 53, Fax (0 71 83) 74 06
Tourismusverband Neckarland-Schwaben, Lohtorstr. 21, 74072 Heilbronn, Tel. (0 71 31) 7 85 20, Fax (0 71 31) 78 52 30
Touristikgemeinschaft Neckar-Hohenlohe-Schwäbischer Wald, Am Markt 9, 74523 Schwäbisch Hall, Tel. (07 91) 75 13 85, Fax (07 91) 75 13 75
Crailsheim: Touristinfo unter Tel. (0 79 51) 40 31 32
Fellbach: Pressereferat der Stadt Fellbach, Rathaus, Marktplatz 1, 70734 Fellbach, Tel. (07 11) 58 51-0, Fax (07 11) 58 51-260
Heilbronn: Verkehrsamt Heilbronn, Marktplatz, 74072 Heilbronn, Tel. (0 71 31) 56 22 70, Fax (0 71 31) 56 31 40
Murrhardt: Touristinfo unter Tel. (071 92) 21 31 24
Schwäbisch Hall: Touristik-Information, Am Markt 9, 74523 Schwäbisch Hall, Tel. (07 91) 751-246 oder -216, Fax (07 91) 751-375
Stuttgart: Stuttgart-Marketing GmbH, Postfach 10 44 36, 70039 Stuttgart, Tel. (07 11) 22 28-240 /-241, Fax (07 11) 22 28-270
Sulzbach-Laufen: Bürgermeisteramt Sulzbach-Laufen, 74429 Sulzbach-Laufen, Tel. (0 79 76) 2 83, erteilt auch Auskunft über Dampfsonderzüge auf der Oberen Kochertalbahn
Waiblingen: Touristinfo unter Tel. (0 71 51) 1 94 33
Waldenburg: Touristinfo unter Tel. (07 9 42) 10 80

7. In »Badisch Sibirien«

Heilbronn–Würzburg (KBS 780), Neckarelz–Osterburken (KBS 708), Seckach–Walldürn–Miltenberg und Walldürn–Hardheim (KBS 709)

Streckengeschichte

Neckarelz–Osterburken (KBS 708)/ Heilbronn–Würzburg (KBS 780)
Die heutige Kursbuchdarstellung und die entsprechend angebotenen Verbindungen auf diesen beiden Strecken lassen wenig Rückschlüsse auf die ursprünglichen Intentionen beim Streckenbau zu. Die heute im Binnenverkehr betriebene Strecke Neckarelz–Osterburken war einst Teil der Badischen Odenwaldbahn Heidelberg–Würzburg, dem dritten großen Bahnbau Badens, während das württembergische Teilstück Heilbronn–Osterburken ursprünglich als Anschluß an diese badische Hauptbahn erbaut worden war.
Schon früh waren sich Bayern und Baden über den Bau einer Bahnlinie einig, die den Norden Badens mit Unterfranken verbinden sollte und so bei Mannheim/Ludwigshafen den Bayern einen Anschluß an ihr pfälzisches Gebiet vermitteln würde. Schwierig war in Baden die Trassenwahl. Der einfachste Weg zwischen Heidelberg und Neckarelz hätte durchs Neckartal geführt, wenn nicht ein kleines Stückchen Hessen zwischen Neckargemünd und Eberbach gewesen wäre. Um nicht durch hessisches Gebiet fahren zu müssen, wählte Baden schließlich eine recht umständliche Trassenführung, die in Neckargemünd das Neckartal verließ und über Meckesheim und Aglasterhausen erst bei Obrigheim wieder das Neckartal erreichte. Per Gesetz vom 27. April 1860 beschlossen, konnte zweieinhalb Jahre später am 23. Oktober 1862 die erste Teilstrecke der Badischen Odenwaldbahn zwischen Heidelberg und Mosbach feierlich eröffnet werden. Damit ist das kleine Teilstück Neckarelz–Mosbach das älteste der in diesem Kapitel behandelten Strecken. Bezüglich der weiteren Entwicklung des Abschnitts Neckarelz–Heidelberg wird auf die Kapitel 8.2 und 10 verwiesen. Formal wurde die Weiterführung der Odenwaldbahn nach Würzburg durch den Staatsvertrag mit Bayern vom 27. Januar 1862 und das Gesetz zum Bahnbau vom 24. Juli 1862 in die Wege geleitet. Der Weiterbau war nicht weniger schwierig, mußten doch weitere drei Wasserscheiden mit insgesamt acht Tunnels sowie Steigungen und Gefällen von bis zu 1:66 überwunden werden. Osterburken war schließlich ab dem 25. August 1866 auf der Schiene erreichbar, der durchgehende Betrieb bis Würzburg konnte kurze Zeit später am 1. November 1866 aufgenommen werden.
Wollte Württemberg von Heilbronn ursprünglich in Neckarelz ans badische Eisenbahnnetz anschließen, legte der Staatsvertrag zwischen Württemberg und Baden vom 21. März 1864 die Anbindung Württembergs an die badische Odenwaldbahn

in Osterburken fest. Das Gesetz vom 13. August 1865 regelte den Bau der Unteren Jagstbahn zwischen Heilbronn und Jagstfeld (heute Bad Friedrichshall-Jagstfeld) sowie die Vorarbeiten zu deren Weiterführung nach Osterburken. Das kurze und unproblematisch auszuführende erste Teilstück nach Jagstfeld wurde am 11. September 1866 seiner Bestimmung übergeben. Der Weiterbau nach Osterburken ging etwas langsamer vonstatten. Erst am 27. September 1869 war ein weiterer Anschluß Württembergs mit der großen weiten Welt vollendet.

Sowohl die Badische Odenwaldbahn als auch die württembergische Anschlußstrecke konnten die in sie gesetzten Erwartungen als wichtige Transitstrecken nie ganz erfüllen. Nur in der Zwischenkriegszeit gab es Ansätze, den Abschnitt Würzburg–Osterburken–Heilbronn in eine leistungsfähige zweigleisige Transitverbindung Reichshauptstadt (Berlin)–Schweiz/Italien zu integrieren. Mit Ende des Zweiten Weltkriegs waren auch diese Bestrebungen Makulatur, so daß die Strecken für den überregionalen Verkehr ohne Bedeutung blieben. Daran hat sich trotz Elektrifizierung bedauerlicherweise bis heute nichts geändert.

Seckach–Walldürn (–Miltenberg) und Walldürn–Hardheim (KBS 709)

Obwohl das Grundnetz der Badischen Staatsbahnen bis 1880 vollendet war, war die Flächenerschließung des Großherzogtums mit der Eisenbahn bei weitem noch nicht erreicht. Eines dieser stiefmütterlich

Die kurze Strecke Walldürn–Hardheim diente die letzten Jahre nur noch dem Güterverkehr. Im Sommer 1998 jedoch fuhren an Sonntagen wieder Personenzüge. Ob dies auch in Zukunft der Fall sein wird, steht in den Sternen, denn die Strecke soll eingestellt werden. 211 160 rangiert am 10. August 1988 im Endbahnhof Hardheim.

behandelten Gebiete war der südliche Odenwald im nordbadischen Grenzgebiet zu Hessen und Bayern. Zunehmende Abwanderung und wirtschaftlicher Niedergang zahlreicher Odenwaldgemeinden führten zu ständigen Klagen und beinhalteten stets die nachdrückliche Forderung nach weiteren Eisenbahnstrecken. Nicht ohne Grund wurde dieses Gebiet im Volksmund auch »Badisch Sibirien« genannt. Der sicherlich berechtigten Klagen überdrüssig, beschloß die Landesregierung zunächst den Bau einer 19,3 km langen Stichbahn von Seckach über Buchen nach Walldürn, die am 1. Dezember 1887 feierlich ihrer Bestimmung übergeben werden konnte. Die Weiterführung nach Amorbach in Bayern (Unterfranken) regelte der Staatsvertrag vom 31. Oktober 1894 zwischen Baden und Bayern, nachdem die Bayerische Staatsbahn die Strecke Miltenberg–Amorbach schon seit dem 15. April 1880 planmäßig befuhr. Der 15 km lange Brückenschlag zwischen Walldürn und Amorbach fand mit der Aufnahme des durchgehenden Betriebes am 20. September 1899 seinen Abschluß.
Als eine der letzten Bahnlinien unter der Regie der Badischen Staatsbahnen ging am 23. Dezember 1911 die kurze Stichbahn Walldürn–Hardheim in Betrieb. Schwierigkeiten mit den Bauunternehmern und Dammrutschungen führten bei 9,7 km Länge zu einer Bauzeit von über fünf Jahren. Mangelnde Rentabilität führte hier schon sehr früh, nämlich am 23. Mai 1954 zur Einstellung des Personenverkehrs. Die Strecke versank in einen Dornröschenschlaf, nur noch vom Güterverkehr am Leben erhalten. Völlig überraschend bestellte jedoch die Nahverkehrsgesellschaft des Landes Baden-Württemberg im Jahresfahrplan 1998/99 für die vergessen geglaubte Strecke wieder Zugleistungen an Sonn- und Feiertagen in den Sommermonaten. Da die Strecke aber zur Gesamtstillegung ansteht, kann über die Fortführung dieser Leistungen über Mai 1999 hinaus derzeit nur spekuliert werden.

Streckenverlauf (Topographie)

Heilbronn–Osterburken–Würzburg (KBS 780)

Von Heilbronn Hbf bis Bad Friedrichshall-Jagstfeld entspricht der Streckenverlauf der Strecke Heilbronn–Heidelberg (siehe Kap. 5).
Ab dem Abzweigbahnhof Bad Friedrichshall-Jagstfeld verläuft die Bahn im tief eingeschnittenen und windungsreichen Muschelkalktal der unteren Jagst, der Fluß meist in Sichtweite links. Hinter dem ehemaligen Haltepunkt Duttenberg-Obergriesheim ragt rechts das ehemalige Schloß Heuchlingen empor. Nach Untergriesheim und Herbolzheim (Jagst) lohnt links über der Jagst der malerische Anblick von Neudenau. Hinter Siglingen kommt kurz vor Züttlingen links über der Jagst Schloß Assumstadt ins Blickfeld. Oberhalb der Bahnlinie fallen rechts die Überreste von Burg Ernstein ins Auge. Nach dem Bahnhof thront auf auf einem Bergvorsprung links über der Jagst Schloß Domeneck, anschließend wird auf der nach dem Zweiten Weltkrieg nur eingleisig wiederaufgebauten Brücke der Fluß überquert. Auf dem Bahnhofsvorplatz von Möckmühl (rechts) waren früher die Betriebsanlagen der schmalspurigen Jagsttalbahn zu finden. Malerisch überragt rechts die Burg, einst auch Wohnsitz des Götz von Berlichingen, das Städtchen. Die Trasse folgt nun bis Adelsheim dem Flüßchen Seckach. Zwischen Roigheim und Sennfeld wechselt die Bahn ans rechte Ufer. Nach dem Bahnhof Sennfeld fällt rechts die große Dorfkirche ins Auge. Ab dem Bahnhof Adelsheim Ost

Das Örtchen Sennfeld zwischen Möckmühl und Osterburken (KBS 780) wird von der malerischen Dorfkirche überragt. Am 10. August 1998 ist ein Turmtriebwagen der Reihe 702 auf Inspektionstour.

Hinter dem Eubigheimer Tunnel führt die Strecke durch das Umpfertal. Eine Doppelstockgarnitur mit einer 143 an der Spitze rollt im August 1998 bei Unterschüpf in Richtung Heilbronn.

Eingerahmt von Fischteichen und der sehenswerten Klosterkirche rollt am 10. August 1998 eine orientrote 110 mit verkehrsroten Silberlingen durch Gerlachsheim.

Der »Starzug« auf der der KBS 780 ist der InterRegio »Rennsteig«. Im August 1998 ist der kurze Zug mit seiner 11 bei Eubigheim unterwegs.

geht die Bahn ins Kirnautal über. Vor Osterburken kommen von links die Gleise der Badischen Odenwaldbahn aus Mosbach heran. Hinter Osterburken wird das Kirnautal zusehends reizvoller. Der Bachlauf schlängelt sich rechts der Strecke entlang. Nach Rosenberg (Baden) überquert vor und hinter dem ehemaligen Bahnhof Hirschlanden die Trasse den Bach. Mit einer maximalen Steigung von 1:68 steigt die Bahn talaufwärts, um hinter Eubigheim im 270 m langen Eubigheimer Tunnel (270 m) den Scheitelpunkt zu passieren. Mit gleicher Neigung geht es nach der Ausfahrt aus dem Tunnel ins Umpfertal hinab, das Flüßchen zunächst rechts der Bahn. Vorbei an den aufgelassenen Bahnhöfen und Haltepunkten Uiffingen, Boxberg-Wölchingen, Schweigern (Baden), Unterschüpf und Sachsenflur kommt vor Königshofen (Baden) die Tauberbahn von rechts heran. Vereinigt führen beide Strecken im Taubertal bis Lauda.

Hinter Lauda schwenkt die Würzburger Strecke in einem großen Rechtsbogen ab, überbrückt die Tauber und folgt nun zunächst dem Grünbachtal. Bei Gerlachsheim dominieren links die Reblagen guter Frankenweine, rechts bestimmt die sehenswerte Klosterkirche das Ortsbild. In Grünsfeld bietet sich links das malerische Stadtbild dar. Wieder wechselt die Bahn das Tal und führt nun entlang dem Wittigbach über Zimmern und durch einen kurzen Tunnel bei Wittighausen zum letzten Bahnhof auf badischem Gebiet nach Gaubüttelbrunn. Der gleichnamige Ort liegt schon in Bayern, respektive Unterfranken. Weiter ansteigend erreicht die Strecke über Kirchheim (Unterfranken) hinter Geroldshausen ihren Brechpunkt bei 318 m Höhe ü. NN. Mit 1:70 fällt die Trasse vorbei an den ehemaligen Bahnhöfen Reichenberg (Unterfranken) und Würzburg-Heidingsfeld West ins Maintal hinunter. Nach Überqerung des Mainz ist kurze Zeit später Würzburg Hauptbahnhof erreicht.

Neckarelz–Osterburken (KBS 708)

Die Badische Odenwaldbahn läßt nach dem Bahnhof Neckarelz die Neckartalbahn Richtung Heilbronn rechts liegen und schwenkt mit einem großen Linksbogen ins Elztal ein. Vorbei an Mosbach (Baden) orientiert die Trasse sich am nördlichen Talrand und beginnt über Neckarburken und Dallau langsam anzusteigen, beide Orte in Fahrtrichtung rechts. Hinter Dallau verläßt die Trasse das Elztal und schwenkt durch einen Tunnel hindurch in ein kleines Seitental ein. Vorbei an Auerbach (bei Mosbach) benötigt die Strecke einen weiteren Tunnel, um die Wasserscheide Neckar/Jagst zu passieren und nach Oberschefflenz zu gelangen. Hinter dem Bahnhof Eicholzheim fällt links die Gemeinde Großeicholzheim ins Blickfeld. Nach Durchfahren eines weiteren Tunnels neigt sich die Bahn ins Seckachtal hinunter. Rechts dominiert die neugotische Kirche von Seckach das Stadtbild. Kurz vor dem Bahnhof kommt links die Nebenbahn von Walldürn heran. Dem Seckachtal folgend werden vor Zimmern (Kreis Buchen) mit Hilfe zweier aufeinanderfolgender Tunnels Talwindungen abgekürzt. Nach Passieren des zweiten Tunnels, darüber der Ort Zimmern, folgt sofort der gleichnamige Haltepunkt. Die Trasse verläßt hinter dem Bahnhof Adelsheim Nord das Seckachtal und tritt durch einen kurzen Tunnel hindurch ins Kirnautal ein. Von rechts mündet die Strecke von Heilbronn in die Badische Odenwaldbahn ein und erreicht gemeinsam mit ihr den Bahnhof Osterburken

Seckach–Walldürn (–Miltenberg) und Walldürn–Hardheim (KBS 709)

Die Nebenbahn nach Walldürn läßt nach Ausfahrt aus dem Bahnhof Seckach die Ba-

An der KBS 708 Neckarelz–Osterburken liegt der Bahnhof Eicholzheim. Die aufgesteckte Zugschlußscheibe wie auch der aufgebügelte Pantograph suggerieren, daß 141 339 den Zug schiebt, tatsächlich jedoch zieht die Lok – offenbar war der Lokführer angesichts der Temperaturen am 10. August 1998 zu träge, die Scheibe abzunehmen.

dische Odenwaldbahn nach Mosbach links liegen. Dahinter beherrscht die neugotische Kirche von Seckach die Szene. In Bödigheim thront rechts die Burg der Herren von Collenberg. Hinter Bödigheim verläßt die Trasse das Tal des Hiffelbach, dem sie seit Seckach gefolgt ist und beginnt ihren Anstieg nach Buchen (Odenwald). Die Stadt tritt links in der Ferne ins Blickfeld, während die Strecke einen weitausholenden Bogen beschreibt. Nach Passieren der Bahnhöfe Buchen Ost und Buchen verläuft die Trasse über Hainstadt (Baden) nach Walldürn. Nach der Ausfahrt aus Walldürn umfährt die Bahnlinie in einem großen Linksbogen die Stadt, deren Bild links von der imposanten Wallfahrtskirche zum Heiligen Blut beherrscht wird.

Rechts zweigt die Nebenbahn nach Hardheim ab, die vorbei am ehemaligen Haltepunkt Höpfingen (der Ort rechts) unspektakulär auf ihren Endbahnhof Hardheim zuläuft. Kurz vor Hardheim bietet sich links ein schöner Blick auf den Ort.

Die Miltenberger Strecke steigt hinter Walldürn das Marsbach-Tal hinunter, das sich nach der Überquerung der Bundesstraße B 47 merklich verengt. Die Bahn bleibt im weiteren Verlauf am rechten Talrand. Vorbei am ehemaligen Haltepunkt Gerolzahn wird mit Rippberg der letzte Bahnhof auf badischem Gebiet erreicht, rechts lohnt ein Blick auf die Kirche. Nun schon in Unterfranken wechselt die Strecke nach Passieren von Schneeberg (der Ort rechts) vor dem Bahnhof Amorbach zweimal über den Saubach. Das reizvolle Stadtbild von Amorbach wird von seiner barocken, ehemaligen Benediktinerabtei St. Maria bestimmt (links). Über Weilbach/Unterfranken (der Ort rechts) und Breitendiel geht es durchs Mudautal dem Main entgegen, der kurz vor Miltenberg überbrückt wird. Rechts dominiert über dem an-

Bei Buchen an der Strecke Seckach–Walldürn (KBS 709) ist im Sommer 1998 ein 628.2 in Richtung Seckach unterwegs, im Hintergrund quert die Bundesstraße 27 das Tal.

sprechenden Stadtbild von Miltenberg die Mildenburg, bis kurz darauf der Endpunkt Miltenberg Hbf erreicht ist.

Allg. Reiseziele

Heilbronn–Würzburg (KBS 780)
Heilbronn siehe Kapitel 3.1
Neckarsulm, Bad Friedrichshall-Kochendorf, Bad Friedrichshall-Jagstfeld siehe Kapitel 3.2

Neudenau
Idyllisch säumen Fachwerkhäuser, zumeist aus dem 17. Jahrhundert, den Marktplatz. Das Rathaus datiert sogar von 1586. Unter Einbeziehung eines gotischen Turms wurde von 1742 bis 1748 die große Pfarrkirche errichtet. Zum Stöbern in der Vergangenheit bietet sich das Heimatmuseum im ehemaligen Schloß des Grafen von Leiningen an. Am Ortsende zum Bahnhof hin bildet das Äußere und Innere der Wallfahrtskapelle St. Wolfgang den krönenden Abschluß. Dem daneben liegenden Brunnen werden Heilkräfte gegen Pferdekrankheiten zugeschrieben.

Züttlingen
Verspieltes Rokoko erwartet den Besucher von Schloß Assumstadt (1769). Gegenüber am linken Jagstufer sind von Burg Ernstein nur der Turm und die Gräben erhalten. Nördlich von Züttlingen thront auf auf einem Bergvorsprung Schloß Domeneck aus der Barockzeit mit einer weiteren Burgruine dahinter.

Möckmühl
Malerisch liegt das Städtchen Möckmühl auf einer Bergzunge an der Einmündung der Seckach in die Jagst. Fast vollständig erhalten ist die Stadtmauer mit ihren fünf Türmen. Überragt wird das Ganze von der

dominierenden Burg mit ihren wuchtigen Zwinger- und Ringmauern. Weitgehend unbekannt ist, daß Götz von Berlichingen auch hier einen Wohnsitz hatte. Das Rathaus von 1589 teilt den Marktplatz in einen oberen und einen unteren Teil. Vom ehemaligen Chorherrenstift ist nur noch die Probstei erhalten.

Sennfeld
Zwei schöne alte Steinbrücken (Alte Brücke und Bogenbrücke) führen in Sennfeld über die Seckach. Das ehemalige Schloß der Herren von Berlichingen ist ein schlichter Zweiflügelbau und enstand im Jahr 1713. In der evangelischen Kirche von 1615 lohnt ein Besuch wegen der schönen Kanzel und der dekorativen Fresken im Innern.

Adelsheim
Im schlichten Bau der evangelischen Jakobskirche (heute Totenkapelle) aus dem späten 15. Jahrhundert ist die Grabkapelle der Herren von Adelsheim von kunstgeschichtlichem Interesse. Mit 61 Grabsteinen vom 14. bis zum 18. Jahrhundert werden in Kirche und Kapelle 500 Jahre Grabmalgeschichte dokumentiert. Höhepunkte sind hier die Gräber des Stifters und die Ritterfigur des Christoph von Adelsheim. Neben dem Rathaus, einem netten Fachwerkbau von 1619, sind die drei Schlösser der noch heute ansässigen Herren von Adelsheim von Interesse. Im Unterschloß (1734 - 1738) findet sich im Innern ein schön stuckierter Saal. Das Oberschloß von 1504 glänzt mit steilem Giebel und schönem Erker. Als drittes ist noch das »Schlößchen« von 1606 zu erwähnen. Die städtischen Sammlungen beinhalten das Bauländer Heimatmuseum, u.a. ist hier ein Gemischtwarenladen des 19. Jahrhunderts zu finden. Von der alten Stadtbefestigung sind u.a. zwei Türme, ein Eckturm und ein Rundturm erhalten.

Osterburken
Zu römischer Zeit war Osterburken größer als heute. Die Spuren dieser Zeit werden im »Madonnenländchen Römermuseum« lebendig, wo ein freigelegtes römisches Militärbad, ein Mithrasrelief sowie Reste von Urnen- und Brandgräbern und vieles andere zu bewundern ist. Für Freunde moderner Kunst ist die Stadtkirche St. Kilian der geeignete Ort, denn dort sind Betonplastiken des Karlsruher Bildhauers Emil Wachter zu sehen.

Lauda
Die Altstadt von Lauda wird geprägt von Fachwerkhäusern und Barockbauten. Erwähnenswert sind die Hechtwirtschaft, das alte Spital, das Ulrichhaus mit seinem Heimatmuseum sowie das Rathaus. Mit dem Pulverturm und dem Obertor sind noch Reste der Stadtmauer zu sehen. Wesentliche sakrale Gemäuer sind die klassizistische katholische Stadtkirche St. Jakobus sowie die Marienkirche im alten Stadtfriedhof mit ihrer sehenswerten Ausstattung. Zeugen leidvoller Vergangenheit sind die Liebfrauenkapelle aus dem 13. Jahrhundert, auf deren Friedhof die Pesttoten ruhen und die Blutskapelle als Mahnmal an die Judenverfolgung im 14. Jahrhundert.

Gerlachsheim
Nicht mehr zugänglich ist das ehemalige Benediktinerinnen- und spätere Prämonstratenserkloster. Auf jeden Fall sollte man jedoch einen Blick in die imposante Heiligkreuzkirche von 1723 werfen, ein Barockbau mit zwei wuchtigen Türmen. Die üppigen Stukkaturen im Innern sowie die prächtige barocke Ausstattung fordern geradezu ein längeres Verweilen. Bei einem kleinen Spaziergang durch den Ort kann man die Freigruppe der Schmerzhaften Muttergottes von 1751 und die malerische Grünbachbrücke entdecken.

Grünsfeld
Malerisch liegt die Stadt am Grünbach. Das mächtige Rathaus mit Fachwerkobergeschoß und -giebel sowie seinem Treppenturm besticht durch seine farbig gefaßten Schnitzereien, eine ansehnliche Zahl guter alter Fachwerkhäuser belebt das Straßenbild. In der katholischen Pfarrkirche St. Peter und Paul, mit deren Bau im späten 15. Jahrhundert begonnen wurde, sind der spätbarocke Hochaltar sowie diverse Grabmäler von besonderem Interesse. Zwei Tortürme und zwei Wohnbauten sind von der Burg erhalten, welche die Stadt im Osten überragt.

Zimmern
Der bekannte Baumeister Balthasar Neumann schuf 1768 die ansehnliche katholische Pfarrkirche St. Margareta. Die Wölbungen im Innern werden von schönen Rokoko-Stukkaturen geschmückt.

Neckarelz–Osterburken (KBS 708)
Neckarelz siehe Kapitel 5

Mosbach (Baden)
Mosbach ist eine Perle unter den deutschen Fachwerkstädten. Herrliche Bauten lassen sich hier finden. Vor allem der Marktplatz mit dem Rathaus (1558/59) und dem berühmten Palmschen Haus (1610) sowie seine Umgebung bieten ein einzigartiges Bild. Das älteste Fachwerkhaus (Hauptstr. 42) datiert um das Jahr 1450. Erzeugnisse der berühmten Mosbacher Fayencefabrik bilden das Kleinod des Heimatmuseums im ehemaligen Hospital. Die Stadtkirche St. Juliana ist eine spätgotische Anlage und wird von beiden großen Konfessionen genutzt. Von einigem Reiz ist auch die Friedhofskapelle mit ihren beiden benachbarten Fachwerkhäusern, dem Gutleutehaus und dem Elendhaus.

Seckach
In Seckach kann die katholische Kirche gefallen, die 1859 in guter Neugotik erbaut und 1976/77 erweitert worden ist.

Seckach–Walldürn (–Miltenberg) /Walldürn–Hardheim (KBS 709)

Bödigheim
Auf einem Felsplateau thront in Bödigheim die Burg der Herren von Collenberg, die auch heute noch Eigentümer sind. Ältestes Teil aus dem späten 13. Jahrhundert ist der hohe Bergfried. Der Palas ist ein »Neubau« (1597–1599) und besitzt einen reichgeschmückten Giebel. Aus dem 18. Jahrhundert stammen das Herrenhaus und der Pavillon. Die evangelische Pfarrkirche mit ihrem mittelalterlichen Chorturm enthält die Grabdenkmäler der Burgherren aus dem 15. bis. 18. Jahrhundert.

Buchen (Odenwald)
Buchen nennt sich »das Zentrum des Madonnenländles«. Im Museumshof, der ehemaligen erzbischöflichen Sommerresidenz, erfährt der Besucher, warum dem so ist. Die spätgotische katholische Pfarrkirche St. Oswald von 1507 bietet mit den Erweiterungen von 1955 interessante Kontraste. Den städtebaulichen Akzent am Marktplatz bildet das Rathaus (1717–1723), ein Barockbau mit schöner Erdgeschoßlaube und stattlich geschwungenem Giebel. Erwähnenswert sind auch das »Klösterle«, ein Fachwerkhaus von 1489 sowie die komplett erhaltene Anlage der ehemaligen kurmainzischen Kellerei mit ihren sehenswerten Bauten. Von der Stadtbefestigung sind noch der Torturm mit der »Blecker«-Skulptur und wenige Reste der Stadtmauer erhalten.

Walldürn
Die beherrschende Wallfahrtskirche zum

Heiligen Blut (1698–1728) zählt zu den prächtigsten im Rhein-Main-Gebiet. Im Innern besticht sie mit einer reichen Ausgestaltung in Form und Farbe, schönen Altären und einer bedeutenden Orgel. Die Ursprünge des ehemaligen Schlosses der Herren von Dürn datieren aus dem 16. Jahrhundert. Sehenswert sind in der historischen Altstadt u.a. das Fachwerk-Rathaus von 1448 und das Pfarrhaus von 1664. Kunstinteressierte finden im Elfenbeinmuseum wertvolle Stücke aus neun Jahrhunderten. Im Heimat- und Wallfahrtsmuseum, das im Patrizierhaus »Zum Güldenen Engel« von 1588 untergebracht ist, werden u.a. die heimischen Kunstindustrien des Wachsziehens und der Blumenmacherei dokumentiert. Spuren aus der Römerzeit werden auf dem Limeslehrpfad anschaulich dargelegt.

Hardheim

Das heutige Rathaus ist die frühere Obere Burg (1561) des Wolf von Hardheim. Bemerkenswert sind die beiden starken Rundtürme mit ihrem achteckigen Aufbau, welche die portalgeschmückte Eingangsfront flankieren. Der »Schüttungsbau« (Erftalhalle) ist eine stattliche Zehntscheuer von 1683 und beherbergt heute das Heimat- und Landwirtschaftsmuseum Erftal. Der Neue Bau (Spital) aus dem 16. Jahrhundert gefällt mit seinem Staffelgiebel und der Freitreppe. Vom 1444 zerstörten Unteren Schloß sind noch Reste des Bergfrieds erhalten.

Reiseziele für Eisenbahnfreunde

- Schmalspurdampflok der Jagsttalbahn SWEG Nr. 24 in Krautheim/Jagst am Bahnhof als Denkmal
- Fahrzeuge der Jagsttalbahn im ehemaligen Endpunkt Dörzbach (siehe auch Spurensuche)
- Die Schmalspurdampflok 99 7202 ist Denkmal am ehemaligen Bf Mudau.
- 50 2908 als Denkmal am Bahnhof in Lauda

Fototips

Heilbronn–Osterburken–Würzburg (KBS 780)

- Salzbergwerk bei Bad Friedrichshall-Kochendorf (vormittags)
- um Neudenau
- Ortsansicht von Siglingen
- Züttlingen mit Burgruine Ernstein (nachmittags) /Jagstbrücke bei Züttlingen
- Bahnhof Möckmühl mit Burg im Hintergrund (nachmittags)
- Sennfeld mit Kirche
- ehemaliger Bahnhof Hirschlanden
- Westausfahrt Eubigheimer Tunnel
- Umpfertal bei Unterschüpf (nachmittags)
- Gerlachsheim mit Klosterkirche aus den Weinbergen (spätnachmittags)
- um Grünsfeld
- Ortsansicht von Zimmern
- Tunnel bei Wittighausen

Neckarelz–Osterburken (KBS 708)

- Bahnhof Dallau
- zwischen Dallau und Auerbach
- zwischen Auerbach und Oberschefflenz
- Bahnhof Eicholzheim (nachmittags)
- zwischen Eicholzheim und Seckach
- Tunnel am Haltepunkt Zimmern

Seckach–Walldürn (–Miltenberg) und Walldürn–Hardheim (KBS 709)

- in Bödigheim
- S-Kurve zwischen Bödigheim und Buchen (u.a. mit Buchen im Hintergrund)

Spurensuche: Zum Leidwesen zahlreicher Eisenbahnfreunde wurde die Jagsttalbahn Möckmühl–Dörzbach eingestellt und mittlerweile zwischen Möckmühl und Widdern sogar abgebaut. Das Bild aus besseren Tagen zeigt die württ. Tssd 99 633 der DGEG am 22. April 1984 vor dem Lokschuppen in Möckmühl.

- Bahnhof Buchen Ost
- bei Hainstadt
- Abstieg ins Marsbach-Tal hinter Walldürn
- Bahnhof Rippberg (Einfahrt mit Kirche)
- Bahnhof Hardheim und Bahnhofsausfahrt
- die Teilstrecke Neckarelz–Aglasterhausen der Badischen Odenwaldbahn, stillgelegt und abgebaut
- ehemalige Nebenbahn Oberschefflenz–Billigheim, stillgelegt und abgebaut

Spurensuche

- ehemalige Nebenbahn Bad Friedrichshall-Jagstfeld–Ohrnberg, stillgelegt und (zum Teil) abgebaut
- stillgelegte Jagsttalbahn Möckmühl–Dörzbach (750 mm), Museumsbetrieb auf Teilabschnitt Dörzbach–Krautheim geplant
- ehemalige Schmalspurbahn Mosbach–Mudau (1000 mm), stillgelegt und abgebaut

Bahnbetrieb

Das Starzugpaar zwischen Würzburg und Heilbronn ist der InterRegio »Rennsteig« und wird von einer 111 befördert. Ansonsten sind RE, SE und RB vorwiegend in der Hand der BR 110. Die vereinzelt anzutreffenden Doppelstockwendezüge sind mit 143 bespannt. Vor einzelnen RB-Zügen zwischen Lauda und Würzburg sind Dieselloks der BR 212 anzutreffen. Im spärlichen Güterverkehr werden vorwiegend die BR 140 und vor allem 150 eingesetzt.

Ebenfalls längst eingestellt und abgebaut ist die meterspurige Schmalspurbahn Mosbach–Mudau. Im September 1972 wartet 252 902 mit ihrem Zug noch in Mosbach auf Fahrgäste. Foto: Blaschke

Zwischen Neckarelz und Osterburken teilen sich die Elloks der BR 110 und 143 (vorwiegend RE) und 141 (vorwiegend RB) den Einsatz. Diesel-Triebwagen der BR 628.2 sorgen von Walldürn kommend zwischen Seckach und Osterburken ab und zu für Abwechslung. Planmäßiger Güterverkehr findet bedarfsweise und nur noch zwischen Neckarelz und Mosbach statt. Ihn bewältigt eine Kornwestheimer 294.

Ausschließlich in der Hand der BR 628.2 ist die Strecke Seckach–Miltenberg. Diese Triebwagen führen auch den saisonalen Sonntagsverkehr zwischen Walldürn und Hardheim durch. Im Güterverkehr kommen noch Würzburger 212 von Miltenberg aus bis Walldürn.

Adressen

Jagsttalbahnfreunde e.V., Marktplatz 2, 74677 Dörzbach, Tel. (0 79 37) 91 19 11
Tourismusverband Neckarland-Schwaben, Lohtorstr. 21, 74072 Heilbronn, Tel. (0 71 31) 7 85 20, Fax (0 71 31) 78 52 30
Touristikgemeinschaft Neckar-Hohenlohe-Schwäbischer Wald, Am Markt 9, 74523 Schwäbisch Hall, Tel. (07 91) 75 13 85, Fax (07 91) 75 13 75
Bad Friedrichshall: Touristinfo unter Tel. (0 71 36) 8 32 91
Buchen: Touristinfo unter Tel. (0 62 81) 27 80
Heilbronn: Verkehrsamt Heilbronn, Marktplatz, 74072 Heilbronn, Tel. (0 71 31) 56 22 70, Fax (0 71 31) 56 31 40
Lauda: Touristinfo unter Tel. (0 93 43) 50 10
Möckmühl: Touristinfo unter Tel. (0 62 98) 20 20
Osterburken: Touristinfo unter Tel. (0 62 91) 4 01 22
Walldürn: Touristinfo unter Tel. (0 62 82) 6 71 07

Bahn-Angebotsdichte

Zugart	Abschnitt	Angebot	Zwischenhalte
IR/RE	(Stuttgart–) Heilbronn–Würzburg	2-stündlich	Neckarsulm, Bad F'hall-Jagstfeld, Möckmühl, Osterburken, Lauda
RE	Neckarelz–Osterburken	2-stündlich	Mosbach, Neckarburken, Dallau, Auerbach, Oberschefflenz, Seckach
SE	(Stuttgart–) Heilbronn–Osterburken	2-stündlich	alle Bahnhöfe
RB	Heilbronn–Osterburken	unregelmäßig	alle Bahnhöfe
RB	Lauda–Würzburg	unregelmäßig	alle Bahnhöfe
RB	Neckarelz–Osterburken	2-stündlich	alle Bahnhöfe
RB	Seckach–Miltenberg	mo-fr annähernd stündlich	alle Bahnhöfe
RB	Seckach–Walldürn	sa+so 2-stündlich	alle Bahnhöfe
RB	Walldürn–Hardheim	2-stündlich (so, besondere Verkehrstage)	alle Bahnhöfe

8. An Jagst und Tauber

Streckengeschichte

Schon im Frühjahr 1864 wurde in Verhandlungen zwischen Baden und Württemberg der Bau der Strecke (Lauda–) Königshofen–Bad Mergentheim–Crailsheim auch im Hinblick auf zukünftigen Transitverkehr in der Relation Würzburg–Ulm–Bodensee beschlossen. Gleich nach der Eröffnung der der Oberen Jagstbahn Goldshöfe–Crailsheim am 15. November 1866 wurde noch im Winter mit den offiziellen Arbeiten an der Tauberbahn begonnen, mit denen die Trassenführung festgelegt wurde. Relativ unproblematisch gestaltete sich Bauarbeiten und Baufortschritt, so daß schon Im April 1868 die Hochbauten ausgeschrieben werden konnten. Sowohl der badische Streckenteil Lauda–Bad Mergentheim als auch der württembergische Teil Crailsheim–Bad Mergentheim wurden am 23. Oktober 1869 nach feierlicher Eröffnungsfahrt ihrer Bestimmung übergeben.

Die Ehre der ersten Bahn im Taubertal gebührt aber dem badischen Abschnitt Lauda–Wertheim. Dieser war bei der Eröffnung des durchgehenden Verkehrs auf der badischen Odenwaldbahn Heidelberg–Würzburg am 1. November 1866 schon im Bau. Der Abschnitt Lauda–Tauberbischofsheim–Hochhausen ging am 10. Oktober 1867 in Betrieb, da hier keine größeren topografischen Probleme zu bewältigen waren. Der Bau von drei Tunnels und zweier Tauberbrücken ermöglichte die Inbetriebnahme des Reststücks bis Wertheim erst gut ein Jahr später am 15. Oktober 1868. Dort war vorläufig Schluß, denn Anschlüsse ans bayerische Eisenbahnnetz erfolgten in Wertheim durch die Bayerische Staatsbahn Jahre später: 1881 nach Lohr und 1912 in Richtung Miltenberg.

Streckenverlauf (Topographie)

Zusammen mit der Strecke nach Nürnberg verläßt die Tauberbahn den Bahnhof Crailsheim. Direkt hinter der Bahnhofsausfahrt überqueren beide Strecken die Jagst auf einer fünfbögigen, 80 m langen Steinbrücke. Nach rund zwei Kilometern, meist im Einschnitt, schwenkt rechts unterhalb die Nürnberger Bahn langsam ab, während die Tauberlinie bei Satteldorf die Hohenloher Ebene erreicht. Bis Blaufelden wechseln sich nun auf der welligen Hochebene Dämme und Einschnitte in schöner Reihenfolge ab. Vorbei am einstigen Haltepunkt Wallhausen (Württ), dem Bahnhof Rot am See und dem ehemaligen Haltepunkt Brettenfeld kommt kurz vor Blaufelden von links das Gleis der stillgelegten Nebenbahn nach Langenburg heran. Ab Blaufelden wieder sanft ansteigend erreicht die Trasse nach etwa fünf Kilometern beim aufgelassenen Haltepunkt Kälberbach ihren höchsten Punkt mit 473 m ü. NN. Die Strecke senkt sich nun ins Vorbachtal hinab, dem sie ab Schrozberg bis Weikersheim folgt. Das Vorbachtal bildet den landschaftlich reizvollsten Abschnitt des württembergischen Streckenteils.

Zunächst hoch am linken Talrand sind rechts reizvolle Ausblicke auf Tal und Vorbach möglich. Über bis zu 25 hohe Dämme und bis zu 18 m tiefe Einschnitte fällt die Trasse vorbei am ehemaligen Haltepunkt Oberstetten (der Ort rechts) langsam ins Tal

Nicht gerade untypisch für die Orte an der Tauberbahn (KBS 788) sind die Kirchtürme mit ihren barocken Formen. Vor der Kulisse von Hochhausen zieht am 8. August 1998 eine 218 einen RegionalExpreß von Wertheim nach Tauberbischofsheim.

hinab. Mit der Durchfahrt durch den 272 m langen Niederstettener Tunnel wird der Bergrücken passiert, auf welchem Schloß Haltenbergstetten thront. In der Rückschau ergibt sich rechts ein schöner Blick aufs Schloß. Nach Niederstetten wird das Gefälle merklich sanfter. Vorbei am einstigen Haltepunkt Vorbachzimmern sind nach dem Bahnhof Laudenbach (Württ) rechts am Talhang die ersten Zeichen des fränkischen Weinbaus zu erkennen. Im Bahnhof Weikersheim zweigt rechts das stillgelegte Gleis der Nebenbahn nach Creglingen ab. Jetzt folgt die Bahn ihrem namensgebenden Fluß, der Tauber, die kurz hinter Weikersheim erstmals auf einer 114 m langen Brücke überquert wird und sich anschließend links der Strecke entlang schlängelt. Entlang der bekannten Lagen der Tauberweine (vor allem rechts) führt die Trasse über Elpersheim, Markelsheim und Igersheim ins bekannte Kurbad Bad Mergentheim. Bei Igersheim sitzt links über der Tauber auf einem Bergsporn die Burgruine Neuhaus. Schon im Weichbild von Bad Mergentheim wird auf einer 125 m langen Brücke erneut über die Tauber gewechselt. Unspektakulär verläuft der Bahnkörper dann am linken Talrand über den Bahnhof Edelfingen und den aufgelassenen Haltepunkt Unterbalbach (beide Orte über der Tauber rechts) am linken Ufer der Tauber weiter. Links säumen Wälder die Trasse. Kurz vor dem Bahnhof Königshofen (Baden) kommt von links aus dem Umpfertal die elektrifizierte Badische Odenwaldbahn von Osterburken heran, mit der die Tauberbahn bis Lauda vereinigt ist.

Hinter Lauda schwenkt die Würzburger Strecke nach rechts aus dem Taubertal ab. Rechts im Hintergrund ragt über den Dächern von Gerlachsheim die sehenswerte Klosterkirche empor. Die Trasse der Tauberbahn folgt weiter dem Flußlauf am

Die hochragenden Türme von Bad Mergentheim hinter sich gelassen hat im Sommer 1998 diese 628-Doppeleinheit und strebt nun durchs Taubertal ihrem Zielbahnhof Wertheim zu.

linken Talrand, der schönste Abschnitt des badischen Streckenteils hat begonnen. Gleich hinter dem Haltepunkt Distelhausen (der Ort rechts) wird die Tauberbrücke der Autobahn A 81 unterfahren. Nach dem Haltepunkt Dittigheim (der Ort rechts) läßt sich schon rechts voraus die malerische Stadtsilhouette von Tauberbischofsheim erkennen. Kurz vor dem Bahnhof fädelt links das Gleis der stillgelegten, ehemals bis Königheim führenden Nebenbahn ein. Das Taubertal verengt sich hinter dem Bahnhof Hochhausen (Tauber) zusehends. Wälder säumen nun die Talhänge. Beim Haltepunkt Niklashausen thront links auf einer Bergnase die Gamburg. Vor dem gleichnamigen Haltepunkt wechselt die Bahn wieder über die Tauber, um nach dem Haltepunkt eine Flußschleife mit Hilfe eines Tunnels abzukürzen. In umgekehrter Form wiederholt sich das gleiche Spiel vor Bronnbach (Tauber), die Tauber anschließend wieder rechts der Trasse. Über Reicholzheim und einen letzten Tunnel, der wiederum eine Flußschleife abkürzt, streben Fluß und Bahn dem Main zu. Schon bei der Anfahrt auf Wertheim grüßen rechts in der Höhe die eindrucksvollen Überreste der Wertheimer Burg, die über der Taubermündung thront. Dieser Anblick begleitet die Tauberbahn bis zum Erreichen des Bahnhofs von Wertheim.

Allg. Reiseziele

Radwanderwege Baden-Württemberg
Taubertal-Weg im Abschnitt Weikersheim–Wertheim (Kartenmaterial erhältlich beim Landesvermessungsamt Baden-Württemberg sowie bei den Fremdenverkehrsverbänden und Touristik-Gemeinschaften)

Crailsheim
siehe Band 1, Kapitel 1.2

Rot am See
An die Rothenburger Landwehr erinnert der sogenannte Rohrturm. Kuriositäten-Interessierten sei das Erste Deutsche Gartenzwergmuseum ans Herz gelegt.

Schrozberg
Mit seinem Renaissanceschloß besitzt Schrozberg ein bißchen das Flair einer Residenzstadt und war zeitweilig auch hohenlohischer Fürstensitz. Militärhistoriker werden im Schloß- und Militärmuseum fündig. In der gotisierenden Renaissancekirche erinnern eine Reihe kunstvoller Grabmäler an die fürstliche Vergangenheit.

Niederstetten
Die Reste der mittelalterlichen Stadtbefestigung lassen sich in Niederstetten inspizieren. Seltsam mutet der freistehende romanische Turm der Stadtkirche an. Über der Stadt thront das Bergschloß Haltenbergstetten, das im 16. Jahrhundert erbaut und im 18. Jahrhundert erheblich umgebaut und erweitert worden ist.

Laudenbach (Württ)
Das alte Weingärtnerdorf mit seinem spätmittelalterlichen Schlößchen lohnt auch einen Besuch. Ein Wehrturm von 1471 erinnert an die früher vorhandenen Befestigungsanlagen. Die Pfarrkirche romanischen Ursprungs bietet ebenfalls schöne Grabmäler aus dem 15. und 16. Jahrhundert. Vom Bahnhof aus lohnt sich auf jeden Fall der Aufstieg zur Bergkirche der Schmerzhaften Muttergottes, eine Wallfahrtskirche von 1412, welche der Würzburger Marienkirche nachempfunden ist und sowohl innen als auch außen viel Sehenswertes bietet.

Weikersheim
Das malerische Städtchen Weikersheim bildet das Musterbeispiel einer kleinfürstlichen Residenz vergangener Jahrhunderte. Der barocke Markt mit seiner spätgotischen Stadtkirche besticht durch seine Geschlossenheit. Dort findet man auch das Tauberländer Dorfmuseum mit der größten Sammlung fränkischer Dorfkultur des Tauberlandes. Nicht ausgelassen werden sollte das Renaissanceschloß mit seinen glanzvoll ausgestalteten Innenräumen, dessen Ursprung in einer mittelalterlichen Wasserburg liegt. Glanzvolle fürstliche Wohnkultur vermitteln viele prächtige Möbel, Gemälde und Porzellan. Hervorzuheben sind auch der Rittersaal mit der einzigartigen Kassettendecke, ein Spiegelbild der Jagdleidenschaft des Grafen Wolfgang von Hohenlohe, und der Schloßpark mit Figurenschmuck und Orangerie, der zweifellos zu den schönsten barocken Schloßgärten Deutschlands zählt.

Elpersheim
Die Elpersheimer Kirche bietet einen Chorturm romanischen Ursprungs. Einen Besuch ist auch der stattliche Renaissancebau des Gasthofes zum Hirsch (vormalige Deutschordenskellerei) wert.

Markelsheim
Malerisch zeigt sich in Markelsheim die Gebäudegruppe mit der erhöht stehenden Kirche eines ehemaligen Beginenklosters und dem turmartigen Steinhaus mit Treppengiebeln. Das Fachwerk-Rathaus stammt aus dem späten 16. Jahrhundert. Am Dorfeingang grüßt eine reizende Barockkapelle.

Igersheim
Igersheim lockt mit einigen sehenswerten Häusern aus dem 18. Jahrhundert und der auf einem Bergsporn am gegenüberlie-

genden Tauberufer sitzenden Burgruine Neuhaus, ehemals im Besitz des Deutschen Ordens.

Bad Mergentheim
Die Entwicklung des »deutschen Karlsbad« und seiner Bauten wurde entscheidend von den Deutschordens-Hochmeistern geprägt. Schon ab 1229 war eine Niederlassung des Ordens vorhanden, zwischen 1527 und 1803 war Mergentheim sogar Residenz des Deutschen Ordens. Das Deutschordensschloß, ursprünglich eine Wasserburg, entstand in seiner heutigen Form durch Um- und Erweiterungsbauten in den Jahren 1565 bis 1570. Im Westteil des Schlosses dokumentiert das Deutschordens- und Heimatmuseum die Geschichte des Ordens und der Stadt. Weiterhin sind dort eine Altertumssammlung sowie eine interessante Sammlung historischer Puppenstuben untergebracht. Die barocke Schloßkirche besticht im Innern durch Fresken des Münchner Malers Nikolaus Stuber aus den Jahren 1734/35. Das Rathaus von 1564 unterteilt den Marktplatz in einen oberen und unter Teil. Zahlreiche schöne Bauten (zum Teil Fachwerk) säumen den Marktplatz, hervorzuheben sind die Engelapotheke und das Gasthaus »Straußen«. Das spätgotische Münster St. Johannes reicht in seinen Ursprüngen ins 13. Jahrhundert und bietet ein sehenswertes Marmorrelief als Grabmal für einen Ordenskomtur. In der neugotisch restaurierten ehemaligen Dominikanerkirche St. Maria kann man das Bronzegrabmal des Hochmeisters Walter von Cronberg bewundern. Die heutige Bedeutung der Stadt liegt in den 1826 von einem Schäfer entdeckten Heilquellen. Drei kohlensäure- und kochsalzhaltige Bitterwasserquellen sowie eine Solequelle stehen für Trink- und Badekuren zur Verfügung. Neben dem Kurviertel bietet der Erholungs- und Freizeitpark Solymar Bade- und Entspannungsmöglichkeiten. Technikinteressierte werden im Automobilmuseum fündig und auch der »Wildpark mit Heimatmuseum« bietet Anlaß für einen Familienausflug.

Königshofen (Baden)
Die katholische Kirche St. Martin mit ihrem mächtigen Turm (19. Jahrhundert) bietet Ausstattungsstücke aus verschiedenen Epochen. Davor befindet sich der sogenannte »Alte Goten«, ein großes quaderförmiges Steinhaus mit Fachwerk im oberen Teil (16. Jahrhundert).

Lauda siehe Kapitel 7

Distelhausen
Die katholische St. Markus-Kirche aus dem 18. Jahrhundert birgt eine überreiche, vielfältige Rokokoausstattung. Die Wolfgangskapelle (15. Jahrhundert) auf dem Friedhof lohnt ebenfalls einen Blick.

Tauberbischofsheim
Seinen Bekanntheitsgrad verdankt Tauberbischofsheim vor allem dem Fechtsport. In dem malerischen Städtchen lassen sich am Marktplatz und in der Hauptstraße tolle Fachwerksbauten finden. In reizvollem Kontrast dazu steht das Mackert´sche Haus, das Barockpalais eines Mainzer Kaufmanns. Das ehemalige kurmainzische Schloß erhielt im 15./16. Jahrhundert seine heutige Gestalt. Das dortige Tauberfränkische Landschaftsmuseum zeigt sakrale Kunst, Möbel und eine Pfeifensammlung. Der Muttergottesaltar aus dem 16. Jahrhundert in der katholischen Pfarrkirche St. Martin stammt wahrscheinlich aus der Werkstatt Riemenschneiders.

Gamburg (Tauber)
Die Gamburg liegt beherrschend auf einer

Bergnase über dem Taubergrund. Ältester Teil der guterhaltenen Burg ist der Bergfried aus dem 12. Jahrhundert. Die starken Zwingermauern datieren aus dem 14. Jahrhundert, während die Wohnbauten Anfang des 16. Jahrhundert entstanden. Die Burgkapelle stammt von 1692. Im Dorf lohnt der einfache Barockbau des Unteren Schloßes mit seinem Frontgiebel und Mansardendach aus dem 17. Jahrhundert. In der katholischen Pfarrkirche St. Martin (1897) sollte ein Blick auf die fein geschnitzte Muttergottesfigur aus dem Umkreis Riemenschneiders geworfen werden. Die Tauberbrücke von 1770 besticht durch ihre schöne Bogenarchitektur und die Nepomuk-Figur.

Bronnbach (Tauber)
Das ehemalige Zisterzienserkloster bietet mit Kapitelsaal (12. Jahrhundert), Kreuzgang (um 1230) und Fürstensaal (1727) sehenswerte Klostergebäude. Die ehemalige Klosterkirche St. Maria ist eine der interessantesten frühen Zisterzienserkirchen Deutschlands. Ihr Baubeginn datiert aus dem Jahr 1157. Die üppigen Barockaltäre im Innern bilden einen interessanten Kontrast zur herben zisterziensischen Architektur.

Wertheim
Über der Stadt dominieren auf einem Bergsporn nahe der Taubermündung die eindrucksvollen Überreste der Burg der Grafen von Wertheim, die im Dreißigjährigen Krieg 1634 von kaiserlichen Truppen zerstört worden ist, aber einen prächtigen Ausblick in die Täler von Main und Tauber bietet. Am Marktplatz stehen schöne Fachwerkhäuser und das Rathaus (16. Jahrhundert) mit seiner berühmten doppelten Wendeltreppe im Turm, welches aus vier ehemaligen Bürgerhäusern zu einem einheitlichen Komplex vereint wurde. Einen reizvollen Anblick bietet auch die spätgotische evangelische Stadtpfarrkirche. In ihrem Chor befinden sich interessante Grabmale der Grafen von Wertheim. Spätgotische Wehrtürme erinnern an die alte Stadtbefestigung. Die Stadtgeschichte wird im Heimatmuseum in der ansehnlichen ehemaligen Kilianskapelle lebendig. Die ausgestellten Exponate im Glasmuseum reichen von den Ägyptern bis zur Neuzeit.

Fototips

- Formsignale in vielen Bahnhöfen
- bei Rot am See
- Felder und Wiesen um Blaufelden
- Tunnelausfahrt und Schloß Niederstetten
- Vorbachtal zwischen Niederstetten und Weikersheim (besonders Ortsansicht von Laudenbach
- Tauberbrücke bei Weikersheim
- Bf Markelsheim
- Stadtbild Bad Mergentheim
- bei Dittigheim
- Bf Tauberbischofsheim
- bei Hochhausen
- Brücken und Tunnels zwischen Gamburg und Wertheim
- Bahnhof Wertheim mit Burg im Hintergrund

Spurensuche

- stillgelegte aber noch nicht abgebaute Nebenbahn Blaufelden–Langenburg
- stillgelegte aber noch nicht abgebaute Nebenbahn Weikersheim–Bieberehren–Creglingen
- Nebenbahn Tauberbischofsheim–Königheim, stillgelegt und zwischen Dittwar und Königheim abgebaut, bis Ditt-

Von Blaufelden führt eine Nebenbahn ins Städtchen Langenburg. Das Gleis existiert noch, doch die Strecke ist mittlerweile auch für den Güterverkehr eingestellt. Im Sommer 1989 brachte eine Sonderfahrt mit einer dreiteiligen Schienenbusgarnitur noch einmal Leben in den beschaulichen Endbahnhof.

war als ehemaliges Bahnhofsgleis noch vorhanden.

Bahnbetrieb

Die von Aschaffenburg durchlaufenden und teilweise bis Ulm weiterführenden RegionalExpress-Züge werden als Wendezüge mit Ulmer 218 (Lok in Fahrtrichtung Crailsheim) gefahren. Ein RE-Paar wird von 628.2 übernommen. Neben den 218 und 628.2 kommen auch Würzburger 212 vor den RegionalBahn-Zügen zum Einsatz. Ferner verkehren auf der KBS 788 interessante Güterzüge mit Lademaßüberschreitung in der Relation Würzburg–Aschaffenburg, die mit Ulmer 218, häufig sogar in Doppeltraktion bespannt werden. Im lokalen Güterverkehr kommen auch Würzburger 290 bzw. 294 auf die Strecke.

Bahn-Angebotsdichte

Zugart	Abschnitt	Angebot	Zwischenhalte
RE	Crailsheim–Wertheim	2-stündlich	alle Bahnhöfe bis Bad Mergentheim, Königshofen, Lauda, Tauberbischofsheim
RB	Niederstetten–Wertheim	unregelmäßig	alle Bahnhöfe

»Nebenbahniger« geht es kaum noch. Auf dem Reststück der früheren Nebenstrecke Tauberbischofsheim–Königheim hat sich im Sommer 1989 ein Schienenbussonderzug in den ehemaligen Bahnhof Dittwar über die verkrauteten Gleise gekämpft.

Adressen

Touristikgemeinschaft Neckar-Hohenlohe-Schwäbischer Wald, Am Markt 9, 74523 Schwäbisch Hall, Tel. (07 91) 75 13 85, Fax (07 91) 75 13 75
Bad Mergentheim: Städtisches Kultur- und Verkehrsamt, Marktplatz 5, 97980 Bad Mergentheim, Tel. (0 79 31) 5 71 35, Fax (0 79 31) 5 73 00
Crailsheim: Touristinfo unter Tel. (0 79 51) 40 31 32
Lauda: Touristinfo unter Tel. (0 93 43) 50 10
Tauberbischofsheim: Touristinfo unter Tel. (0 93 41) 8 03 13
Wertheim: Touristinfo unter Tel. (0 93 42) 30 11 60
Weikersheim: Touristinfo unter Tel. (0 79 34) 1 02 55

Ortsverzeichnis

Streckenverzeichnis

KBS	Strecke/Abschnitt	Kapitel
665	Mannnheim–Heidelberg	1
669	Weinheim–Mannnheim–Heidelberg–Weinheim (OEG)	1
700	Mannheim–Karlsruhe	1
701	Heidelberg–Karlsruhe	1
702	Karlsruhe–Basel	1
704	Bruchsal–Germersheim	1
705	Heilbronn–Neckarelz–Heidelberg	5
706	Heilbronn–Meckesheim–Heidelberg	3.2
707	Meckesheim–Aglasterhausen / Hüffenhardt	3.2
708	Neckarelz–Osterburken	7
709	Seckach–Walldürn–Miltenberg / Hardheim	7
710.1	Hochstetten–Karlsruhe–Ittersbach / Bad Herrenalb	1
710.3	Bruchsal–Menzingen / Odenheim	1
710.4	Karlsruhe–Bretten–Eppingen–Heilbronn	3.1
710.5	Pforzheim–Karlsruhe	4.1
710.9	Bretten–Bruchsal	4.1
714	Eppingen–Sinsheim	3.1
716	Freudenstadt–Rastatt	2.1
717	Achern–Ottenhöfen	1
718	Appenweiher–Bad Griesbach	1
719	Appenweiher–Kehl	1
721	Freudenstadt–Hausach	2.1
722	Biberach–Oberharmersbach	1
723	Riegel–Breisach	1
724	Endingen–Gottenheim	1
725	Bad Krozingen–Münstertal	1
726	Freiburg–Elzach	1
729	Freiburg–Breisach	1
734	Lörrach–Weil	1
735	Lörrach–Zell	1
741	Eutingen–Freudenstadt	2.1
770	Stuttgart–Pforzheim–Karlsruhe	4.1
771	Stuttgart–Mannheim (NBS)	4.2
771	Mühlacker–Bretten	4.1
772	Maulbronn West–Maulbronn Stadt	4.1
773	Vaihingen/Enz Nord–Enzweihingen	4.1
774	Pforzheim–Hochdorf–Horb	2.2
775	Pforzheim–Bad Wildbad	2.2
780	Stuttgart–Heilbronn	5
780	Heilbronn–Würzburg	7
783	Heilbronn–Schwäbisch Hall–Crailsheim	6
784	Stuttgart–Backnang–Crailsheim	6
785	Gaildorf–Untergröningen	6
788	Crailsheim–Lauda–Wertheim	8
790.3	Stuttgart–Backnang (S-Bahn Stuttgart)	6
790.4	Marbach–Backnang	5
790.5	Stuttgart–Marbach (S-Bahn Stuttgart)	5
790.5	Stuttgart–Bietigheim (S-Bahn Stuttgart)	4.1
790.6	Stuttgart–Leonberg (S-Bahn Stuttgart)	4.1
790.7	Korntal–Weissach	4.1
790.8	Kornwestheim–Untertürkheim	4.1

Allgemeine Adressen

Deutsche Bahn AG, Geschäftsbereich Fernverkehr, Regionalbereich Südwest - Marketing, Heilbronner Str. 7, 70174 Stuttgart, Tel. (0711) 20 92-33 13, Fax (0711) 20 92-22 50

Deutsche Bahn AG, Geschäftsbereich Nahverkehr, Regionalbereich Baden-Rheinpfalz - Marketing, Lammstr. 19, 76133 Karlsruhe, Tel. (0721) 9 38-33 30, Fax (0721) 9 38-34 92

Deutsche Bahn AG, Geschäftsbereich Nahverkehr, Regionalbereich Württemberg - Marketing, Heilbronner Str. 7, 70174 Stuttgart, Tel. (0711) 20 92-33 30, Fax (0711) 20 92-34 58

DB ZugBus, Region Alb-Bodensee (RAB), Karlstr. 31 - 33, 89073 Ulm, Tel. (0731) 155-0, Fax (0731) 155-160

Landesfremdenverkehrsverband Baden-Württemberg e.V., Postfach 10 29 51, 70025 Stuttgart, Tel. (0711) 23 85 80, Fax (0711) 2 38 58 99